एक कहानी यह भी

एक कहानी यह भी

मन्नू भंडारी

राधाकृष्ण प्रकाशन

ISBN : 978-81-8361-106-0

एक कहानी यह भी

पहला संस्करण : 2007
सातवाँ संस्करण : 2025

मूल्य : ₹695

प्रकाशक
राधाकृष्ण प्रकाशन प्राइवेट लिमिटेड
जी-17, जगतपुरी, दिल्ली-110 051
शाखाएँ : अशोक राजपथ, साइंस कॉलेज के सामने, पटना-800 006
पहली मंजिल, दरबारी बिल्डिंग, महात्मा गांधी मार्ग, प्रयागराज-211 001
1, अनमोल सोराबजी संतुक लेन, धोबी तलाव, मरीन लाइंस, मुम्बई-400 002
वेबसाइट : www.radhakrishnaprakashan.com
ई-मेल : info@radhakrishnaprakashan.com

मुद्रक
विकास कंप्यूटर एंड प्रिंटर्स
ट्रॉनिका सिटी-201 102

EK KAHANI YAH BHI
Novel by Mannu Bhandari

टिंकू (रचना)
और
दिनेश
के लिए

एक
स्पष्टीकरण

आज तक मैं दूसरों की ज़िन्दगी पर आधारित कहानियाँ ही 'रचती' आई थी, पर इस बार मैंने अपनी कहानी लिखने की जुर्रत की है। है तो यह जुर्रत ही क्योंकि हर कथाकार अपनी रचनाओं में भी दूसरों के बहाने से कहीं न कहीं अपनी ज़िन्दगी के, अपने अनुभव के टुकड़े ही तो बिखेरता रहता है। कहीं उसके विचार और विश्वास गुँथे हुए हैं तो कहीं उसके उल्लास और अवसाद के क्षण...कहीं उसके सपने और उसकी आकांक्षाएँ अंकित हैं तो कहीं धिक्कार और प्रताड़ना के उद्‌गार। इतना सब जानने-महसूसने के बावजूद अगर मैंने इसे लिखा तो केवल इसलिए कि दूसरों की कहानियाँ 'रचते' समय मुझे अपनी कल्पना की उड़ान के लिए पूरी छूट रहती थी, जिसके चलते मैं उनकी ज़िन्दगी से जुड़ी घटनाओं को जितना चाहती काटती-छाँटती, बदलती-बढ़ाती रहती थी, क्योंकि उस समय मेरा लक्ष्य न सामनेवाला व्यक्ति रहता था, न उसकी ज़िन्दगी की किसी घटना या अनुभव को उकेरना। वह सब तो मेरे लिए निमित्त मात्र रहता था, जिसे माध्यम बनाकर मैं हमेशा उसके अनुभव को सीमित दायरे से निकालकर किसी व्यापक सन्दर्भ के साथ जोड़ने की कोशिश करती थी, ताकि उसके अनुभव के साथ अनेक दूसरे भी तादात्म्य स्थापित कर सकें यानी वह सबका अनुभव बन सके। पर अपनी कहानी लिखते समय सबसे पहले तो मुझे अपनी कल्पना के पर ही कतर कर एक ओर सरका देने पड़े, क्योंकि यहाँ तो निमित्त भी मैं ही थी और लक्ष्य भी मैं ही। यहाँ न किसी के साथ तादात्म्य स्थापित करने की अपेक्षा थी, न सम्भावना। यह शुद्ध मेरी ही कहानी है और इसे मेरा ही रहना था, इसलिए न कुछ बदलने-बढ़ाने की

आवश्यकता थी, न काटने-छाँटने की। यहाँ मुझे केवल उन्हीं स्थितियों का ब्योरा प्रस्तुत करना था, वो भी जस-का-तस, जिनसे मैं गुजरी...दूसरे शब्दों में कहूँ तो जो कुछ मैंने देखा, जाना, अनुभव किया, शब्दशः उसी का लेखा-जोखा है यह कहानी। जहाँ मेरे लेखन के क्रमिक विकास, उससे जुड़ी घटनाओं...मुझे सहेजते-सँवारते, जोड़ते-तोड़ते सम्पर्कों-सम्बन्धों पर ही केन्द्रित रहना इसकी सीमा है, वहीं इसकी अनिवार्यता भी। बस, शायद यहीं दूसरे पर कहानियाँ 'रचने' की विधा अपने पर कहानी लिखने से अलग जा पड़ती है।

आगे बढ़ने से पहले एक बात अच्छी तरह स्पष्ट कर देना चाहती हूँ कि यह मेरी आत्मकथा क़तई नहीं है, इसीलिए मैंने इसका शीर्षक भी 'एक कहानी यह भी' ही रखा। जिस तरह कहानी ज़िन्दगी का एक अंश मात्र ही होती है, एक पक्ष...एक पहलू, उसी तरह यह भी मेरी ज़िन्दगी का एक टुकड़ा मात्र ही है, जो मुख्यतः मेरे लेखकीय व्यक्तित्व और मेरी लेखन यात्रा पर केन्द्रित है। बचपन और किशोरावस्था के मेरे सम्पर्क-सम्बन्ध (जिसमें माँ-पिता, भाई-बहिन, मित्र-अध्यापक आदि हैं) और वह परिवेश तो है ही, जिसमें मेरे लेखकीय व्यक्तित्व की नींव पड़ी थी। होश सँभालने के बाद जिन पिता से मेरी कभी नहीं बनी...उम्र के इस पौढ़ेपन पीछे मुड़कर देखती हूँ तो आश्चर्य होता है, बल्कि कहूँ कि अविश्वसनीय लगता है कि आज अपनी अच्छाइयों और बुराइयों के साथ मैं जो भी हूँ, जैसी भी हूँ, उसका बहुत-सा अंश विरासत के रूप में शायद मुझे पिता से ही मिला है...इसीलिए उनका वर्णन थोड़े विस्तार में चला गया। फिर लेखन की शुरुआत का पहला चरण और उसकी विकास-यात्रा, जो बेहद मंथर गति से चलने के बावजूद नाटक, उपन्यास और पटकथा-लेखन तक तो फैली। अन्य विधाओं पर तो कभी प्रयोग ही नहीं किया...जानती हूँ, वे सब मेरी सामर्थ्य की सीमा के बाहर हैं। हाँ, अपनी विधा की रचनाओं के दौरान इनसे सम्बन्धित व्यक्तियों और स्थितियों के जो दिलचस्प अनुभव हुए, उनका संक्षिप्त ब्योरा इस कहानी का प्रमुख हिस्सा है।

अपनी इस लेखकीय यात्रा में लेखक-बन्धुओं और लेखन में रुचि रखनेवाले लोगों का जुड़ते चले जाना स्वाभाविक भी था और अनिवार्य भी। फिर तो आज तक यही सहयात्री रहे मेरे और इन्हीं के स्नेह-सहयोग से मेरी ज़िन्दगी का छोटा-बड़ा काम अंजाम भी पाता रहा। मेरी ज़िन्दगी का अभिन्न हिस्सा होने के कारण

कुछ साहित्येतर सम्बन्धों की उपस्थिति अनिवार्य थी...जहाँ मैं हूँ, चाहे जिस रूप में भी, उन्हें तो होना ही था। हाँ, कुछ लोग एक झोंके की तरह आकर मात्र मेरी संवेदना को ही नहीं झकझोर गए बल्कि मेरे सामने कुछ अनुत्तरित प्रश्न भी छोड़ गए और जब तक इन प्रश्नों के उत्तर नहीं मिल जाते, हो सकता है तब तक ये भी मेरे साथ ही बने रहें ! अपने निश्छल स्नेह और सहयोग से जिन्होंने जीवन के प्रति मेरी आस्था को बढ़ाया...उन्हें मैं भूल सकती हूँ क्या ? इसमें कोई सन्देह नहीं कि मेरा अस्तित्व ही इन साहित्यिक, साहित्येतर मित्रों पर ही टिका हुआ है। इसलिए ये हैं तो मैं हूँ...इनके बिना तो मेरी कहानी बन ही नहीं सकती थी, उसके बावजूद मैंने इनमें से किसी का भी व्यक्तित्व-विश्लेषण नहीं किया। हो सकता है कि इसके मूल में यही बात रही हो कि अपनी कहानी के बीच दूसरों की कहानी क्यों डाली जाए ? इनका कहीं और उपयोग नहीं किया जा सकता...ज्यादा सार्थक उपयोग। यों छोटी-मोटी टिप्पणियाँ तो ज़रूर की हैं, पर वे या तो उनको परिचित कराने के लिए या फिर किसी सन्दर्भ-विशेष के चलते।

कोई भी लेखक न तो सम्पर्क-सम्बन्धविहीन हो सकता है, न परिवेश-निरपेक्ष, इसलिए उन घटनाओं को तो इसका अनिवार्य हिस्सा होना ही था, जिन्होंने मात्र मेरी संवेदना को ही नहीं बल्कि पूरे देश को झकझोर कर रख दिया था। उससे जुड़े वे छोटे-बड़े प्रसंग, जिन्होंने कभी मुझे आहत किया, कभी बेहद क्षुब्ध तो कभी मुझ नासमझ के भ्रम-भंग भी किए। यों भी एक लेखक की यात्रा होती ही क्या है ? बस, उसकी दृष्टि परिवार के छोटे-से दायरे से निकलकर धीरे-धीरे अपने आसपास के परिवेश को समेटते हुए समाज और देश तक फैलती चलती है। इस प्रक्रिया के दौरान होनेवाले अनुभव उसे केवल समृद्ध ही नहीं करते...उसकी दृष्टि को साफ़ और संवेदना को प्रखर भी करते हैं। हाँ, अब यह लेखक की अपनी सामर्थ्य पर निर्भर करता है किस हद तक वह इन अनुभवों का रचनात्मक उपयोग कर सकता है।

यह भी कैसी विचित्र विडम्बना है कि दूसरों की कहानियाँ रचते समय मुझे सामनेवाले को उसकी सम्पूर्णता के साथ अपने में मिलाना पड़ता था और इस हद तक मिलाना पड़ता था कि 'स्व' और 'पर' के सारे भेद मिटकर दोनों एकलय, एकाकार हो जाते थे। पर अपनी कहानी लिखते समय तो मुझे अपने को अपने

से ही काटकर बिल्कुल अलग कर देना पड़ा। यह निहायत ज़रूरी था और इस विधा की अनिवार्य शर्त, तटस्थता, की माँग भी कि लिखनेवाली मन्नू और जीनेवाली मन्नू के बीच पर्याप्त फासला बनाकर रख सकूँ। अब इसमें कहाँ तक सफल हो सकी हूँ, इसके निर्णायक तो पाठक ही होंगे...मुझे तो न इसका दावा है, न दर्प !

लेखन और साहित्य से हटकर अपने निजी जीवन की त्रासदियों भरे 'पूरक प्रसंग' को लेखकीय जीवन पर केन्द्रित अपनी इस कहानी में सम्मिलित किया जाए या नहीं, इस दुविधा ने कई दिनों तक मुझे परेशान रखा। अपने कुछ घनिष्ठ मित्रों से सलाह ली और उनके आग्रह पर अन्ततः इसे सम्मिलित करने का निर्णय ही लिया। बाद में तो मैं भी सोचने लगी कि मेरा और राजेन्द्र का सम्बन्ध जितना निजता और अन्तरंगता के दायरे में आता है, उससे कहीं अधिक लेखन के दायरे में आता है। लेखन के कारण ही हमने विवाह किया था...हम पति-पत्नी बने थे। उस समय मुझे लगता था कि राजेन्द्र से विवाह करते ही लेखन के लिए तो जैसे राजमार्ग खुल जाएगा और उस समय यही मेरा एकमात्र काम्य था। उस समय कैसे मैं यह भूल गई कि शादी करते ही मेरे व्यक्तित्व के दो हिस्से हो जाएँगे...लेखक और पत्नी। इसमें कोई सन्देह नहीं कि मेरे लेखकीय व्यक्तित्व को राजेन्द्र ने ज़रूर प्रेरित और प्रोत्साहित किया...इनके साथ मिलनेवाला साहित्यिक वातावरण, होनेवाली गप्प-गोष्ठियाँ मेरे बहुत बड़े प्रेरणा-स्रोत भी रहे। लेकिन मेरे व्यक्तित्व का पत्नी-रूप ? इस पर राजेन्द्र निरन्तर जो और जैसे प्रहार करते रहे, उसका परिणाम तो मेरे लेखक ने ही भोगा। निरन्तर खंडित होते आत्म-विश्वास से लेखन में आए गतिरोध का जो सिलसिला शुरू हुआ अन्ततः वह उसके पूर्ण विराम पर ही समाप्त हुआ। इसलिए 'पूरक प्रसंग' की सारी बातें लगने को मेरे निजी जीवन से सम्बन्धित ही लगेंगी पर जुड़ी हुई तो मेरे लेखन से ही हैं, बल्कि मेरे लेखकीय जीवन का अभिन्न हिस्सा हैं। हाँ, यह मैं बहुत-बहुत ईमानदारी के साथ कह सकती हूँ कि मैंने न तो इसमें वर्णित तथ्यों को तोड़ने-मरोड़ने की कोशिश की है, न अपनी किसी दुर्भावना के चलते उन्हें विकृत करने की। जो कुछ भी लिखा, एक आवेगहीन तटस्थता के साथ ही लिखा है।

—मन्नू भंडारी

एक कहानी यह भी

लेखन एक अनवरत यात्रा–जिसका न कोई अन्त है, न मंज़िल। बस, निरन्तर चलते चले जाना ही जिसकी अनिवार्यता है, शायद नियति भी। हर रचना एक पड़ाव, जिसमें यहाँ तक पहुँचने के सुख-सन्तोष से ज़्यादा आगे जाने का उत्साह भरा रहता है। पर कभी-कभी यह क्रम उलट भी जाता है। अपने रचे का सुख-सन्तोष और उससे मिलनेवाला यश लेखक को एक ऐसी गहरी तृप्ति का बोध करा देता है, जिससे आगे जाने का यह उत्साह लौट-लौटकर मुग्ध भाव से अपने रचे के इर्द-गिर्द ही चक्कर लगाने लगता है। पिछले दस वर्षों में अपने मन की दस पंक्तियाँ भी न लिख पाने के पीछे कहीं यही कारण तो नहीं ? नहीं, बहुत ईमानदारी से मन का कोना-कोना टटोलकर देख लिया...आत्ममुग्ध तो क्या, मैं तो अपने लिखे को लेकर कभी आत्म-तुष्ट भी नहीं हो पाई। भरपूर आत्म-तोष देनेवाला कुछ लिखा ही नहीं...न स्तर की दृष्टि से, न परिमाण की दृष्टि से। तब ? क्या मेरे सरोकार और प्राथमिकताएँ बदल गईं ? लेकिन प्राथमिकता के क्रम में लिखना मेरा पहला और प्रमुख सरोकार तो कभी रह ही नहीं पाया। बेटी और घर (जिसकी पूरी-पूरी ज़िम्मेदारी मेरे ऊपर थी) के साथ नौकरी (जो अपनी ज़िम्मेदारियों को निभाने के लिए अनिवार्य थी) के बीच में से ही लिखने के लिए समय और सुविधा जुटानी पड़ती थी और मैंने जो कुछ भी लिखा, इन सबके बीच ही लिखा, इनकी क़ीमत पर कभी नहीं लिखा। लेकिन पहले हर स्तर पर संकट थे, कष्ट थे, समस्याएँ थीं, नसों को चटका देनेवाले आघात थे, पर उनके साथ लगातार लिखना भी था...जो भी, जैसा भी। आज ये सारी समस्याएँ-संकट समाप्तप्राय हैं पर लिखना तो बिलकुल ही समाप्त है। तो क्या संघर्षपूर्ण और समस्याग्रस्त जीवन ही लिखने की अनिवार्य शर्त है ?

कभी-कभी सोचती हूँ कि कहीं ऐसा तो नहीं कि मुझमें लिखने के प्रति पहले जैसी निष्ठा या लगाव नहीं रहा ! हो सकता है कि कारण यही हो; और है तो मुझे

स्वीकार करने में कोई संकोच भी नहीं। अच्छा है कि मेरे पास कोई ऐसा तर्क-कौशल या लेखकीय हुनर नहीं है जिससे मैं लेखन में आए इस ठहराव को भटकाव न मानकर कुछ सामान्य से कारण ढूँढ़ लेती और उस मानसिक यन्त्रणा और जानलेवा दंश से भी मुक्ति पा लेती जो इस स्थिति की अनिवार्य परिणति होनी चाहिए। मेरे पास आज अगर कुछ है तो हर दिन के साथ बढ़ती छटपटाहट और लगातार रिसते-टूटते आत्मविश्वास की कचोट। आज मैं कितनी शिद्दत के साथ महसूस कर रही हूँ कि क़लम और शब्द के साथ रिश्ता टूटते चले जाने की प्रक्रिया में कैसे ज़िन्दगी के साथ भी मेरा रिश्ता टूटता चला गया—कैसे मैं सबसे कटी-छँटी अपने में ही सिमटती-सिकुड़ती चली गई। लेकिन इतना सब होने के बावजूद लिखने की एक अव्यक्त-सी लालसा मन को बराबर कचोटती रही है और एक दिन इसी कचोट की मार से मैं घर की सामान्य-सी सुविधाओं में लिथड़ी, पर मन को निरन्तर कंगला और शरीर को रुग्ण बनाती, अपनी एक निहायत ही यान्त्रिक ढर्रे में ढली बेजान-सी ज़िन्दगी को छोड़कर उज्जैन चली आई—अकेली। एक प्रयोग यह भी सही।

लिखने का आधार बनाने के लिए ज़िन्दगी के टूटे-बिखरे और खोए सूत्रों को समेटने की प्रक्रिया में जाने क्यों अपने माली की एक बात याद आई। बिना स्थान, साधन-सुविधा और जानकारी के महज़ शौक़ के चलते मैंने अपने घर में थोड़े-से गमले लगा रखे थे और मुझे उनसे बहुत लगाव था। एक दिन देखा कि बिना मौसम और प्रत्यक्ष कारण के एक गमले की ढेर सारी पत्तियाँ झड़ गईं और दो-तीन दिन में ही वह पौधा चन्द पत्तियों के साथ टहनियों का एक झुंड-भर रह गया— मात्र ठूँठ, कुछ-कुछ मेरी ही तरह। माली ने देखा तो बड़ी बेरहमी से बची-खुची पत्तियों को भी नोच फेंका। मेरे मुँह से निकले "अरे-अरे" को सुनकर बड़ी सहजता से उसने अपनी भाषा में कहा, "इन पत्तियों को तो अब झड़ना ही होगा, इनसे मोह रखकर अब काम नहीं चलेगा, क्योंकि ये अब जान नहीं देनेवाली इस पौधे को...अब तो जड़ को देखना होगा," और उसने गमले की मिट्टी उलट दी। गमले की निचली गहराई से निकला जड़ों का गुच्छा...मिट्टी में लिथड़े, एक-दूसरे से उलझे अनेक रेशे। जो रेशे सड़े-गले थे और जिन्होंने पौधे की जीवनी-शक्ति को कुन्द कर दिया था, उन्हें बड़ी निर्ममता से उसने तोड़ फेंका। जो स्वस्थ थे, उन्हें साफ़ करके

सहेजा-सँवारा, इन्हीं से अब पौधा रस ग्रहण करेगा, फलेगा-फूलेगा—वह पूरी तरह आश्वस्त था। तो क्या अपने को पुनर्जीवित करने के लिए मैं भी अपनी जड़ों की ओर लौटूँ, सारे सड़े-गले रेशों को उखाड़कर, उन रेशों को देखूँ-परखूँ, सहेजूँ-सँवारूँ, जिनकी जीवनी-शक्ति ही मुझे यहाँ तक लाई ? उन्हीं का एक ऐसा अनवरत सिलसिला तलाश करूँ जो बेजान हो आए इस पौधे में भी शायद जान फूँक सके। आगे बढ़ने के लिए पीछे मुड़कर देखना सहायक ही नहीं, कभी-कभी अनिवार्य भी नहीं हो जाता ? यादों की, घटनाओं की, स्थितियों की न जाने कितनी छोटी-छोटी पोटलियाँ खुँसी मिलेंगी जो ज़रा-सा स्पर्श पाते ही अपनी पूरी जीवन्तता के साथ आ खड़ी होंगी। न जाने कितने पात्र अपने व्यक्तित्व के पूरे निखार के लिए अनुकूल घटनाओं की, तो न जाने कितनी घटनाएँ अपने सारे अर्थ उजागर करने के लिए अनुकूल पात्रों की माँग करतीं—आपको उकसातीं, प्रेरित करतीं या फिर आज की स्थितियों में नए सन्दर्भों की माँग करतीं आपके सामने आ खड़ी होंगी—एक चुनौती बनकर। एक बार पूरी निष्ठा और ईमानदारी के साथ इन सबसे जुड़कर देखा तो जाए। कौन जाने, इन ठूँठ जैसी टहनियों में भी कुछ अंकुरित होने की प्रक्रिया शुरू हो जाए !

जन्मी तो मध्यप्रदेश के भानपुरा गाँव में थी, लेकिन मेरी यादों का सिलसिला शुरू होता है अजमेर के ब्रह्मपुरी मोहल्ले के उस दो-मंज़िला मकान से, जिसकी ऊपरी मंज़िल में पिता का साम्राज्य था। वहाँ निहायत अव्यवस्थित ढंग से फैली-बिखरी पुस्तकों-पत्रिकाओं और अख़बारों के बीच वे या तो कुछ पढ़ते रहते थे या फिर 'डिक्टेशन' देते रहते थे। नीचे हम सब भाई-बहिनों के साथ रहती थीं हमारी बेपढ़ी-लिखी व्यक्तित्वहीन माँ—सवेरे से शाम तक हम सबकी इच्छाओं और पिताजी की आज्ञाओं का पालन करने के लिए सदैव तत्पर।

अजमेर से पहले पिताजी इन्दौर में थे, जहाँ उनकी बड़ी प्रतिष्ठा थी, सम्मान था, नाम था। कांग्रेस के साथ-साथ वे समाज-सुधार के कामों से भी जुड़े हुए थे। शिक्षा का वे केवल उपदेश ही नहीं देते थे, बल्कि उन दिनों आठ-आठ, दस-दस विद्यार्थियों को अपने घर रखकर पढ़ाया भी है, जिनमें से कई तो बाद में ऊँचे-ऊँचे

ओहदों पर पहुँचे। ये उनकी खुशहाली के दिन थे और उन दिनों उनकी दरियादिली के चर्चे भी कम नहीं थे। एक ओर वे बेहद कोमल और संवेदनशील व्यक्ति थे तो दूसरी ओर बेहद क्रोधी और अहंवादी।

पर यह सब तो मैंने केवल सुना। देखा, तब तो इन गुणों के भग्नावशेषों को ढोते पिता थे। एक बहुत बड़े आर्थिक झटके के कारण वे इन्दौर से अजमेर आ गए थे, जहाँ उन्होंने अपने अकेले के बलबूते और हौसले से अंग्रेज़ी-हिन्दी शब्दकोश (विषयवार) के अधूरे काम को आगे बढ़ाना शुरू किया। यह अपनी तरह का पहला और अकेला शब्दकोश था। इसने उन्हें यश और प्रतिष्ठा तो बहुत दी, पर उतना अर्थ नहीं जो उन्हें सम्पन्नता की पहले जैसी स्थिति में पहुँचा सकता। वैसे पाँच बच्चों के साथ परिवार का पालन-पोषण, और चार की तो शादियाँ भी कीं, जो भी, जैसी भी, फिर मेहमाननवाज़ी का तो पुराना स्तर ही बदस्तूर चालू था। लेकिन दोनों हाथों से खुले हाथ ख़र्च करनेवाले व्यक्ति के लिए हाथ खींचकर चलने की यातना...और शायद निरन्तर गिरती आर्थिक स्थिति ने ही उनके व्यक्तित्व के सारे सकारात्मक पहलुओं को निचोड़ना शुरू कर दिया था। सिकुड़ती आर्थिक स्थिति के कारण और अधिक विस्फारित उनका अहं उन्हें इस बात तक की अनुमति नहीं देता था कि वे कम-से-कम अपने बच्चों को तो अपनी आर्थिक विवशताओं का भागीदार बनाएँ। नवाबी आदतें, अधूरी महत्त्वाकांक्षाएँ, हमेशा शीर्ष पर रहने के बाद हाशिए पर सरकते चले जाने की यातना क्रोध बनकर हमेशा माँ को कँपाती-थरथराती रहती थी। अपनों के हाथों विश्वासघात की जाने कैसी गहरी चोटें होंगी वे, जिन्होंने आँख मूँदकर सबका विश्वास करनेवाले पिता को बाद के दिनों में इतना शक्की बना दिया था कि जब-तब हम लोग भी उसकी चपेट में आ जाते।

यों हम लोग जैन हैं पर पिताजी आर्यसमाजियों के बीच दीक्षित हुए थे, इसलिए हम लोगों ने कभी जैनियों जैसे व्रत-उपवास नहीं किए, यहाँ तक कि संवत्सरी के दिन भी नहीं। कभी हम लोग मन्दिर या मुनि-आचार्यों के व्याख्यान सुनने उपाश्रय नहीं गए। साल में एक-दो बार संग-साथ मिलने पर माँ ज़रूर चली जाती थीं। और तो और, एक बार पैदल यात्रा करते हुए रात काटने के लिए पाँच-सात साध्वियों का पड़ाव हमारे यहाँ पड़ा। माँ बेहद उल्लसित। कोई साठ-सत्तर भक्तों से सारा

आँगन भर गया—बस, पिताजी ऊपर से नहीं उतरे और मैं अपने कमरे से नहीं निकली। बार-बार के आग्रह पर मैं ही पिताजी को बुलाने के लिए ऊपर गई पर उनका दोटूक जवाब, "अरे, उन बेपढ़ी-लिखी साध्वियों के पास जाकर क्या करूँगा मैं।" वे नहीं आए तो तबीयत की आड़ लेकर मुझे ही उनके नकार के नुकीले कोनों को मुलायम बनाना पड़ा। जैन दर्शन पर उनकी अच्छी पकड़ थी और उसका भरपूर बोध भी था उन्हें। मैं ज़रूर जाकर बैठी, पर अपनी नज़र में उनके आडम्बरों पर इतनी बहस की कि वहाँ एकत्रित लोग भौंचक होकर देखते ही रह गए। मारवाड़ी परिवार...लड़की की जात (नीची नज़र और बन्द ज़बान का ठप्पा जिस पर जन्म के साथ ही चस्पाँ कर दिया जाता था) और ये तेवर...ये हौसला ! मर्दों के बीच बैठकर साध्वियों से बहस ! उन्हें क्या पता कि बहस करने की फ़ितरत तो घुट्टी में मिली थी हमें।

आर्यसमाजियों वाले हवन-यज्ञ और मन्त्रोच्चार भी कभी नहीं हुए हमारे यहाँ। पिताजी ने उनका समाज-सुधारवाला पक्ष ही अपनाया था। आज से क़रीब अड़सठ साल पहले बिना घूँघट-पर्दे के की गई बहिन की शादी काफ़ी क्रान्तिकारी क़दम था। लड़कियों को लड़कों की तरह पढ़ाना...बाल-विवाह और अन्य सामाजिक कुरीतियों का विरोध...आडम्बरों और ढकोसलों की छुट्टी, बचपन से यही सब देखा हमने। याद नहीं घर में कोई धार्मिक अनुष्ठान देखा हो कभी। जैनी होने के बावजूद पड़ोसियों की देखादेखी हम लोग जन्माष्टमी की झाँकी ज़रूर सजाते थे, पर उसमें धर्म से ज़्यादा सजाने का शौक़ प्रमुख रहता था। त्यौहारों में केवल दीवाली मनाते थे। हाँ, उस दिन ज़रूर पूजा की थाली सजाई जाती थी और पिताजी माँ के बताए-बताए लक्ष्मी-गणेश की मूर्तियों पर रोली, चावल, मिठाई, पानी, फूल आदि डालकर हाथ जोड़ते और पाँच मिनट में पूजा से निवृत्त हो लेते। उनका असली त्यौहार तो उस दिन होता, जिस दिन उनके कोश का कोई नया भाग छपकर आता...या फिर कोई बहुत बड़ा 'ऑर्डर' आता। उस दिन वे उतने ही कोमल, वत्सल और दरियादिल हो जाते थे। पिता, वात्सल्य से भरे पिता। एक ही आदमी के कितने-कितने रूप होते हैं, यह मैंने तभी जाना था।

यह पितृ-गाथा मैं इसलिए नहीं गा रही कि मुझे उनका गौरव-गान करना है, बल्कि मैं तो यह देखना चाहती हूँ कि उनके व्यक्तित्व की कौन-सी ख़ूबी और

ख़ामियाँ मेरे व्यक्तित्व के ताने-बाने में गुँथी हुई हैं या कि अनजाने-अनचाहे किए उनके व्यवहार ने मेरे भीतर किन ग्रन्थियों को जन्म दे दिया। मैं काली हूँ, बचपन में दुबली और मरियल भी थी। गोरा रंग पिताजी की कमज़ोरी थी सो बचपन में मुझसे दो साल बड़ी, ख़ूब गोरी, स्वस्थ और हँसमुख बहिन सुशीला से हर बात में तुलना और फिर उसकी प्रशंसा ने ही क्या मेरे भीतर ऐसे गहरे हीनभाव की ग्रन्थि पैदा नहीं कर दी कि नाम, सम्मान और प्रतिष्ठा पाने के बावजूद आज तक मैं उससे उबर नहीं पाई ? आज भी परिचय करवाते समय जब कोई तरह-तरह के विशेषण लगाकर मेरी लेखकीय उपलब्धियों का ज़िक्र करने लगता है तो मैं संकोच से सिमट ही नहीं जाती बल्कि गड़ने-गड़ने को हो आती हूँ। शायद अचेतन की किसी पर्त के नीचे दबी इसी हीनभावना के चलते ही मैं अपनी किसी भी उपलब्धि पर भरोसा नहीं कर पाती...सब कुछ मुझे तुक्का ही लगता है। पिताजी के जिस शक्की स्वभाव पर मैं कभी भन्ना-भन्ना जाती थी, आज एकाएक अपने खंडित विश्वासों की व्यथा के नीचे मुझे उनके शक्की स्वभाव की झलक ही दिखाई देती है...बहुत 'अपनों' के हाथों विश्वासघात की गहरी व्यथा से उपजा शक। होश सँभालने के बाद से ही जिन पिताजी से किसी-न-किसी बात पर हमेशा मेरी टक्कर चलती रही, वे तो न जाने कितने रूपों में मुझमें हैं...कहीं कुंठाओं के रूप में, कहीं प्रतिक्रिया के रूप में, तो कहीं प्रतिच्छाया के रूप में। केवल बाहरी भिन्नता के आधार पर अपनी परम्पराओं और पीढ़ियों को नकारनेवालों को क्या सचमुच इस बात का बिलकुल अहसास नहीं होता कि उनका आसन्न अतीत किस क़दर उनके भीतर जड़ जमाए बैठा रहता है ! समय का प्रवाह भले ही हमें विपरीत दिशाओं में बहाकर ले जाए...स्थितियों का दबाव भले ही हमारा रूप बदल दे, हमें पूरी तरह उससे मुक्त तो नहीं कर सकता !

पिता का चरित्र अपनी सारी गरिमा, सारी करुणा और सारे अन्तर्विरोधों के साथ मेरे मन में ज्यों-का-त्यों अंकित है—बार-बार मुझे लिखने के लिए प्रेरित भी करता है, लेकिन कभी साहस नहीं हुआ कि उन पर क़लम चलाऊँ। जानती हूँ, मैं उनके बहुआयामी व्यक्तित्व के साथ न्याय नहीं कर पाऊँगी...कुछ अपनी सीमा के कारण तो कुछ अपने पूर्वग्रहों के कारण !

पिता के ठीक विपरीत थीं हमारी बेपढ़ी-लिखी माँ। धरती से कुछ ज़्यादा ही

धैर्य और सहनशक्ति थी शायद उनमें। पिताजी की हर ज़्यादती को अपना प्राप्य और बच्चों की हर उचित-अनुचित फ़रमायश और ज़िद को अपना फ़र्ज़ समझकर बड़े ही सहज भाव से स्वीकार करती थीं वे। उन्होंने ज़िन्दगी भर अपने लिए कुछ माँगा नहीं, चाहा नहीं...केवल दिया ही दिया। हम भाई-बहिनों का सारा लगाव (शायद सहानुभूति से उपजा) माँ के साथ था, लेकिन निहायत असहाय मजबूरी में लिपटा उनका यह त्याग कभी मेरा आदर्श नहीं बन सका...न उनका त्याग, न उनकी सहिष्णुता। ख़ैर, जो भी हो, अब यह पैतृक पुराण यहीं समाप्त कर अपने पर लौटती हूँ।

पाँच भाई-बहिनों में सबसे छोटी मैं। सबसे बड़ी बहिन की शादी के समय मैं शायद सात साल की थी और उसकी एक धुँधली-सी याद ही मेरे मन में है, लेकिन अपने से दो साल बड़ी बहिन सुशीला और मैंने घर के बड़े से आँगन में बचपन के सारे खेल खेले—सतोलिया, लँगड़ी-टाँग, पकड़म-पकड़ाई, काली-टीलो—तो कमरों में गुड्डे-गुड़ियों के ब्याह भी रचाए पास-पड़ोस की सहेलियों के साथ। यों खेलने को हमने भाइयों के साथ गिल्ली-डंडा भी खेला और पतंग उड़ाने, काँच पीसकर माँजा सूतने का काम भी किया, लेकिन उनकी गतिविधियों का दायरा घर के बाहर ही अधिक रहता था और हमारी सीमा थी घर। हाँ, इतना ज़रूर था कि उस ज़माने में घर की ये दीवारें घर तक ही समाप्त नहीं हो जाती थीं, बल्कि पूरे मोहल्ले तक फैली रहती थीं, इसलिए मोहल्ले के किसी भी घर में जाने पर कोई पाबन्दी नहीं थी, बल्कि कुछ घर तो परिवार का हिस्सा ही थे। आज तो मुझे बड़ी शिद्दत के साथ यह महसूस होता है कि अपनी ज़िन्दगी खुद जीने के इस आधुनिक दबाव ने महानगरों के फ़्लैट में रहनेवालों को हमारे इस परम्परागत 'पड़ोस-कल्चर' से विच्छिन्न करके हमें कितना संकुचित, असहाय और असुरक्षित बना दिया है। मेरी कम-से-कम एक दर्जन आरम्भिक कहानियों के पात्र इसी मोहल्ले के हैं, जहाँ मैंने अपनी किशोरावस्था गुज़ार अपनी युवावस्था का आरम्भ किया था। एक-दो को छोड़कर उनमें से कोई भी पात्र मेरे परिवार का नहीं है। बस, इनको देखते-सुनते, इनके बीच ही मैं बड़ी हुई थी, लेकिन इनकी छाप मेरे मन पर कितनी गहरी थी, इस बात का अहसास तो मुझे कहानियाँ लिखते समय हुआ। इतने वर्षों के अन्तराल ने भी उनकी भाव-भंगिमा, भाषा, किसी को भी धुँधला नहीं किया था

और बिना किसी विशेष प्रयास के बड़े सहज भाव से वे उतरते चले गए थे। उसी समय के दा साहब अपने व्यक्तित्व की अभिव्यक्ति के लिए अनुकूल परिस्थितियाँ पाते ही *महाभोज* में इतने वर्षों बाद कैसे एकाएक जीवित हो उठे, यह मेरे अपने लिए भी आश्चर्य का विषय था...एक सुखद आश्चर्य का।

उस ज़माने में आज की तरह मनोरंजन के कोई साधन तो थे नहीं...महीने-दो महीने में भाइयों के साथ सिनेमा जाने की अनुमति मिलती तो उत्सव जैसा लगता था। दो दिन पहले से उत्सुकता-भरी प्रतीक्षा और दो दिन बाद तक देखे हुए का 'थ्रिल'। लड़कियों के अकेले इधर-उधर जाने और घूमने-फिरने का चलन तो था नहीं, सो स्कूल और खेल से बचे समय में हम किताबें पढ़ते थे—कहानी-उपन्यास। यों पिताजी का अपना एक अच्छा-ख़ासा निजी पुस्तकालय था, पर कथा-साहित्य से शून्य। हाँ, शरतचन्द्र की अनेक और प्रेमचन्द की कुछ किताबें उसमें ज़रूर प्रवेश पा गई थीं पर पड़ोस में प्रसिद्ध कांग्रेसी नेता जीतमलजी लूणिया रहते थे, जो प्रेस के साथ-साथ पुस्तकें बेचने का काम भी करते थे। कवर चढ़ाकर, बड़ी एहतियात से पढ़ने की शर्त पर उनसे पुस्तकें मिल जाया करती थीं, सो उन्हीं से चिपके रहते थे। लेखक की तब कोई अहमियत नहीं थी, न चुनाव करके पढ़ने की तमीज़। जो भी किताब हाथ में आ जाती, पढ़ डालती, पर अच्छी वे ही लगती थीं जो या तो किसी सामाजिक समस्या पर केन्द्रित होती थीं या फिर किसी क्रान्तिकारी के जीवन पर। लेखक के रूप में यदि किसी से पहचान बनी थी तो केवल शरत और प्रेमचन्द से। छठी क्लास से लेकर इन्टर तक हर साल गर्मी की छुट्टियों में धन्यकुमार जैन द्वारा अनूदित शरत-साहित्य के जितने भी भाग मिलते, उन्हें पढ़ने का सिलसिला बराबर चलता रहा और आज भी याद है कि हर साल मैंने पढ़ी हुई उन किताबों को उतना ही डूबकर पढ़ा था। उसके कई बरसों बाद जब *आवारा मसीहा* पढ़ा तो एकाएक ही इस जीवनी के सन्दर्भ में फिर से सारा शरत-साहित्य पढ़ने का मन हुआ...काफ़ी कुछ पढ़ा भी और मैं ख़ुद हैरत में थी कि समय के साथ-साथ बदली हुई रुचियाँ, सोद्देश्यता के बोझ से बोझिल हो आई संवेदना और तर्क से तीखी हो आई मानसिकता के बावजूद उनकी कई रचनाओं ने मुझे उसी तरह बाँधा, अपने में डुबोया। अब कोई चाहे तो मेरे इस बाँधने-डुबाने को औरताना भावुकता के ख़ाने में डालकर ख़ारिज कर सकता है।

उस समय तक हमारे परिवार में लड़की के विवाह के लिए अनिवार्य योग्यता थी—उम्र में सोलह वर्ष और शिक्षा में मैट्रिक। सन् 1944 में सुशीला ने यह योग्यता प्राप्त की और शादी करके कलकत्ता चली गई। दोनों बड़े भाई भी आगे की पढ़ाई के लिए बाहर चले गए। इन लोगों की छत्रछाया के हटते ही पहली बार मुझे नए सिरे से अपने वजूद का अहसास हुआ। पिताजी का ध्यान भी पहली बार मुझ पर केन्द्रित हुआ। लड़कियों को जिस उम्र में स्कूली शिक्षा के साथ-साथ सुघड़ गृहिणी और कुशल पाक-शास्त्री बनाने के नुस्खे रटाए जाते थे, पिताजी का आग्रह रहता था कि मैं रसोई से दूर ही रहूँ। रसोई को वे भटियारखाना कहते थे और उनके हिसाब से वहाँ रहना अपनी क्षमता और प्रतिभा को भट्टी में झोंकना था। घर में आए दिन विभिन्न राजनीतिक पार्टियों के जमावड़े होते थे, जिसमें कांग्रेस, प्रजा सोशलिस्ट पार्टी, कम्युनिस्ट पार्टी, आर.एस.एस. के लोग आते थे और जमकर बहसें होती थीं। बहस करना पिताजी का प्रिय शग़ल था। चाय-पानी या नाश्ता देने जाती तो पिताजी मुझे भी वहीं बैठने को कहते। वे चाहते थे कि मैं भी वहाँ बैठूँ, सुनूँ और जानूँ कि देश में चारों ओर क्या कुछ हो रहा है। देश में हो भी तो कितना कुछ रहा था। '42 के आन्दोलन के बाद से तो सारा देश जैसे खौल रहा था। लेकिन विभिन्न राजनीतिक पार्टियों की नीतियाँ, उनके आपसी विरोध या मतभेदों की तो मुझे दूर-दूर तक कोई समझ नहीं थी। हाँ, क्रान्तिकारियों और देशभक्त शहीदों के रोमानी आकर्षण, उनकी क़ुर्बानियों से ज़रूर मन आक्रान्त रहता था।

सो दसवीं कक्षा तक आलम यह था कि बिना किसी ख़ास समझ के घर में होनेवाली बहसें सुनती थी और बिना चुनाव किए, बिना लेखक की अहमियत से परिचित हुए किताबें पढ़ती थी। लेकिन सन् 45 में जैसे ही दसवीं पास करके मैं 'फ़र्स्ट इयर' में आई, हिन्दी की प्राध्यापिका शीला अग्रवाल से परिचय हुआ सावित्री गर्ल्स हाईस्कूल...जहाँ मैंने ककहरा सीखा, एक साल पहले ही कॉलेज ब[illegible] था और वे इसी साल नियुक्त हुई थीं। उन्होंने बाक़ायदा साहित्य की दुनिया[illegible] प्रवेश करवाया। मात्र पढ़ने को, चुनाव करके पढ़ने में बदला—खुद चुन-चु[illegible] किताबें दीं...पढ़ी हुई किताबों पर बहसें कीं तो दो साल बीतते न बीतते स[illegible] की दुनिया शरत-प्रेमचन्द से बढ़कर जैनेन्द्र, अज्ञेय, यशपाल, भगवतीचरण व[illegible]

फैल गई और फिर तो फैलती ही चली गई। उस समय जैनेन्द्र जी की छोटे-छोटे सरल-सहज वाक्योंवाली शैली ने बहुत आकृष्ट किया था। *सुनीता* (उपन्यास) बहुत अच्छा लगा था। अज्ञेय जी का उपन्यास *शेखर : एक जीवनी* पढ़ा ज़रूर, पर उस समय वह मेरी समझ के सीमित दायरे में समा नहीं पाया था। कुछ सालों के बाद *नदी के द्वीप* पढ़ा तो उसने मन को इस क़दर बाँधा कि उसकी झोंक में *शेखर* को फिर से पढ़ गई...इस बार कुछ समझ के साथ। यह शायद मूल्यों के मंथन का युग था...पाप-पुण्य, नैतिक-अनैतिक, सही-ग़लत की बनी-बनाई धारणाओं के आगे प्रश्नचिह्न ही नहीं लग रहे थे, उन्हें ध्वस्त भी किया जा रहा था। इसी सन्दर्भ में जैनेन्द्र का *त्यागपत्र,* भगवती बाबू का *चित्रलेखा* पढ़ा और शीला अग्रवाल के साथ लम्बी-लम्बी बहसें करते हुए उस उम्र में जितना समझ सकती थी, समझा।

लेकिन मेरे प्रिय लेखक तब यशपाल ही थे। हो सकता है कि रचनाओं से अधिक उनका क्रान्तिकारी जीवन इसके पीछे रहा हो, क्योंकि वह उम्र भी ऐसी ही और देश का माहौल भी। क्रान्ति की कैसी-कैसी रोमानी भावनाएँ आक्रान्त किए थीं उन दिनों ! अपने हाथ-ख़र्च के पैसों से जो पहली दो पुस्तकें मैंने ख़रीदी *दादा कॉमरेड* और *पार्टी कॉमरेड* ही थीं। उन्हें दो-तीन बार पढ़ा था और य तक उन पात्रों और स्थितियों की ललक-भरी प्रतीक्षा बनी रही थी जो गीता बनने का अवसर देतीं। शायद यह उम्र का ही असर था कि साथ जीने की जगह नायिका बनकर जीना ज़्यादा अच्छा लगता था। अच्छी तरह याद है कि लाल-लाल आँखें, बड़ी-बड़ी मूँछें और लट्ठे र पहननेवाला मोहल्ले का इकलौता गुंडा मिट्ठू कैसे मुझे गीता नाया करता था। लेकिन बात करना तो दूर, सामने पड़ जाने लगता था। तब रात में लेटे-लेटे मैं गीता बनी उससे बातें कैसे मेरे विश्वास और स्नेह ने गुंडई झलकानेवाली उसकी दी है...वह बदल रहा है। उसके साथ के सारे संवाद भी ही दिन बाहर निकलते समय कहीं उसकी झलक भी ता बिस्तर में ही छूट जाती और मन्नू भंडारी

ा दायरा ही नहीं बढ़ाया था, बल्कि घर की

चहारदीवारी के बीच बैठकर देश की स्थितियों को जानने-समझने का जो सिलसिला पिताजी ने शुरू किया था, उन्होंने वहाँ से खींचकर उसे भी स्थितियों की सक्रिय भागीदारी में बदल दिया। सन् 46-47 के वे दिन...वे स्थितियाँ, उनमें वैसे भी घर में बैठे रहना सम्भव था भला ? प्रभात-फेरियाँ, हड़तालें, जुलूस, भाषण हर शहर का चरित्र था और पूरे दमख़म और जोश-ख़रोश के साथ इन सबसे जुड़ना हर युवा का उन्माद। मैं भी युवा थी और शीला अग्रवाल की जोशीली बातों ने रगों में बहते ख़ून को लावे में बदल दिया था। स्थिति यह हुई कि एक बवंडर शहर में मचा हुआ था और एक घर में। पिताजी की आज़ादी की सीमा यहीं तक थी कि उनकी उपस्थिति में घर में आए लोगों के बीच उठूँ-बैठूँ, जानूँ-समझूँ। हाथ उठा-उठाकर नारे लगाती, हड़तालें करवाती, लड़कों के साथ शहर की सड़कें नापती लड़की को अपनी सारी आधुनिकता के बावजूद बर्दाश्त करना उनके लिए मुश्किल हो रहा था तो किसी की दी हुई आज़ादी के दायरे में चलना मेरे लिए। जब रगों में लहू की जगह लावा बहता हो तो सारे निषेध, सारी वर्जनाएँ और सारा भय कैसे ध्वस्त हो जाता है, यह तभी जाना और अपने क्रोध से सबको थरथरा देनेवाले पिताजी से टक्कर लेने का जो सिलसिला तब शुरू हुआ था, राजेन्द्र से शादी की, तब तक वह चलता ही रहा।

यश-कामना, बल्कि कहूँ कि यश-लिप्सा, पिताजी की सबसे बड़ी दुर्बलता थी और उनके जीवन की धुरी था यह सिद्धान्त कि व्यक्ति को कुछ विशिष्ट बनकर जीना चाहिए...कुछ ऐसे काम करने चाहिए कि समाज में उसका नाम हो, सम्मान हो, प्रतिष्ठा हो, वर्चस्व हो। इसके चलते ही मैं दो-एक बार उनके कोप से बच गई थी। एक बार कॉलेज से प्रिंसिपल का पत्र आया कि पिताजी आकर मिलें और बताएँ कि मेरी गतिविधियों के कारण मेरे ख़िलाफ़ अनुशासनात्मक कार्रवाई क्यों न की जाए ? पत्र पढ़ते ही पिताजी आग-बबूला ! “यह लड़की मुझे कहीं मुँह दिखाने लायक़ नहीं रखेगी...पता नहीं क्या-क्या सुनना पड़ेगा वहाँ जाकर ! चार बच्चे पहले भी पढ़े, किसी ने ये दिन नहीं दिखाया।” गुस्से से भन्नाते हुए ही वे गए थे। लौटकर क्या क़हर बरपा होगा, इसका अनुमान था, सो मैं पड़ोस की एक मित्र के यहाँ जाकर बैठ गई। माँ से कह दिया कि लौटकर बहुत कुछ गुबार निकल जाए, तब बुलाना। लेकिन जब माँ ने आकर कहा कि वे तो खुश ही हैं, चली चल,

तो विश्वास नहीं हुआ। गई तो सही, लेकिन डरते-डरते। "सारे कॉलेज की लड़कियों पर इतना रौब है तेरा...सारा कॉलेज तुम तीन लड़कियों के इशारे पर चल रहा है ? प्रिंसिपल बहुत परेशान थीं और बार-बार आग्रह कर रही थीं कि मैं तुझे घर बिठा लूँ, क्योंकि वे लोग किसी तरह डरा-धमकाकर, डाँट-डपटकर लड़कियों को क्लासों में भेजते हैं और अगर तुम लोग एक इशारा कर दो कि क्लास छोड़कर बाहर आ जाओ तो सारी लड़कियाँ निकलकर मैदान में जमा होकर नारे लगाने लगती हैं। तुम लोगों के मारे कॉलेज चलाना मुश्किल हो गया है उन लोगों के लिए।" कहाँ तो जाते समय पिताजी मुँह दिखाने से घबरा रहे थे, और कहाँ बड़े गर्व से कहकर आए कि यह तो आज पूरे देश की पुकार है...इस पर कोई कैसे रोक लगा सकता है भला ? बेहद गद्गद स्वर में पिताजी यह सब सुनाते रहे और मैं अवाक्। मुझे न अपनी आँखों पर विश्वास हो रहा था, न अपने कानों पर। पर यह हक़ीक़त थी।

एक घटना और। आज़ाद हिन्द फ़ौज के मुक़दमे का सिलसिला था। सभी कॉलेजों, स्कूलों, दुकानों के लिए हड़ताल का आह्वान था। जो-जो नहीं कर रहे थे, छात्रों का एक बहुत बड़ा समूह, जिसमें हम लोग भी थे वहाँ जा-जाकर करवा रहे थे। शाम को अजमेर का पूरा विद्यार्थी-वर्ग चौपड़ (मुख्य बाज़ार का चौराहा) पर इकट्ठा हुआ और फिर हुई भाषणबाज़ी। इस बीच पिताजी के एक निहायत दक़ियानूसी मित्र ने घर आकर अच्छी तरह पिताजी की लू उतारी–"अरे उस मन्नू की तो मत मारी गई है भंडारी जी, पर आपको क्या हुआ ? ठीक है, आपने लड़कियों को आज़ादी दी, पर देखते आप, जाने कैसे-कैसे उल्टे-सीधे लड़कों के साथ हड़तालें करवाती, हुड़दंग मचाती फिर रही है वह। हमारे-आपके घरों की लड़कियों को शोभा देता है यह सब ? कोई मान-मर्यादा, इज़्ज़त-आबरू का ख़याल भी रह गया है आपको या नहीं ?"

वे तो आग लगाकर चले गए और पिताजी सारे दिन भभकते रहे, "बस, अब यही रह गया है कि लोग घर आकर थू-थू करके चले जाएँ। बन्द करो अब इस मन्नू का घर से बाहर निकलना।"

इस सबसे बेख़बर मैं रात होने पर घर लौटी तो पिताजी के एक बेहद अन्तरंग और अभिन्न मित्र ही नहीं, अजमेर के सबसे प्रतिष्ठित और सम्मानित

डॉ. अम्बालालजी बैठे थे। मुझे देखते ही उन्होंने बड़ी गर्मजोशी से स्वागत किया, "आओ, आओ मन्नू। मैं तो चौपड़ पर तुम्हारा भाषण सुनते ही सीधा भंडारी जी को बधाई देने चला आया। आय एम रिअली प्राउड ऑफ़ यू...क्या तुम घर में घुसे रहते हो भंडारी जी...घर से निकला भी करो। यू हैव मिस्ड समथिंग," और वे धुआँधार तारीफ़ करने लगे–वे बोलते जा रहे थे और पिताजी के चेहरे का सन्तोष धीरे-धीरे गर्व में बदलता जा रहा था। भीतर जाने पर माँ ने दोपहर के गुस्सेवाली बात बताई तो मैंने राहत की साँस ली।

आज पीछे मुड़कर देखती हूँ तो इतना तो समझ में आता ही है कि क्या तो उस समय मेरी उम्र थी और क्या मेरा भाषण रहा होगा ! यह तो डॉक्टर साहब का स्नेह था जो उनके मुँह से प्रशंसा बनकर बह रहा था या यह भी हो सकता है कि आज से क़रीब साठ साल पहले अजमेर शहर में चारों ओर से उमड़ती भीड़ के बीच एक लड़की का बिना किसी संकोच और झिझक के यों धुआँधार बोलते चले जाना ही इसके मूल में रहा हो। पर पिताजी ! कितनी तरह के अन्तर्विरोधों के बीच जीते थे वे ! एक ओर 'विशिष्ट' बनने और बनाने की प्रबल लालसा तो दूसरी ओर अपनी सामाजिक छवि के प्रति भी उतनी ही सजगता। पर क्या यह सम्भव है ? क्या पिताजी को इस बात का बिलकुल भी अहसास नहीं था कि इन दोनों का तो रास्ता ही टकराहट का है ?

सन् '47 के मई महीने में शीला अग्रवाल को कॉलेजवालों ने नोटिस थमा दिया–लड़कियों को भड़काने और कॉलेज का अनुशासन बिगाड़ने के आरोप में। इस बात को लेकर हुड़दंग न मचे, इसलिए जुलाई में थर्ड इयर की क्लासेज़ बन्द करके हम दो-तीन छात्राओं का प्रवेश निषिद्ध कर दिया गया।

हुड़दंग तो बाहर रहकर भी इतना मचाया कि अन्ततः दिल्ली से डायरेक्टर ऑफ़ एजुकेशन मिस्टर सेठी (यही नाम था शायद) को आना पड़ा। उनके सामने हम लोगों ने और कॉलेजवालों ने अपना-अपना पक्ष रखा। दो दिन तक बहस चलती रही। हम उनके हर तर्क को केवल काटते ही नहीं बल्कि बिलकुल निराधार सिद्ध कर देते। पर हमारे एक तर्क ने–कि यदि थर्ड इयर बन्द करना ही था तो इसकी सूचना हमें मई तक मिल जानी चाहिए थी, जुलाई में जब हम एडमिशन लेने गए तब यह सूचना देना कहाँ तक तर्क-संगत है...जायज है ?–सारी बात को हमारे

पक्ष में कर दिया। मजबूरन कॉलेजवालों को थर्ड इयर खोलना पड़ा। जीत की यह ख़ुशी...पर सामने खड़ी, चिरप्रतीक्षित एक बहुत-बहुत बड़ी ख़ुशी के सामने यह ख़ुशी बिला ही गई।

शताब्दी की सबसे बड़ी उपलब्धि—15 अगस्त, 1947।

कितना मन था कि दिल्ली जाकर किसी तरह सत्ता का हस्तान्तरण देखने को मिले क्योंकि लगता था कि जैसे इस उपलब्धि में हमारा भी योगदान है। पर यह सम्भव नहीं था सो अजमेर की सड़कों पर ही जश्न देखा। अजमेर शहर में वैसी दीवाली न पहले कभी मनी होगी, न बाद में। आज़ादी के साथ जुड़ा विभाजन और उसकी भयंकर त्रासदी...सूचना के स्तर पर तो हमें यह सब मालूम हुआ पर संवेदना के स्तर पर उस समय हमने उसकी आँच महसूस ही नहीं की थी। टी.वी. तो उन दिनों थे नहीं जो शरणार्थियों के उन क़ाफ़िलों को देखते जो केवल लुट-पिटकर ही नहीं...अपना सारा अतीत भी अपनी सरहदों की मिट्टी में दफ़नाकर...ख़ाली हाथ, ख़ाली जेब लिये आतंक से थरथराते हुए अनिश्चित भविष्य और अनजान सरहदों में प्रवेश करने के लिए अभिशप्त थे। अपनी मिट्टी, अपनी सरहदों के मोह का थोड़ा-सा अहसास यदि हुआ तो, एक छोटी-सी घटना से।

एक मुसलमान रँगरेज़ था। मोहल्ले की लड़कियाँ उसे बाबा कहती थीं। हम लोग उसे कभी हल्के-हल्के रंग रँगने, तो कभी बन्धेज के डिज़ाइन बनाने को साड़ियाँ देती थीं। हमारे मन लायक़ डिज़ाइन बन जाता तो हमसे ज़्यादा प्रसन्नता उसे होती थी। वह हफ़्ते में एक दिन आता था और रँगरेज़ के 'रे' को खींचकर एक ख़ास अन्दाज़ में आवाज़ लगाता था। रँगरेऽऽऽज ! अचानक बाबा का आना बन्द हो गया। हम लोग हैरान-परेशान। कुछ दिनों बाद मालूम पड़ा कि वो पाकिस्तान चले गए। पर क्यों ? अजमेर में मुसलमानों की संख्या भी ख़ासी थी—दरगाह तो है ही, फिर कोई ऐसे भयंकर दंगे भी नहीं हुए थे कि कोई शहर छोड़कर चला जाए। क्या तकलीफ़ थी बाबा को...किससे डर था ? ख़ैर, मैं भी अजमेर छोड़कर कलकत्ता चली गई थी सो बात आई-गई हो गई। कलकत्ता में मैंने कॉलेज तो ज्वॉइन किया नहीं था सो कुछ महीने कलकत्ता और कुछ महीने अजमेर रहती थी। कोई ढाई-तीन साल बाद की बात है, मैं अजमेर में थी और एक दिन अचानक सुना—रँगरेऽऽऽज। मैं चौंकी, फिर सोचा यह भ्रम है कि तभी उस आवाज़

की पुनरावृत्ति। दौड़कर मैं ही बाहर नहीं आई, अड़ोस-पड़ोस की दो-चार लड़कियाँ-भाभियाँ और निकल आईं। हम सबसे घिरा, दोनों हथेलियों में माथा टिकाए ज़मीन पर गुमसुम बैठा बाबा और प्रश्नों की झड़ी लगातीं हम सब लोग–'कहाँ चले गए...क्यों चले गए थे...तुम्हें क्या ज़रूरत थी जाने की...'

अचानक बाबा फफककर रो पड़ा और बार-बार ज़मीन से मिट्टी उठा-उठाकर माथे से लगाने लगा। अनवरत आँसुओं और हिचकियों के बीच बस एक ही वाक्य उसके मुँह से निकलता जा रहा था–"अपनी मिट्टी को छोड़कर कोई रह सकता है क्या...अपनी माँ को छोड़कर कोई रह सकता है क्या ?"

राजस्थानी भाषा में वह यही वाक्य बार-बार दोहराए जा रहा था। वहाँ के सभी रँगरेज़ और अनेक मुसलमान ठेठ राजस्थानी ही बोलते हैं जैसे बंगाल के मुसलमान बँगला बोलते हैं। उस दिन पहली बार समझ में आया कि यह मात्र भाषा-प्रेम नहीं है, यह तो उस जगह का...उस मिट्टी का प्रेम है, भाषा जिसका अविच्छिन्न हिस्सा है।

पता नहीं क्यों, बरसों तक यह दृश्य मेरे अन्दर खुदा रह गया था। उसके बाद तो जब भी सरहदों के बँटवारे की बात या विस्थापन की बात पढ़ती-सुनती...यह दृश्य फिर सजीव हो उठता। सिर पर बैठे हुक्मरान सनक में लिपटे अपने अहं की तुष्टि के लिए सरहदों को जब जोड़ते-तोड़ते...घटाते-बढ़ाते रहते हैं तो क्या एक बार भी उन्हें अपनी ज़मीन से जुड़े...अपनी ज़मीन को जान से भी ज़्यादा प्यार करनेवाले लोगों का ध्यान नहीं आता ?

ख़ैर, यह एक अवान्तर प्रसंग है जो आज तो एक भावुकता-भरा प्रलाप भी लग सकता है...शायद लगेगा भी, पर नहीं जानती, आज़ादी और विभाजन की बात के साथ मेरे मन में बाबा क्यों जुड़े बैठे हैं और आज़ादी की बात आई तो बाबा को तो आना ही था।

शीलाजी के दिल्ली के आई.पी. कॉलेज में चले जाने के बाद अब मेरे लिए भी अजमेर रहने का कोई आकर्षण नहीं रह गया था इसलिए मैं भी अजमेर छोड़कर कलकत्ता चली गई अपने बड़े भाई-बहिनों के पास ! चली तो गई पर यह भी नहीं सोचा कि इससे पढ़ाई का नियमित सिलसिला टूट जाएगा। वह टूटा और बिना किसी की मदद के कलकत्ता से बी.ए. और बनारस से एम.ए. किया, लेकिन

प्राइवेटली। पर यह मात्र डिग्री पाने का आयोजन-भर था, असली शिक्षा नहीं। उन दिनों कॉलेज और यूनिवर्सिटी में आज की तरह सिर्फ़ पढ़ाया भर नहीं जाता था...आपके पूरे व्यक्तित्व को सँवारा जाता था और मैं उससे वंचित ही रही। इस कॉम्पलेक्स ने भी मुझे बाद में बहुत मथा और आज भी मैं उसकी चुभन जब-तब महसूस करती हूँ, बल्कि कह सकती हूँ कि बचपन की उस हीनभाव की ग्रन्थि पर (शीला अग्रवाल ने जिससे बहुत कुछ उबारा था) एक परत और चढ़ाई इस कॉम्पलेक्स ने।

आज सोचती हूँ तो आश्चर्य होता है कि शीला नाम के साथ कैसा तो संयोग है मेरा। पन्द्रह वर्ष से सत्रह वर्ष की कच्ची उम्र में शीलाजी ने साहस और आत्मविश्वास से भरकर उस समय चलने के लिए एक दिशा दी थी—जीवन को अर्थ दिया था। मेरी भीतरी शक्ति और व्यक्तित्व के सारे सकारात्मक पहलुओं को उजागर किया था...तो कलकत्ता में सुशीला (बड़ी बहिन) ने तो जब-तब मेरे अस्तित्व को ही बचाया। अपने सारे दुख-दर्द, हारी-बीमारी, नौकरी के साथ बच्ची को पालने के संकट, नसें चटका देनेवाले मानसिक आघात और भावनात्मक झटके, तब से लेकर आज तक, मैं उसी के सहारे झेलती आई हूँ। यों तो अपने सभी बड़े भाई-बहिनों का अगाध स्नेह-सहयोग मुझे हमेशा ही मिलता रहा है...बड़े जीजाजी ने तो मुझे हमेशा अपनी बिटिया ही समझा। जीवन में मिली अनेक नियामतों में से एक है घने रूप से जुड़ा-गुँथा मेरा यह परिवार, जिसमें सगे-चचेरे का कभी कोई भेद ही नहीं रहा—एक के संकट को सबने अपना संकट माना तो एक की ख़ुशी सबको पुलकित करती चली गई। बहुत बड़ी शक्ति रही है यह मेरी, पाँव के नीचे की ठोस ज़मीन।

कलकत्ता जाने के बाद पुस्तकें पढ़ने का जो क्रम टूटा था, उसे जोड़ा कोमल कोठारी ने। काफ़ी कुछ पढ़वाया था उन्होंने भी—केवल पढ़वाया ही नहीं, बहस-चर्चा भी करते थे। मैं तो उनका पढ़ाकूपन देखकर ही दंग थी, फिर कई बातों में उनका नया दृष्टिकोण। आज भी याद है जब मेरी समझ से भक्ति रंग में रँगी हुई मीरा (जैसा कि हम पढ़ते आए थे) का क्रान्तिकारी रूप उन्होंने मेरे सामने रखा था तो मैं सचमुच चकित रह गई थी। सच ही तो है, राजस्थान के राजमहलों में, जहाँ स्त्री की उँगली तक दिखना वर्जित है—वहाँ साधु-सन्तों के बीच

बैठकर मँजीरे बजाती, नाचती-गाती मीरा से भी अधिक कोई क्रान्तिकारी हो सकता है भला ? आज स्त्री-विमर्श की जद्दोजहद के ढोल-ढमाके तो देखने-सुनने को बहुत मिले लेकिन ऐसा क्रान्तिकारी चरित्र तो शायद ही कहीं देखने में आया हो। और इसके साथ ही रचनाओं को, पात्रों को नए ढंग से देखने-परखने का सिलसिला शुरू हुआ। आज चाहे ये बातें बहुत बचकानी लगती हों पर उस समय मेरे लिए ऐसी छोटी-छोटी बातों की भी बहुत अहमियत थी।

कोमल कोठारी तो जल्दी ही कलकत्ता छोड़कर चले गए और उनके जाते ही उस तरह पढ़ने और पढ़े पर चर्चा करने का सिलसिला भी टूट गया। मैंने भी अपने को सब ओर से समेटकर एम.ए. की तैयारी में लगाया। 'हिन्दी में एम.ए. करना है तो बनारस से करो' के सुझाव ने एक वर्ष का अन्तराल तो और बढ़ा ही दिया, पर असली संकट था कि इन्टर के बाद हिन्दी से सम्बन्ध केवल हिन्दी उपन्यासों की सरस दुनिया तक ही रह गया था—इसके चलते कहीं एम.ए. किया जा सकता था भला ? बिना किसी साथी-सहयोगी और दिशा-निर्देश के भाषाविज्ञान और काव्यशास्त्र जैसे ठस और ठोस विषयों में डुबकी लगाना काफ़ी कठिन लग रहा था। ख़ैर, जैसे-तैसे वह वैतरणी भी पार की और 1952 में मैंने एम.ए. पास कर लिया। डिग्री तो मिल गई, लेकिन साहित्य का अकादमीय पक्ष कमज़ोर ही रहा और इसे स्वीकार करने में मुझे कोई शर्म-संकोच या झिझक न पहले कभी थी, न आज है कि ज़िन्दगी भर पढ़ाने के बावजूद आज भी वह काफ़ी कमज़ोर ही है। हाँ, अपना विषय पढ़ाने में मुझे कभी कोई परेशानी नहीं रही और न ही मेरी छात्राओं को कभी किसी तरह की शिकायत हुई। छात्राओं के बीच मिली लोकप्रियता और उनके प्रति अपने दायित्व को पूरी लगन और निष्ठा के साथ निभाने के सुख-सन्तोष को मैं अपनी बहुत बड़ी उपलब्धि मानती हूँ।

कलकत्ता में उस ज़माने में शायद हिन्दी पढ़ानेवालों की बहुत कमी रही होगी, इसलिए एम.ए. करते ही बालीगंज शिक्षा सदनवालों ने आग्रह करके मुझे अपने यहाँ रख लिया ! मैंने भी तुरन्त अपनी स्वीकृति दे दी, बिना यह सोचे कि स्कूल से अपना कॅरियर शुरू करना भविष्य के लिए कैसा रहेगा ? सच बात तो यह है कि उस समय मैं उत्साह से भरी हुई थी और वर्तमान ही मेरे लिए सब कुछ था। भविष्य की बात तो दूर-दूर तक कहीं दिमाग़ में थी ही नहीं।

बालीगंज शिक्षा सदन--एक नए परिवार में प्रवेश। भाई-बहिनों के परिवार से बहुत भिन्न था यह परिवार--भिन्न और व्यापक, पर ऊष्मा वैसी ही। पुष्पमयी बोस मुखिया थीं उस परिवार की। छात्रों के प्रति बेहद ममतामयी, लेकिन उतनी ही अनुशासनप्रिय भी। विचारों से वे मार्क्सवादी थीं, हो सकता है कभी पार्टी-मेम्बर भी रही हों। शुरू के दिनों में वे ज़रूर इधर-उधर के और कामों से भी जुड़ी हुई थीं, पर धीरे-धीरे उनके सारे सरोकार और गतिविधियों का केन्द्र बालीगंज शिक्षा सदन ही होता चला गया था। दिल्ली आने के बाद जब भी मैं कलकत्ता जाती, उनसे मिलने स्कूल ज़रूर जाती। मैंने देखा कि बढ़ती उम्र के साथ स्कूल के प्रति उनका लगाव मोह में बदलता जा रहा है, मानो स्कूल ही उनकी गति है, उनकी नियति। निकट भविष्य में स्कूल से मुक्त होने की सम्भावना मात्र से और अधिक चिपककर रहने लगीं वे स्कूल से, यहाँ तक कि 'मैनेजिंग कमेटी' वालों के लिए समस्या बन गईं। बहुत सम्मान था सबके मन में उनके लिए और उसी की बिना पर तीन-चार साल और काट भी दिए उन्होंने, लेकिन आख़िर रिटायर तो होना ही था और मैंने सुना कि रिटायर होने के बाद भी एक अलग कुर्सी डलवाकर वे अपने ऑफ़िस के कमरे में ही बैठती हैं।

अगली बार जब मैं कलकत्ता गई तो उनसे मिलने उनके घर नहीं, स्कूल ही गई। विचित्र दृश्य देखा। ऑफ़िस के कमरे में उनकी कुर्सी पर बैठी थीं 'प्रमोट'

होकर प्रिंसिपल बनी एक सीनियर टीचर (मंजु नाग) और उनके सामने की कुर्सी पर बैठी थीं वे। उन दोनों के चेहरे। एक चेहरे पर बरसों से पुते सम्मान को छेककर झलकती हुई एक बेबस-सी खीज और दूसरे के चेहरे पर ? हमेशा गरिमा में लिपटे रौबदाब के भीतर से झाँकती एक अनकही-सी कातरता। मुझे देखते ही वे पुलक उठीं, उसी सहज भाव से हालचाल पूछा और मुझे लेकर बाहर निकल आईं। "देखो, कितना 'एक्सटेंशन' करवा लिया मैंने स्कूल का"—और वे मुझे स्कूल के उस हिस्से में पहुँचकर सब कुछ दिखाने लगीं..."ये देखो...ये देखो...इधर देखो" पर मैं उनका चेहरा देख रही थी...क्या ये सचमुच मुझे दिखा रही हैं या कि ख़ुद ही मुग्ध भाव से अपने बनाए को देख रही हैं। ज़रा-सा आगे जाकर एक बरामदा-सा था। बिना किसी हिचक-संकोच के उसके बीचोंबीच ज़मीन पर बैठकर काले पत्थर के बने एक फूल पर हाथ फेर-फेरकर वे बताने लगीं—"देखो, कैसा बना है ये...मैंने ख़ुद ड्रा करके दिया था यह डिज़ाइन, अपने हाथ से। अच्छा बना है न ?" ये वही मिस बोस हैं ? देखते-ही-देखते मेरे मन का सारा सम्मान पिघलकर एक ऐसी करुणा में बदलने लगा, जिसे सँभाल पाना मेरे अपने लिए मुश्किल हो गया। मैं जल्दी से स्टाफ़-रूम में चली गई। चार-छह लोगों को छोड़कर सभी नए चेहरे। उनकी नज़रों में झक्की और सिनिक हो आईं मिस बोस के लिए उपहास था...केवल उपहास।

घर लौटकर रात में अपनी डायरी में, जिसमें मैं सम्भावित कहानियों के कथ्य और आइडियाज़ बीज रूप में आँकती रहती हूँ, उन पर मैंने दो पृष्ठ लिखे कि कभी इन पर कहानी लिखूँगी। कितने वर्ष हो गए इस बात को, पर कभी कहानी नहीं लिख पाई। उनकी मृत्यु की सूचना के बाद भी नहीं। अपनी निष्ठा, लगन और समर्पण की अति में हास्यास्पद हो आए इस चरित्र की करुणा में जैसा सन्तुलन और सधाव अपेक्षित है, लगा मैं शायद वैसा निभा नहीं पाऊँगी...और ज़रा-सा भी सन्तुलन बिगड़ा तो या तो भावुकता में लिथड़े आँसू-बहाऊ किसी निहायत ही दयनीय-से चरित्र की सृष्टि हो जाएगी या फिर किसी सचमुच के झक्की, सिनिक-से हास्यास्पद पात्र की। और उन मिस बोस के व्यक्तित्व की एक भी रेखा के आड़े-तिरछे हो जाने के अपराध को मैं कभी माफ़ नहीं कर सकती, जिन्होंने नौ वर्ष तक मुझे बहुत स्नेह ही नहीं दिया, जाने-अनजाने मेरे व्यक्तित्व को बनाया-सँवारा भी।

आज भी वह दिन अच्छी तरह याद है कि भयंकर चर्म-रोग से पीड़ित होने के बाद जब स्थिति थोड़े से सुधार की ओर थी तो एक दिन अचानक वे मुझे देखने घर चली आईं। मैं बैठी-बैठी कभी इस हाथ को देखती तो कभी उस हाथ को...मुझे इस हालत में देखकर उन्होंने तुरन्त आदेश दिया कि कल से तुम स्कूल आओगी...पढ़ाने के लिए नहीं, केवल स्टाफ़-रूम में बैठकर सबके साथ बोलने-बतियाने के लिए। सबके बीच रहोगी तो मन थोड़ा बदलेगा-बहलेगा वरना सारे समय अपने शरीर को देख-देखकर दुखी होती रहोगी। मैं इस हालत में स्कूल जाने के लिए बिलकुल तैयार नहीं थी तो उन्होंने ठोक-ठोककर सुशीला से कहा कि कल जैसे भी हो इसे स्कूल भेज देना। दूसरे दिन इच्छा न रहने पर भी हिम्मत जुटाकर टैक्सी लेकर मैं गई। संयोग कुछ ऐसा हुआ कि उन्होंने मुझे टैक्सी से उतरते हुए देख लिया और फिर वही दुलार-भरी फटकार...टैक्सी में आई हो ? अरे, बीमारी में पहले ही इतना ख़र्च हो रहा होगा, ऊपर से टैक्सी ? कल से स्कूल की बस तुम्हें लेने आएगी ! और दूसरे दिन से मुझे लाने-ले जाने का काम स्कूल-बस ने ही किया।

वे अपने स्कूल के लॉन में कभी किसी सामाजिक या सांस्कृतिक कार्यक्रम की अनुमति नहीं देती थीं...छुट्टी के दिनों में भी नहीं...भरपूर पैसे मिलने पर भी नहीं लेकिन जब मेरी शादी का आयोजन गोविन्दजी कनोडिया की कोठी के लॉन में सम्पन्न हुआ तो बाद में उन्होंने मुझसे शिकायत करते हुए कहा था...मन्नू, तुम्हें मुझे बताना चाहिए था...हम स्कूल से तुम्हारी शादी करते...इतना अधिकार तो है तुम्हारा इस स्कूल पर या कि स्कूल का तुम पर। उनकी इस स्नेह और अपनत्व भरी शिकायत का मैं क्या जवाब देती..बस, उनके आगे नतमस्तक होकर रह गई। बाद में कई बार सोचा...कहाँ थे इस स्नेह के सूत्र ? पर न तो इन्हें खोज पाने की सामर्थ्य मुझमें थी...न ही परिभाषित करने की भाषा। और शायद यही कारण है कि मिस बोस पर मैं कभी कहानी नहीं लिख पाई। हाँ, एक बात ज़रूर मन की किसी अनजानी-सी परत पर अंकित होकर बैठ गई कि लगन जब किसी उन्मादी लगाव में बदल जाए और निष्ठा और समर्पण अन्धे मोह में, तो कैसे आपका पूरा व्यक्तित्व या तो बेहद कुंठित और दयनीय बन जाता है या फिर हास्यास्पद। दोनों ही स्थितियाँ आपके व्यक्तित्व को ज़र्रा-ज़र्रा बिखेरने के लिए काफ़ी हैं। इसलिए

जैसे भी हो इनसे मुक्त हो जाना चाहिए, फिर वह मोह चाहे किसी संस्था से हो, काम से हो, व्यक्ति से हो या सम्बन्ध से।

हो सकता है ऐसा ही कोई कारण शीला अग्रवाल पर न लिख पाने के पीछे भी रहा हो ? उन्होंने भी तो मेरे व्यक्तित्व को बहुत सहेजा-सँवारा था। दिल्ली चले जाने के बाद भी उनसे पत्र-व्यवहार बराबर चलता रहा...खूब पढ़ने के...ज़िन्दगी में कुछ बनने के आदेश-निर्देश उनसे बराबर मिलते रहते थे। वे बराबर अपने पास आने का निमन्त्रण भी देती रहती थीं सो एम.ए. की परीक्षा देने के बाद बनारस से लौटते समय दो दिन उनके पास जाकर रही थी। इसके बाद एक बार वे भी मुझसे मिलने कलकत्ता आई थीं। मिलने पर बातों का सिलसिला जैसे ख़त्म ही नहीं होता था। कुछ वर्षों बाद वे ही शीला अग्रवाल अचानक विनोबाजी के आश्रम में चलीं गईं। जाना-सुना तो मैं अवाक्-स्तम्भित। उस ज़माने में यू.पी. के एक साधारण से मध्यवर्गीय परिवार की चौबीस-पच्चीस साल की एक लड़की जो अपने क्रान्तिकारी तेवर के कारण नौकरी तक से निकाल दी गई...चौंतीस-पैंतीस की उम्र तक आते-आते क्यों एकाएक विनोबाजी के आश्रम में चली गई ? कुछ वर्षों तक वहाँ से लिखे उनके पत्रों का स्वर और भाव सब कुछ कैसे इतना बदल गया ? कोई भावनात्मक झटका...कोई मोहभंग ? ये सारे प्रश्न...ये सारी बातें मुझे लिखने के लिए उकसाते तो बहुत थे पर कभी लिख नहीं पाई ! उनके लिए मन में जो एक लगाव-भरा सम्मान था, वह शायद मुझे कभी तटस्थ नहीं रहने देता और बिना तटस्थता के क़लम उठाना लेखकीय कर्म के प्रति बेईमानी होती !

छात्राओं की बात किए बिना बालीगंज शिक्षा सदन का प्रसंग अधूरा ही रह जाएगा। वहाँ की छात्राओं से कितना स्नेह, कितना सम्मान मिला और वह मेरी कितनी बड़ी शक्ति था, इसका अहसास तो मुझे बाद में हुआ। अपने पहले प्रेम की असफलता की टूटन जो मेरे शरीर के रोम-रोम से चर्म-रोग के रूप में फूटी थी, मैंने इन छात्राओं के बीच ही झेली थी। वे सम्बन्ध मात्र छात्रा और अध्यापिका के ही नहीं थे, बल्कि उससे कहीं अधिक प्रगाढ़, कहीं अधिक आत्मीय थे। इसमें कोई सन्देह नहीं कि उस समय मैं उनका आदर्श थी और वे मेरी पहली ज़िम्मेदारी, मेरा पहला सरोकार। छात्राओं के मामले में मैं हमेशा अपने भीतर शीला अग्रवाल की उपस्थिति महसूस करती थी। मुझे भी लगता था कि मुझे इन्हें केवल कोर्स

भर नहीं पढ़ाना है और भी बहुत कुछ पढ़ाना है और इसीलिए मैंने कुछ सालों बाद मिस बोस से आग्रह करके टाइम-टेबिल में एक अतिरिक्त पीरियड की माँग की। पहले तो वे हैरान-सी मेरा चेहरा देखती रहीं पर जब मक़सद बताया तो बेहद प्रसन्न। वे खुद चाहती थीं कि छात्राओं में कोर्स के अलावा पढ़ने की मात्र आदत ही नहीं बल्कि व्यसन पैदा किया जाए और इसीलिए उन्होंने मुझे लायब्रेरी की ज़िम्मेदारी सौंप दी और उसे अप-टु-डेट बनाने के लिए पुस्तकों की एक लम्बी सूची तैयार करने को भी कहा। पुस्तकालय के लिए धन मुहय्या करने का दायित्व लिया स्कूल के प्रेसिडेंट श्री भगवती प्रसाद खेतान ने और सूची तैयार करवाने के लिए उन्होंने ही राजेन्द्र यादव को स्कूल भेजा था। राजेन्द्र से मेरी पहली औपचारिक मुलाक़ात इसी तरह हुई थी।

अपनी छात्राओं के साथ सम्बन्ध बनाते समय मैं हमेशा अपने भीतर शीलाजी की उपस्थिति महसूस करती थी। उन्हीं की तरह मैं भी अपनी छात्राओं को किताबें पढ़ने को कहती और अतिरिक्त पीरियड में हम लोग उन पर चर्चा करते। मात्र एक पीरियड में होनेवाली चर्चा से मन नहीं भरता तो वे घर आ जातीं। मेरी शादी के बाद भी यह सिलसिला चलता रहा और फिर तो राजेन्द्र भी इसमें भागीदारी करने लगे। स्कूल के स्तर पर ही उनकी पढ़ने की रुचि देखकर आज तो आश्चर्य होता है क्योंकि पढ़ने की वैसी रुचि तो मैंने दिल्ली में कॉलेज की छात्राओं में भी कभी नहीं पाई। वहाँ की प्रभा खेतान ने तो इस क्षेत्र में अपने योगदान से काफ़ी ख्याति भी अर्जित की है। बालीगंज शिक्षा सदन में गुज़ारे नौ वर्ष मेरी ज़िन्दगी के बहुत महत्त्वपूर्ण वर्ष रहे हैं। ज़िन्दगी के सभी महत्त्वपूर्ण मोड़ यहीं तो आए। यहीं मैंने अपनी पहली कहानी लिखी और साहित्य के क्षेत्र में क़दम रखा...इसी स्कूल की लाइब्रेरी के लिए किताबें मँगवाने के सिलसिले में राजेन्द्र से परिचय हुआ...विवाह हुआ और गृहस्थी में प्रवेश किया। यहीं काम करते हुए बिटिया का जन्म हुआ। ज़िन्दगी के सभी महत्त्वपूर्ण मोड़ यहीं आए।

स्कूल के अतिरिक्त उन दिनों मैं कुछ समय के लिए 'अनामिका' की गतिविधियों से भी जुड़ी थी। दोनों बहिनों या भाई में से जिसके भी घर रही, वहाँ सुविधाएँ तो सब उपलब्ध थीं, ज़िम्मेदारी कोई नहीं, इसलिए मन हमेशा कुछ-न-कुछ करने को छटपटाया करता था। कलकत्ता में बंगला रंगमंच तो बहुत ही विकसित

स्थिति में था...कई प्रसिद्ध नाट्य-संस्थाएँ भी थीं। वहाँ न नाटकों का अभाव था, न ही अभिनेताओं का। पर सबसे बड़ी बात जो थी वह थी—सामान्य लोगों में नाटक देखने का संस्कार। साधारण से साधारण हैसियतवाले परिवार भी जैसे-तैसे पैसा बचाकर अच्छा नाटक होने पर देखने ज़रूर जाते थे और इसीलिए अच्छे नाटक वहाँ महीनों तक चलते रहते थे। दो नाटकों का तो मुझे आज भी याद है, *सेतु* और *अंगार*, जो शायद साल से ऊपर ही चले थे। उस समय तक मेरा अपना तो नाटक देखने का कोई संस्कार ही नहीं था इसलिए बंगला मंच की विकसित तकनीक ने जिसमें तापस सेन ने बिजली के प्रभाव से कोयला-खदान में धीरे-धीरे पानी भरते हुए दिखाया था—मुझे तो चमत्कृत कर दिया। उसके बरक्स हिन्दी का न कोई स्थायी मंच था, न नाट्य-संस्था और न ही लोगों में नाटक देखने का संस्कार। श्यामानन्द जालान और प्रतिभा अग्रवाल के प्रयास से छुट-पुट नाटक होते रहते थे। अन्ततः श्यामानन्द जालान ने प्रतिभा अग्रवाल और कुछ और लोगों के सहयोग से 'अनामिका' नामक नाट्य-संस्था की स्थापना की। मुझे आज भी याद है कि इसकी पहली मीटिंग सुशीला के घर में ही हुई थी। प्रतिभा के साथ सुशीला भी मंच के साथ जुड़ी हुई थी और छोटे-मोटे रोल किया करती थी। धीरे-धीरे तो फिर इसमें कई और लोग भी जुड़ते चले गए। आरम्भ के दिनों में इसी अनामिका के साथ सक्रिय रूप से मैं भी जुड़ी तो ज़रूर पर मंच न कभी मेरा क्षेत्र था...न ही कभी बन पाया। हाँ, बाक़ी व्यवस्था की ज़िम्मेदारी मैंने ज़रूर उठाई। अनामिका में केवल नाटक ही नहीं होते थे वरन् नृत्य-संगीत के कार्यक्रम भी बराबर होते रहते थे। वर्षा के दिनों में वर्षा-मंगल, होली पर फाग...सरस्वती-पूजा पर बसन्त के नृत्य-गीतों से हॉल गूँज उठता था। हाँ, नाटक के क्षेत्र में हिन्दी के मौलिक नाटकों की कमी सबसे बड़ा संकट थी, इसलिए जब-तब अनूदित नाटकों के मंचन से इसकी पूर्ति की जाती थी। देखते-ही-देखते अनामिका हिन्दी भाषा-भाषी लोगों के बीच एक बहुत ही लोकप्रिय सांस्कृतिक संस्था हो गई और केवल इसके सदस्यों की संख्या में ही भारी इज़ाफ़ा नहीं हुआ बल्कि अभिनय, नृत्य, संगीत के क्षेत्र की नई-नई प्रतिभाएँ भी उभरकर सामने आने लगीं।

मेरे कलकत्ता जाने से काफ़ी पहले से श्री भँवरमलजी सिंघी के नेतृत्व में मारवाड़ियों के बीच समाज-सुधार का एक बड़ा क्रान्तिकारी आन्दोलन शुरू हुआ

था, जिसमें सुशीला काफ़ी ख्याति अर्जित कर चुकी थी। उसकी विभिन्न गतिविधियाँ अभी भी चलती रहती थीं, यानी कि पूरे माहौल में एक जीवन्तता...कुछ विशिष्ट करने की ललक-भरी सक्रियता। अगर कुछ नहीं थी तो साहित्यिक आबोहवा। यों पढ़ने का शौक़ घर में और मित्रों में सबको था...ख़ूब पढ़ते भी थे, बहस-चर्चा भी होती थी, पर कुल मिलाकर वह मन-बहलाव और समय-गुज़ारू पढ़ाई होती थी। ऐसे में बिना किसी की प्रेरणा और प्रोत्साहन के मैंने अपनी पहली कहानी, 'मैं हार गई' कैसे लिखी, मैं ख़ुद नहीं जानती। लिख तो ली पर समझ ही नहीं आया कि किससे इस पर सलाह-सुझाव माँगूँ। परिचय के दायरे में कोई था ही नहीं। सेंगरजी (मोहनसिंह सेंगर) उस समय *नया समाज* का सम्पादन कर रहे थे और सप्ताह में तीन-चार दिन शाम को बहिनजी-जीजाजी के पास आते थे, फिर ये लोग बाहर जाकर शाम साथ ही गुज़ारते थे। लेकिन जाने कैसा संकोच और दुविधा थी कि इस पर कभी बात करने की हिम्मत ही नहीं हुई। लेकिन लिखी हुई कहानी चैन भी नहीं लेने दे रही थी। आख़िर सारे संकोच को दूर कर मैंने उसे *कहानी* पत्रिका में भेज दिया श्यामू संन्यासी के पास और साँस रोककर, बिना किसी को बताए प्रतीक्षा करने लगी। दिन सप्ताह में और सप्ताह महीने में बदल गए पर उत्तर नहीं आया तो समझ लिया कि ज़रूर उसे उठाकर कूड़े की टोकरी में फेंक दिया होगा इसीलिए रिमाइंडर भेजने की हिम्मत भी नहीं हुई। बस, धीरे-धीरे इस बात को भूलने की कोशिश करने लगी...केवल भूलने की कोशिश ही नहीं बल्कि इस बात को ठोक-ठोककर मन में जमाने की कोशिश भी करने लगी कि यह क्षेत्र मेरा है ही नहीं...मुझे अब इस दिशा में झाँकना भी नहीं है।

आज सोचती हूँ तो लगता है कि कितनी पस्त-हिम्मत थी मैं (वैसे वह तो मैं आज भी हूँ) कि एक रचना का केवल उत्तर नहीं आया (लौटी तो वह भी नहीं थी) और मैं हाथ-पैर पूरी तरह ढीले करके...उस दिशा से पूरी तरह मुँह मोड़ने का संकल्प लेकर बैठ गई। अरे, लोगों की कई-कई रचनाएँ लौट तक आती हैं, फिर भी वे लगातार कोशिश करते रहते हैं...और-और गहरे संकल्प के साथ। पर उस समय तक तो लेखन और लेखन के क्षेत्र का ककहरा तक नहीं जानती थी, सो यह सब कैसे जान पाती ? फिर कहानी भेजते समय किसी को बताया भी तो नहीं था कि कोई थोड़ी-सी हौसला-अफ़ज़ाई ही कर देता...कम-से-कम एक रिमाइंडर ही

भिजवा देता। ख़ैर, यह तो मैं क़िस्मत की धनी निकली (संकल्प के मामले में तो मैं दरिद्र ही नहीं, महादरिद्र हूँ आज तक, पर क़िस्मत इतनी बुरी नहीं) कि एक दिन अचानक भैरव प्रसाद गुप्त का पत्र मिला...पत्र क्या, कहानी की स्वीकृति ही मिली और मात्र स्वीकृति ही नहीं बल्कि प्रशंसा में लिपटी, प्रोत्साहित करती स्वीकृति मिली। बार-बार मैं उस पत्र को पढ़ती थी और मन होता था कि जाकर सबको बता आऊँ कि देखो मेरी पहली ही कहानी स्वीकृत हो गई है। और फिर तो मैं साँस रोककर पत्रिका की प्रतीक्षा करने लगी।

अपनी पहली कहानी को पत्रिका में छपा हुआ देखना भीतर तक थरथरा देनेवाले रोमांचक अनुभव से गुज़रना था। वैसा थ्रिल, वैसा रोमांच तो उसके बाद मैंने फिर कभी महसूस ही नहीं किया, जबकि कई बड़े-बड़े और महत्त्वपूर्ण अवसर आए। अपनी कहानी पर बनी फ़िल्म 'रजनीगन्धा', उसके 'सिल्वर जुबिली' समारोह में शिरकत...*धर्मयुग* में धारावाहिक रूप में छपते समय अपने उपन्यास *आपका बंटी* पर पाठकों की गुदगुदाती व्यापक प्रतिक्रियाएँ...*महाभोज* का अविस्मरणीय मंचन और सभी अख़बारों में उसकी *रिव्यूज़*...लेकिन नहीं, वैसा अनुभव फिर कभी नहीं हुआ। आज सोचती हूँ तो आश्चर्य होता है कि कैसे कहानी जब तक पन्नों पर लिखी हुई थी, न जाने कितने अगर-मगर, दुविधा-संकोच, झिझक मन को घेरे रहे थे... विश्वास नहीं होता था कि जो कुछ लिखा है, वह किसी लायक़ भी है, लेकिन छपकर आते ही मन आत्मविश्वास से भर उठा। मुझे लगने लगा जैसे मेरी कहानी ही नहीं, मैं स्वीकृत हुई हूँ, मेरा अपना वजूद स्वीकृत हुआ है—अपनी एक अलग और विशिष्ट पहचान बनाता हुआ वजूद।

स्वीकृति की सान पर चढ़कर ही शायद आत्मविश्वास को ऐसी धार मिलती है।

कई बार ख़याल आता है कि यदि मेरी पहली कहानी बिना छपे ही लौट आती तो क्या लिखने का यह सिलसिला जारी रहता या वहीं समाप्त हो जाता... क्योंकि पीछे मुड़कर देखती हूँ तो याद नहीं आता कि उस समय लिखने को लेकर बहुत जोश, बेचैनी या बेताबी जैसा कुछ था। जोश का सिलसिला तो शुरू हुआ

था कहानी के छपने, भैरवजी के प्रोत्साहन और पाठकों की प्रतिक्रिया से। पर वह भी मात्र जोश था...मन में घुमड़ती बातों को व्यक्त करने...कहानी में पिरोने की ललक से भरा हुआ। उसके पीछे कोई गम्भीर सोच, वैचारिकता या दायित्व-बोध जैसा शायद ही कुछ था। यह मैं अच्छी तरह जानती और मानती हूँ कि आज इस क्षेत्र में प्रवेश करनेवाले रचनाकार अधिक सचेत और समर्थ होते हैं, फिर भी कभी-कभी मात्र दो-तीन कहानियाँ लिखने के बाद ही कुछ कहानीकारों के बौद्धिकता में पगे और गहरे दायित्व-बोध के बोझ से बोझिल वक्तव्यों को पढ़ती हूँ तो हैरत होती है। नक़ल की बिना पर टिकी बौद्धिकता के बोझ को झेलने में असमर्थ उनकी रचनाओं को देखकर तो और भी तरस आता है।

आज जब अवसर आया है तो यहाँ मैं भैरवजी के प्रति अपनी कृतज्ञता ज़रूर व्यक्त करना चाहूँगी, जिसे बरसों से मैं अपने साथ ही लिये घूमती रही हूँ। मैंने जब इस दिशा में अपना पहला ही क़दम रखा था तो उन्होंने मुझे केवल प्रोत्साहित ही नहीं किया था वरन मेरा मार्ग-दर्शन भी किया था। आज भी याद है, जब मैंने अपनी तीसरी कहानी 'अभिनेता' उनके पास भेजी (बिना सोचे-समझे, धड़ाधड़ कहानियाँ लिखने का नशा जो चढ़ा हुआ था उन दिनों) तो तुरन्त उनका उत्तर आया—'कोशिश तो यही करनी चाहिए कि कहानी का ग्राफ़ बराबर ऊपर की ओर चढ़ता रहे पर ऊपर की ओर न भी चढ़े तो कम-से-कम उस स्तर पर तो ज़रूर ही बना रहे, जहाँ से शुरू किया था...पर तुम्हारी यह कहानी तो ग्राफ़ के नीचे की ओर सरकने का संकेत कर रही है। ध्यान रहे आगे से ऐसा न हो।' मैं भैरवजी से कभी मिली नहीं...बरसों तक उन्हें देख भी नहीं पाई थी, न ही उन्होंने कभी मेरी भेजी हुई किसी कहानी की स्क्रिप्ट को कभी संशोधित-परिवर्तित करके भेजा। (हो सकता है, कभी इसकी ज़रूरत ही न पड़ी हो।) इस कहानी को भी उन्होंने जस का तस छाप तो दिया पर उनकी इस एक चेतावनी ने ही मुझे अपने लेखन के प्रति पूरी तरह सचेत ज़रूर कर दिया ! इसी सन्दर्भ में एक बात और याद आई तो उसका उल्लेख भी कर ही दूँ। मेरी शादी के बाद भैरवजी ने बड़े हल्के-फुल्के मूड में कभी किसी से कहा था—'मन्नू भंडारी मेरी खोज है और राजेन्द्र यादव की प्राप्ति।' अब यह अलग बात है कि इस प्राप्ति (?) को राजेन्द्र जब तक मैंने उन्हें अपने से पूरी तरह मुक्त नहीं कर दिया, शायद एक नुक़सान की तरह ही ढोते,

भुगतते रहे। पर आश्चर्य तो इस बात का है कि उन्होंने कभी भी अपने को इस नुक़सान से मुक्त करने की कोशिश तक नहीं की।

बिना किसी व्यवधान के कुछ कहानियाँ छपने और पाठकों की व्यापक प्रतिक्रिया (अधिकतर प्रशंसात्मक ही) मिलने का परिणाम यह हुआ कि अब बिना किसी झिझक-संकोच के और थोड़े आत्मविश्वास के साथ कहानियाँ लिखने का सिलसिला शुरू हो गया। यहाँ एक बात ज़रूर कहना चाहूँगी कि *कहानी* पत्रिका में छपी शुरू की दो कहानियों के साथ मेरा चित्र नहीं छपा था और नाम स्पष्ट रूप से लिंग-बोधक नहीं था सो अधिकतर पत्र तो 'प्रिय भाई' सम्बोधन से ही आए...ख़ूब हँसी आई, पर एक सन्तोष भी हुआ कि यह प्रशंसा लड़की होने के नाते रिआयती बिलकुल नहीं है...(उस समय इसका भी बड़ा चलन था) विशुद्ध कहानी की है। चित्र छपने पर ही यह ग़लतफ़हमी दूर हुई थी। तब एक-एक बैठक में कहानियाँ लिखी थीं, बिलकुल सहज भाव से। कलात्मकता, शिल्प, बिम्ब, प्रतीक, तराश—ये सारी बातें मेरी समझ के दायरे के बाहर थीं...दायरे में था तो उल्लास-भरा वह उत्साह और गहरी पहचानवाले वे पात्र, जिनके जीवन की व्यथा-विडम्बना मुझे लिखने के लिए प्रेरित करती थी और जिसे कहानी में पिरोकर उँड़ेल देने को मैं व्यग्र रहती थी। शुरू की कहानियाँ इसी आवेश में लिखी गई हैं, बल्कि कहूँ कि उगली गई हैं।

साफ़गोई की माँग है कि यह बात लिखी तो इतना उल्लेख और कर दूँ कि साक्षात्कार के लिए आए एक साहब ने अबोधपने की इस बात पर अच्छी-ख़ासी खिंचाई की थी मेरी। उनका कहना था कि जिसकी पहली ही दो कहानियाँ *मैं हार गई* और *श्मशान* सचेत शिल्प के नमूने हों, वह अबोधता का यह नाटक क्यों करे ? उस ज़माने के हिसाब से तो अच्छे-ख़ासे प्रयोग थे ये और जिसका सिलसिला आगे की कुछ कहानियों में भी ढूँढ़ा जा सकता है। उन्होंने मुझे निरुत्तर तो कर दिया, क्योंकि यह तो नहीं कह सकती थी कि प्रयोग ने अपने आपको करवा लिया मुझसे, लेकिन जो कहना चाहिए था, वह न तब कहा, न आज ही कहूँगी, क्योंकि उसमें भी 'नाटक' लगने की पूरी सम्भावना है।

सात-आठ कहानियाँ लिख लेने के बाद राजेन्द्र से परिचय हुआ। यों मैं उनकी रचनाओं से ही नहीं, उनके चेहरे से भी परिचित तो थी, क्योंकि दो-चार बार

क़ॉफी-हाउस में उन्हें देखा था, पर औपचारिक परिचय हुआ बालीगंज शिक्षा सदन के पुस्तकालय के लिए पुस्तकों की सूची बनवाने के सिलसिले में। दो-चार मुलाक़ातों के बाद ही यह परिचय मित्रता में बदल गया, जिसका मुख्य आधार था लेखन। राजेन्द्र का उपन्यास *उखड़े हुए लोग* छपकर थोड़ी ख्याति अर्जित कर चुका था और यह ख़्याति ग़रूर बनकर तो नहीं, सुरूर बनकर ज़रूर राजेन्द्र के चेहरे से छलकती रहती थी। यह तो बाद में मालूम हुआ कि इस सुरूर के उपादान कहीं और भी थे। वे मेरी कहानियों को सुनते, उन पर सलाह-सुझाव भी देते। कुछ बातें ज़रूर मेरे गले उतरतीं, पर अधिकतर को पचा पाना मेरे बूते के बाहर था। मेरी कहानियाँ होती थीं—सीधी, सहज और पारदर्शी (चाहें तो सपाट और बचकानी के ख़ाने में भी डाल सकते हैं, पर पाठकों की व्यापक प्रतिक्रिया और स्वीकृति मुझे बराबर मिलती रही और मेरा सन्तोष उसी के साथ जुड़ा हुआ था) और राजेन्द्र के सुझाव होते थे बड़े पेचदार और गुट्ठल—उनके व्यक्तित्व की तरह ही। मेरे लिए तो बस यही बड़े सुख-सन्तोष की बात थी कि एक लेखक—स्थापित, यशस्वी और पूरी तरह लेखक—मेरे मित्र हैं।

सन् 57 में अमृतरायजी ने कुछ और लेखकों के सहयोग से इलाहाबाद में बहुत बड़े स्तर पर प्रगतिशील लेखकों का एक सम्मेलन आयोजित किया था—जिसमें सभी पीढ़ियों के साहित्यकारों ने शिरकत की थी। उसका निमन्त्रण पाकर मैं तो बेहद पुलकित और उत्साहित, पर हाँ, राजेन्द्र का साथ न मिलता तो अकेले जाने का साहस मैं शायद ही जुटा पाती। कहानियाँ लिखने, छपने और एक संग्रह आ जाने के बावजूद अपने को कहानीकारों में सम्मिलित कर सकूँ...साहित्यकारों के ऐसे सम्मेलन में भाग ले सकूँ, ऐसा हौसला तो बिलकुल नहीं था। वहाँ पहली बार मोहन राकेश, कमलेश्वर, रेणु, अमरकान्त और नामवरजी से मुलाक़ात हुई थी। कमलेश्वरजी को उस आयोजन में भूत की तरह काम करते देखा था। महादेवी जी और हजारीप्रसादजी के अद्भुत, अविस्मरणीय भाषण सुने। प्रगतिशील और परिमलियों के भेद भी कुछ-कुछ समझ में आए...इन सब लोगों का जोश-ख़रोश देखा, अलग-अलग गोष्ठियों में इनकी बातें-बहसें सुनीं। लौटने के कुछ समय बाद राकेशजी, कमलेश्वरजी से पत्र-व्यवहार शुरू हो गया था। कमलेश्वरजी ने अपने नए-नए खोले श्रमजीवी प्रकाशन के लिए पुस्तक माँगी तो

तुरन्त उन्हें अपने दूसरे संकलन *तीन निगाहों की एक तस्वीर* की पांडुलिपि सौंप दी और उसके साथ ही मुझे लगने लगा कि मैं इन लोगों की जमात में शामिल हो गई हूँ। मेरे भीतर एक नई दुनिया आकार लेने लगी, जिसके सन्दर्भ और सरोकार दूर-दूर तक फैले थे।

अब धीरे-धीरे यह भी समझ में आने लगा कि शीर्षक से लेकर जो कुछ कहना है, वहाँ तक की यात्रा, स्थितियों के अनेक पहलुओं और पात्रों के व्यक्तित्व की अनेक परतों को, उनकी सारी बारीकियों के साथ पकड़कर उतने ही संयत, सन्तुलित और सांकेतिक ढंग से उजागर करना ही कहानी लिखना है। लेकिन इस समझ के साथ ही सारे संकट भी आ खड़े हुए। पहले पात्र मेरे साथ-साथ चलते थे, पर बाद में तो सामने आ खड़े होते—चुनौती देते...ललकारते-से कि पकड़ो, मेरे व्यक्तित्व के किन पक्षों और पहलुओं को पकड़ सकती हो। पहले घटनाएँ अपने-आप क्रम से जुड़ती चलती थीं...एक के बाद एक—सहज, अनायास, पर आज ! एक परत पकड़ो तो चार परतें और आ उघड़ती हैं—नई संवेदना, नई समझ, नए विश्लेषण की माँग करती हुईं। अब इकहरे पात्रों की जगह अन्तर्द्वन्द्व में जीते पात्र ही आकर्षित करने लगे—विचारों और संस्कारों के द्वन्द्व के बीच अधर में लटकी 'त्रिशंकु' की माँ हो या मातृत्व और स्त्रीत्व के द्वन्द्व के त्रास को झेलती *आपका बंटी* की शकुन। आदर्श और यथार्थ, स्वप्न और वास्तविकता के बीच टूटती-चरमराती *क्षय* की कुन्ती हो या *तीसरा हिस्सा* के शेरा बाबू। ऐसे पात्रों के व्यक्तित्व को बिना भावुक हुए, तटस्थ भाव से चित्रित करना अब केवल आकर्षक ही नहीं, चुनौतीपूर्ण भी लगने लगा। लेकिन साथ ही कभी-कभी यह भी लगता, बल्कि शिद्दत के साथ महसूस होता कि सहज रचनात्मकता के लिए एक नौसिखियापन, एक ख़ास तरह की अबोधता सहायक ही होती है, शायद ज़रूरी भी। हालाँकि मेरे पास तो आज के धुरंधर बुद्धिजीवियों जैसा बोध भी नहीं है पर जो, जितना भी थोड़ा-बहुत है, उसने ही मेरी रचनात्मक क्षमता पर ढेर-ढेर प्रश्नचिह्न लगाकर लेखन को एक कष्टसाध्य कर्म तो बना ही दिया।

बहरहाल, जब लिखने का सिलसिला शुरू हुआ था तो कुछ कहानियाँ लिखने-छपने के बाद एकाएक मेरा ध्यान गया कि कलकत्ता रहते हुए चाहे मुझे सात-आठ साल हो गया हो पर मेरी आरम्भिक कहानियों में से अधिकतर

कहानियों की सारी घटनाएँ और पात्र तो अजमेर के उसी ब्रह्मपुरी मोहल्ले से जुड़े हुए हैं, जहाँ मैंने भी अपना बचपन और किशोरावस्था गुजारी थी। ये पात्र मात्र ब्रह्मपुरी के जीते-जागते पात्र नहीं हैं बल्कि मेरी जिन्दगी के इर्द-गिर्द घूमनेवाले जीवन्त पात्र हैं...इनके साथ और इनके बीच ही तो मैं बड़ी हुई थी। मेरे अपने लिए यह कम आश्चर्य का विषय नहीं था कि बरसों बाद कलकत्ते में बैठे-बैठे जब मैंने कहानियाँ लिखना शुरू किया तो कैसे ये सारे पात्र समय और स्थान का व्यवधान लाँघकर अपनी पूरी जीवन्तता के साथ मेरे इर्द-गिर्द मँडराने लगे और नायक-नायिका के रूप में एक-एक कर मेरी कहानियों में उतरने लगे। पर कहानियों में मैंने जब उन घटनाओं और पात्रों का पुनर्सृजन किया तो उनमें अन्तर तो आना ही था। कम या ज्यादा, सो कहानियों की जरूरत के अनुरूप! आप इनमें क्या, तुरन्त घटी किसी घटना पर भी कहानी लिखेंगे तो उसमें भी यह अन्तर तो अनिवार्य है। घटी हुई घटना यदि एक वास्तविक ब्यौरा-भर है तो कहानी उसी घटना पर आधारित एक कलात्मक-सृजन। अब यह अन्तर कैसा होगा, कितना होगा इसका न कोई नियम है, न ही कोई अनुपात। कहानी अपने आप यह अन्तर करवा लेती है। कभी-कभी तो यह अन्तर इतना अधिक भी होता है कि वास्तविक घटना और पात्र का कहानी के घटना-पात्रों के साथ कोई तालमेल तक दिखाई नहीं देता। बस मूल घटना का मात्र केन्द्रीय भाव, सो भी कभी बड़े प्रत्यक्ष रूप में तो कभी बड़े परोक्ष रूप में कहानी में जरूर अन्तर्निहित रहता है। इस सारी बात को स्पष्ट करने के लिए बेहतर होगा कि मैं अपनी कुछ आरम्भिक तो कुछ बाद की कहानियों का उल्लेख ही कर दूँ।

सबसे पहले उल्लेख करती हूँ अपनी 'अकेली' कहानी का, जिसने मुझे इतनी शोहरत...इतनी ख्याति दी और छपने से लेकर आज तक यह न जाने कितनी पाठ्य-पुस्तकों में संकलित भी है। बरसों पहले दूरदर्शन ने इस पर जो टेलीफिल्म बनाई थी, वह भी न जाने कितनी बार टेलीकास्ट हो चुकी है। इस कहानी की बात करते ही मुझे अजमेर के अपने बड़े से आँगन में बनी कोठरी में रहनेवाली वे विधवा बुढ़िया याद आ जाती हैं, जिन्हें हम नानी साहब कहा करते थे। उनकी एकमात्र इच्छा...केवल इच्छा ही नहीं बल्कि एकमात्र ललक यही थी कि वे हमारे परिवार की एक अभिन्न सदस्य होकर रहें। घर में वे खूब काम भी करती थीं और

माँ तो उन्हें खिलाने-पिलाने और सारे व्यवहार से अपना ही समझती थीं पर संकट आता था जब पिताजी खाना खाने नीचे उतरते। उस समय उन्हें अपनी कोठरी में जाना होता था। शाम को पाँच-छह बजे टाइपिस्ट के आने पर ही पिताजी ऊपर चढ़ते और वे अपनी कोठरी से निकलतीं। यह समय उनके लिए भारी यातना का समय होता था। रोज पाँच-छह घंटे बिना किसी से बोले-चाले, बिना कुछ किए-धरे, गुमसुम अपनी कोठरी में काटना किसी के लिए कितना कष्टकर हो सकता है, उस समय तो मैंने कभी इसकी कल्पना तक नहीं की ! उनकी यातना की कल्पना तो हमने अपने उल्लास में उस समय भी नहीं की जब गर्मी की छुट्टियों में हमारा सारा परिवार भानपुरा जाने की तैयारी कर रहा था। याद आता है कि माँ के सामने वे बार-बार यही कहती रही थीं कि एक महीना मैं अकेले कैसे गुज़ारूँगी...क्या करूँगी सारे दिन? हो सकता है कि उन्हें उम्मीद रही हो कि माँ शायद साथ चलने का प्रस्ताव ही रख दें। पर माँ तब ऐसे स्वतन्त्र निर्णय लेने की स्थिति में नहीं थीं, सो चुप रहीं। जहाँ तक याद आता है, हमारे रवाना होते समय वे शायद रो भी पड़ी थीं। उस समय तो मैंने न उनकी इस इच्छा को समझा, न ही उनकी यातना को! यह तो बहुत-बहुत बाद में कहानी रचने की मानसिकता ने ही मुझे वह दृष्टि दी...वह संवेदना दी कि अकेली वृद्धा की सबसे जुड़ने की इस ललक को इतनी गहराई से महसूस कर सकूँ और तब बचपन में जाने-देखे उस चरित्र का पुनर्सृजन हुआ सोमा बुआ के रूप में ! चरित्र के केन्द्रीय भाव को अधिक से अधिक प्रभावपूर्ण बनाने के लिए बाहरी सारी घटनाएँ तो बदली-गढ़ी जानी ही थीं—सो बदली-गढ़ी गईं। कहानी की सोमा बुआ नानी साहब की तरह मारवाड़ी परिवार की नहीं है सो अपने अकेलेपन को दूर करने के लिए बिना बुलाए भी हर किसी के घर चली जाती है। सोमा बुआ विधवा नहीं, परित्यक्ता हैं। वैधव्य आरम्भिक दुख के बाद एक स्वीकृत सत्य हो जाता है और उसकी यातना कम हो जाती है। पर परित्यक्ता का दुख...पति है पर साथ नहीं रखता तो इसमें अकेलेपन के साथ अपमान का दंश और जुड़ जाता है। साल में एक महीने के लिए पति आता है, पर प्रेम-स्नेह बरसाने नहीं बल्कि उसकी गतिविधियों पर अंकुश लगाने के लिए आता है। कहानी का क्लाइमेक्स है प्रतीक्षा में। कहीं से सूचना मिलती है कि समधी लोग यहाँ आकर शादी कर रहे हैं खूब धूमधाम

से और निमन्त्रित लोगों की सूची में उसका भी नाम है। इस सूचना मात्र से सोमा बुआ आनन्दित...पुलकित। अपनी औकात के बाहर जाकर वहाँ देने के लिए वह क़ैसी-कैसी तैयारी करती है और फिर प्रतीक्षा करती है निमंत्रण की। आखिरी दिन भी वह प्रतीक्षा में छत पर खड़ी है कि शायद इस समय भी कोई बुलानें आ जाए पर कहानी समाप्त होती है एक सर्द, निर्मम उपेक्षा में। यह उपेक्षा उनकी प्रतीक्षा को कितना-कितना दर्दनाक बना देती है, इसे पढ़कर ही जाना जा सकता है और यही है कहानी का क्लाइमेक्स।

अपने मोहल्ले की उस दबंग और साहसी लड़की को तो मैं आज भी नहीं भूल सकती हूँ जो उस जमाने में पूरे मोहल्ले की थू-थू बर्दाश्त करने के बावजूद, न जाने बाहर के किन-किन लड़कों के साथ गली में खड़ी-खड़ी बतियाती रहती थी। बेझिझक उनकी साइकिल के पीछे बैठकर माँ-बाप के गुस्से और देखनेवालों की हिकारत को धता बताती हुई फर्राटे से निकल जाया करती थी। हम जैसी कुछ लड़कियों के आकर्षण का केन्द्र और मोहल्ले की औरतों के लिए एक दिलचस्प चर्चा का विषय थी वह लड़की...उसकी हरकतें। जब कहानियाँ लिखने का सिलसिला शुरू हुआ तो उस लड़की को तो आना ही था पर उससे भी अधिक दिलचस्प ढंग से तो आना था उन औरतों को जो हमेशा दूसरों के घर में आँख गड़ाए रहती हैं इस उम्मीद में कि कहीं कुछ सनसनीखेज मिले तो उसमें कुछ और नमक-मिर्च लगाकर उस पात्र और उसके घरवालों की ऐसी की तैसी करें। इस सारी स्थिति को उजागर करने के लिए ही मैंने शायद 'दीवार, बच्चे और बारिश' कहानी लिखी थी। एक ऐसी कहानी जिसमें नायिका शुरू से आखिर तक अनुपस्थित रहती है। बस, उन्हीं औरतों की जमी हुई पंचायत के बेहद दिलचस्प वार्तालाप, जिसमें उस लड़की का दबा-ढका कुछ सनसनीखेज निकाल पाने की आतुरता और ऐसा कुछ भी न मिल पाने की हताशा के साथ-साथ लड़की का साहसी-उन्मुक्त चरित्र भी उजागर होता है। मुझे लगा कि लड़की के एंगिल से लिखूँगी तो बड़ी पिटी-पिटाई थीम लगेगी और फिर केन्द्र में मुझे उन औरतों को भी तो रखना था, जो उस जमाने से लेकर आज तक आपको हर गली-मोहल्ले में मिल जाएँगी। खैर यों तो हर लेखक एक ही थीम पर अपने-अपने ढंग से कहानी

लिखता है, मैंने तो केवल अपनी बात कही है। उन दिनों प्रतीक-व्रतीक का बड़ा प्रचलन था सो मैंने भी उस लड़की के साहस के सामने स्त्रियों की अनकही-सी पराजय को उजागर किया है एक प्रतीक के माध्यम से। बतकही में मशगूल औरतों ने अपने-अपने बच्चों को बाहर आँगन में खदेड़ दिया है। आँगन में कोई चार फीट ऊँची काई लगी बड़ी पुरानी दीवार है। बच्चे उसी पर चढ़-चढ़कर उछल-कूद कर रहे हैं। अचानक दीवार का धड़धड़ाकर टूटना। बच्चों का कोहराम और औरतों का चीखते-चिल्लाते बच्चों को डपटना-सहलाना। कहानी के केन्द्रीय भाव को पूरी तरह उजागर करती हुई कहानी समाप्त होती है इस दृश्य पर—टूटी पुरानी दीवार और उसके अन्दर कुछ दूर तक अपनी जड़ें जमाए लहलहाती पीपल की एक नन्ही-सी कोंपल!

यह कहानी 'अकेली' की तरह बिलकुल चर्चित नहीं हुई थी पर नहीं जानती क्यों मुझे यह अपनी प्रिय कहानियों में से एक लगती है...शायद इसका केन्द्रीय भाव मेरा प्रिय विषय रहा है, इसलिए जरा विस्तार से इसका जिक्र कर दिया।

वैसे अपने आरम्भिक दिनों की लिखी गई कहानियों में ब्रह्मपुरी मोहल्ले के पात्रों की कई कहानियाँ और भी हैं। कोई चार घर छोड़कर रहनेवाली आनन्दी 'नशा' कहानी की नायिका बनी तो मेरे ही परिवार की दादी 'मजबूरी' कहानी की! अजीब त्रासदी थी आनन्दी की। रात-दिन मेहनत करती...कूटती-पीसती पर उसका नशाखोर, निकम्मा पति उसकी सारी कमाई ही नहीं छीन लेता, उसे मारता-पीटता भी। दो बार उसका बेटा आया उसे ले जाने के लिए...मोहल्लेवालों ने भी समझाया कि चली क्यों नहीं जाती पर आनन्दी नहीं गई। उसका एक ही जवाब—'इनका क्या होगा...इन्हें कौन खिलाएगा-पिलाएगा? मोहल्लेवालों के साथ हमलोग भी खीझते-झल्लाते थे और बात खतम। पर जब कहानियाँ लिखना शुरू किया तो आनन्दी के व्यक्तित्व का एक नया पक्ष दिखाई दिया। असली नशा क्या आनन्दी को नहीं—पति की सेवा करने का, उसके साथ रहने का ? और इस बात के दिमाग में आते ही 'नशा' कहानी लिखी गई...बहुत-कुछ बाहरी रद्दोबदल के साथ।

ब्रह्मपुरी मोहल्ले में रहकर भी सोफिया कॉलेज में पढ़नेवाली मेरी एक मित्र ने बड़े सनसनीखेज ढंग से एक घटना सुनाई थी। जानती हो मन्नू, आज हमारी क्लास

में एक नन ने कीट्स की कविता पढ़ाते हुए एक लड़की को बाँहों में भरकर चूम लिया। नन्स, मदर, फादर सबके बीच शोर मच गया। एक-दो दिन तक और वह इसी घटना के बारे में कुछ न कुछ बताती रही। उस समय मेरी दिलचस्पी इस तरह की बातों में थी ही नहीं सो एक कान से सुनी और दूसरे से निकाल दी। बरसों बाद अपने पूरे भीतरी अर्थ के सामने यह घटना कौंधी तो लिखी गई 'ईसा के घर इनसान' कहानी। इस बार कॉलेज से थोड़ी दूर बना ऊँची-ऊँची दीवारोंवाला सेंट्रल-जेल भी याद आया। कहानी में मैंने इसे कॉलेज के सामने ही बना दिया था, एक खास अर्थ देने के लिए...

बिल्कुल सटे हुए पड़ोस में रहते थे कवि सरस वियोगी। एम.ए. के दौरान मुझे कुछ पढ़ाने आया करते थे। पढ़ाते-वढ़ाते तो कुछ खास नहीं थे, शायद इस लायक थे ही नहीं पर बड़ा रस ले-लेकर अपनी आत्मकथा के कुछ अंश सुनाया करते थे। पता नहीं कितने सच, कितने झूठ पर मैं भी मजा ले-लेकर सुनती थी। वैसे उसकी कुछ बातों से मैं भी परिचित तो थी, क्योंकि वह परिवार भी था तो पड़ोसी ही। बाद में तो उस सारी बातचीत ने एक कहानी की सामग्री ही दे दी और और लिखी गई 'कील और कसक'। अभी बासु चटर्जी ने इसे अपनी प्रेम कहानियों के एक सीरियल में सम्मिलित भी किया है।

वैसे तो ब्रह्मपुरी मोहल्ले के कुछ पात्र और भी हैं, जिन पर मैंने कहानियाँ लिखीं पर सबका ब्यौरा प्रस्तुत करना न जरूरी है, न ही सम्भव। इन कहानियों के माध्यम से मैं इतना ही कहना चाहती हूँ कि करीब-करीब ये सारी कहानियाँ वास्तविक पात्रों और वास्तविक घटनाओं पर ही आधारित हैं। कहानियों के बाहरी ढाँचे के बदलाव के बावजूद वे उनमें पूरी तरह उपस्थित हैं। बाद में भी अधिकतर कहानियाँ तो ऐसी ही हैं पर कुछ कहानियाँ ऐसी भी हैं जो मात्र किसी स्थिति से उभरे एक आइडिया पर केन्द्रित हैं। 'एखाने आकाश नॉय' (हेमन्त कुमार के प्रसिद्ध बांग्ला गीत की एक पंक्ति) ऐसी ही एक कहानी है—आइडिया है 'अहा ! ग्राम्य जीवन भी क्या है' की धारणा को ध्वस्त करता हुआ गाँव और शहर का अन्तर। इसमें कोई सन्देह नहीं कि गाँव में तारों भरा खुला आसमान है...पेड़-पौधों से भरे खुले मैदान हैं पर उन सबके

बीच जिन्दगी कितनी घुटी-घुटी है। न कोई खुलापन, न कोई बदलाव, न बहाव। इसके ठीक विपरीत, शहरों में प्रकृति का खुलापन कहीं नहीं है पर जिन्दगी में... विचारों में एक खुलापन है...बदलाव है...बहाव है। इस कहानी का सब कुछ काल्पनिक भले ही हो पर अविश्वसनीय कुछ भी नहीं। बासु चटर्जी ने इस कहानी पर भी 'जीना यहाँ' नाम से एक फीचर फिल्म बनाई थी।

ब्रह्मपुरी की कहानियों के बाद एकाएक जो कहानी बहुत प्रसिद्ध हुई थी, वह थी—'यही सच है।' मोहन राकेश ने इस पर कॉलम लिखा था और यह भी पाठ्य-पुस्तकों से लेकर कई संग्रहों में संकलित हुई थी। उस समय जितनी यह चर्चित हुई, उतनी ही इस पर बनाई फिल्म 'रजनीगन्धा' भी चर्चित हुई थी। वैसे वास्तविक जीवन में यह एक पुरुष था जो दो लड़कियों के बीच बँटे अपने मन के द्वन्द्व को...दुविधा को कभी-कभी मेरे साथ शेयर करता था। उसकी सारी बातें मुझे कहानी के लिए प्रेरित तो करती ही थीं और अन्ततः मैंने उस पर कहानी लिखी भी पर मुख्य चरित्र उसकी जगह एक लड़की को बना दिया। अब एक लड़की का दो लड़कों के बीच बँटा होना हमारे समाज में तो बेहद गोपनीय बात है। गोपनीय और एक तरह से वर्जित भी सो उसके इस अन्तर्द्वन्द्व को उजागर करने के लिए डायरी फॉर्म का सहारा लेना मुझे अनिवार्य लगा। यह मेरी एकमात्र कहानी है जो इस फॉर्म में लिखी गई है। इसके कथ्य की जरूरत के हिसाब से।

अब जब कहानियों की बात शुरू की ही है तो सोचती हूँ कि इस पूरे प्रसंग को यहीं समाप्त कर दूँ। रचना का क्रम तो जरूर टूटेगा पर बीच-बीच में कहानियों को लेना सम्भव भी तो नहीं, इसलिए अपने अन्तिम दौर की उन दो कहानियों का जिक्र भी यहीं करना चाहूँगी जो अन्य कहानियों की अपेक्षा काफी चर्चित हुई थीं। ये उस दौर की कहानियाँ हैं जब मेरी कहानियों के शिल्प और शैली में हास्य और व्यंग्य का पुट जुड़ गया था। मैंने तो यह प्रयोग की तरह ही किया था पर आश्चर्य है कि यह बहुत सफल रहा और मेरी ये दोनों कहानियाँ उम्मीद से कुछ अधिक ही चर्चित हुईं। ये दो कहानियाँ हैं 'त्रिशंकु' और 'स्त्री सुबोधिनी'। क्रम तो मुझे इतना ठीक से याद नहीं पर मैं पहले 'त्रिशंकु' को ही लूँगी।

हम लोग शक्तिनगर वाले मकान की पहली मंजिल में रहते थे। ठीक

सामनेवाले मकान की बरसाती में कोई-न-कोई किराएदार आते रहते थे पर इस बार आए कॉलेज के कुछ युवा लड़के। छत पर निकलकर वे आसपास की लड़कियों को छेड़ते और सबकी फटकार खाते रहते थे। छेड़ने के उनके केन्द्र में रहती थी रिंकू और यहाँ से उन्हें कोई फटकार भी नहीं मिलती थी क्योंकि इस सारी स्थिति से मैं बिलकुल अनभिज्ञ! एक दिन रिंकू ने जब मुझसे शिकायत की तो मैंने भी बाहर निकलकर जायजा लिया। मैंने लड़कों को देखा, रिंकू को देखा और फिर अपनी आधुनिकता की झोंक में सीधे उनके कमरे पर पहुँच गई और जब उन्हें चाय के लिए घर पर आमन्त्रित किया तो लड़के अवाक्! आसपास जिसने देखा, सुना सब अवाक्...केवल मैं अपनी आधुनिकता पर गद्‌गद्। लड़के आए...राजेन्द्र ने भी स्वागत किया...अपने अकेलेपन से ऊबी रिंकू भी प्रसन्न! मैं बड़े गर्व से यह बात सबको सुनाती। पर अब एक दो महीनों के बाद ही हुआ यह कि उन लड़कों का अड्डा छत के बजाए हमारा घर होने लगा। जब यह सिलसिला कुछ ज्यादा ही बढ़ा तो मैं परेशान। यह परेशानी कुछ असह्य-सी होने लगी जब कोई छह-सात महीने बाद मैंने गौर किया कि उनमें से एक लड़का और रिंकू कुछ ज्यादा ही घनिष्ठ होने लगे हैं। बात मुझसे छिप तो सकती नहीं थी सो कभी डाँटकर, कभी समझाकर मैंने इस सिलसिले को खतम करने की कोशिश की। डाँट-डपट के बीच ही शायद पाँच-सात महीने और चला यह सिलसिला। आखिर एक दिन मैंने राजेन्द्र से कही अपनी परेशानी की बात, इस निर्णय के साथ कि अब इस दोस्ती को तो मुझे खतम ही करना पड़ेगा...यह पढ़ने की उम्र है या यह सब करने की? और कहने के साथ ही पता नहीं कैसे मुँह से अचानक निकला कि 'अरे यह तो कहानी!' और इस तरह लिखी गई 'त्रिशंकु'।

लड़की के ऐंगिल से लिखी गई यह कहानी बड़े सरल पर व्यंग्यात्मक तरीके से यह सिद्ध करती है कि हमारी पीढ़ी की स्थिति त्रिशंकु जैसी ही है। विचारों से बेहद आधुनिक पर व्यवहार में वही परम्परावादी। यही था इस कहानी का केन्द्रीय भाव और हमारी पीढ़ी और युवा पीढ़ी दोनों का इस कहानी के साथ ऐसा तादात्मय स्थापित हुआ कि 'धर्मयुग' में छपते ही यह चर्चा का विषय बन गई थी। खैर, यह कहानी कहने-लिखने की नहीं, सिर्फ पढ़ने की है क्योंकि इसे दिलचस्प बनाया है इसकी शैली ने।

दूसरी कहानी है 'स्त्री-सुबोधिनी'। इनकम-टैक्स के ऑफिस में नौकरी करने वाली एक लड़की मेरे पास आने लगी। धीरे-धीरे वह अन्तरंग भी हो गई और तब उसने बताया कि उसका प्रेम एक विवाहित पुरुष से हो गया...पर प्रेमी ने पहले विवाहित होने का राज़ छिपाकर ही रखा। प्रेमी लेखक है, सुन्दर है और वह सम्बन्धों में उसे काफी आगे तक ले गया है। वह बराबर यही कहता रहता है कि पत्नी के साथ उसका कोई तालमेल नहीं, न ही वह साथ निभेगा, रहना तो उसे इसी के साथ है और यह मूर्ख उसकी बातों पर विश्वास कर बैठी। लेकिन अब वह कन्नी काट रहा है और वह दुखी। मैंने उसे समझाया कि विवाहित पुरुषों का, विशेषकर लेखकों और कवियों का कुँआरी लड़कियों को अपनी लच्छेदार भाषा में फँसाकर भोगना और फिर छोड़ देना, यह एक बेहद आम बात है। न कोई अपना घर तोड़ता है और न पत्नी को छोड़ता है। वे तो अपने फलते-फूलते रहते हैं, बर्बाद तो केवल उन लड़कियों को ही होना है, जो विश्वास करके अपना सब कुछ उन पर अर्पित कर देती हैं। यह लड़की भी उसी स्थिति से गुजर रही थी। उसका क्या हुआ, वह छोड़िए। मैंने उसी के ऐंगिल से कुँआरी लड़कियों को बोध कराने के लिए, अच्छी तरह समझाने के लिए यह कहानी लिखी और मुझे यह कहने में कोई संकोच नहीं कि छपते ही यह भी काफी चर्चित हुई। थीम में तो रत्तीभर भी नयापन नहीं, पर वही इसकी शैली...इसकी भाषा।

इन दोनों कहानियों के कथ्य का वर्णन करना इनके साथ ज्यादती करना ही है, क्योंकि इनकी सारी खूबसूरती या विशेषता इनकी कलात्मक प्रस्तुति में ही है जिसने इन्हें इतना आकर्षक और सार्थक बनाया। वैसे तो किसी भी कहानी का सारांश देना उसके साथ ज्यादती ही है। क्योंकि हर सफल कहानी किसी कला-विहीन ब्यौरे की कलात्मक प्रस्तुति मात्र ही नहीं होती बल्कि उसके साथ जीवन के किसी पक्ष का समग्र-सत्य भी उजागर करती है, यही कहानी की सफलता है...उसकी सार्थकता है पर यहाँ मेरा एकमात्र उद्देश्य इन कहानियों की उस पृष्ठभूमि को उजागर करना था जिसने इन कहानियों को लिखने के लिए प्रेरित किया।

अपने लेखन के लम्बे दौर में मैंने कुल मात्र पचास कहानियाँ लिखी हैं। पिछले

बीस सालों से तो लिखना ही बन्द है तो कहानियों की संख्या कैसे बढ़ती ? पर इतना कम लिखकर भी कुछ बातों का सन्तोष मुझे जरूर है। यदि 'यही सच है' कहानी पर 'रजनीगन्धा' नाम से और 'एखाने आकाश नॉय' कहानी पर 'जीना यहाँ' नाम से फीचर फिल्म बनी तो चार कहानियों—'अकेली', 'त्रिशंकु', 'नशा', और 'रानी माँ का चबूतरा' पर टेलीफिल्म भी बनी। इसके अतिरिक्त टी.वी. के कुछ सीरियल्स में कुछ कहानियों को सम्मिलित किया गया। अभी-अभी प्रभु जोशी ने 'दो कलाकार' कहानी पर एक एपिसोड बनाया तो 'एक कमजोर लड़की की कहानी' और 'कील और कसक' पर बासुदा ने दो एपिसोड बनाए।

जहाँ तक अनुवाद का सवाल है, अलग-अलग भाषाओं में इन कहानियों में से कई कहानियों के अनुवाद तो हुए ही हैं पर केवल मराठी में अनूदित मेरी कहानियों के तीन संकलन भी छपे हैं। इसी तरह बांग्ला में अनूदित कहानियों के भी दो संकलन छपे हैं।

इतना कम लिखकर यह क्या कम सन्तोष की बात है, बल्कि कहूँ कि गर्व की बात है कि मुझे इतना कुछ मिला? फिल्म और टी.वी. की बात छोड़िए हालाँकि आज के जमाने में शोहरत तो इसी से मिलती है, पर मेरा सबसे बड़ा सन्तोष अनुवादों से है। कुछ कहानियों के अनुवाद तो कई भाषाओं में हुए हैं पर सबसे ज्यादा सुखद आश्चर्य तो हुआ मराठी और बांग्ला में छपे मेरी अनूदित कहानियों के संकलनों पर। पहले मैं घूमती-फिरती थी तो मराठी के पहले संकलन के विमोचन के लिए बहुत आग्रह करके मुझे ही बुलाया था—शायद जलगाँव में और मैं गई भी थी।

अब जब कहानियों का प्रसंग चल ही रहा है तो मुझे इसका उल्लेख भी जरूरी लगता है कि अपनी पचास कहानियों का संकलन छपवाते समय एकाएक मेरा ध्यान इस बात की ओर गया कि घटना और रचना के बीच का यह अन्तराल केवल मेरी आरम्भिक कहानियों तक ही सीमित नहीं था बल्कि एक-दो अपवादों को छोड़कर मेरी सभी कहानियों की हकीकत रहा है। लगता है यह तो शायद मेरे लेखन की अनिवार्यता है। आखिर क्यों? आज जब मैं इसका विश्लेषण करने बैठी

तो कुछ-कुछ इसी नतीजे पर पहुँची कि कोई भी घटना, पात्र या आइडिया क्लिक करते ही डायरी के पन्ने के साथ-साथ मन के किसी पन्ने पर भी अँक तो जाता है, पर रचना का रूप शायद वह उसी समय नहीं ले पाता। क्यों? हो सकता है, वह किसी बड़े सन्दर्भ के साथ जुड़ जाने की प्रतीक्षा करता हो। पर जुड़े कैसे... क्या प्रक्रिया होती है उसके जुड़ने की? शायद जो मन के पन्नों पर उतरता है, वह समय के साथ-साथ भीतर और भीतर उतरता चलता है और पता नहीं उसमें कौन-कौन से रसायन मिलते रहते हैं कि यह भीतरी 'मैं' न जाने कितने बाहरी 'मैं' के साथ जुड़ता चलता है। ये सारे बाहरी 'मैं' उस भीतरी 'मैं' में निरन्तर कुछ न कुछ जोड़ते-घटाते रहते हैं। बाहर भीतर की यह यात्रा...एक-दूसरे में तब्दील होने की यह प्रक्रिया कब और कैसे घटित होती है, इसका कोई स्पष्ट बोध तो मुझे भी नहीं रहता। बोध तो उस समय होता है जब बाहरी-भीतरी अनेक 'मैं' का यह बोझ मेरी रचनात्मकता को बुरी तरह कुरेद-उकसाकर एक रचना को जन्म देता है। कई बार शायद ऐसा भी होता है कि मेरा भीतरी 'मैं' किसी बाहरी 'मैं' के साथ जुड़ता ही नहीं और वह वहीं समाप्त हो जाता है। तभी तो क्लिक किए हुए अनेक पात्र, घटनाएँ या आइडिया कहानी का रूप ले ही नहीं पाते।

समय के अन्तराल की यह अनिवार्यता एक स्तर पर मेरी सीमा भी हो सकती है। कानपुर में पंखे से लटककर तीन बहिनों ने आत्महत्या कर ली..."कैसी दिल दहला देनेवाली घटना और महिला होने के बावजूद तुम्हारी क़लम से एक कहानी तक नहीं फूटी...बिलकुल असंवेदनशील हो तुम।" ...किसी ने बड़ी भर्त्सना की थी। आए दिन दिल दहला देनेवाली घटनाओं से अख़बार भरे रहते हैं...बहुत कुछ तो आँखों के नीचे भी होता रहता है, फिर भी कहानी नहीं लिखी जाती तो क्या यह मेरी सीमा नहीं है...? शायद हो। लेकिन कहानी को अख़बारी ख़बरों से अलगाकर रखना मेरी मजबूरी भी तो हो सकती है।

अपनी इस रचना-प्रक्रिया के दौरान कुछ बातें अनायास ही मेरे सामने उजागर होकर उभरीं। अपने भीतरी 'मैं' के अनेक-अनेक बाहरी 'मैं' के साथ जुड़ते चले जाने की चाहना में मुझे कुछ हद तक इस प्रश्न का उत्तर भी मिला कि मैं क्यों लिखती हूँ ? जब से लिखना आरम्भ किया, तब से न जाने कितनी बार इस प्रश्न का सामना हुआ, पर कभी भी कोई सन्तोषजनक उत्तर मैं अपने को नहीं दे पाई तो दूसरों को

क्या देती ? इस सारी प्रक्रिया ने मुझे उत्तर के जिस सिरे पर ला खड़ा किया, वही एकमात्र या अन्तिम है, ऐसा दावा तो मैं आज भी नहीं कर सकती, लेकिन यह एक महत्त्वपूर्ण पहलू तो है ही। किसी भी रचना के छपते ही इस इच्छा का जगना कि अधिक-से-अधिक लोग इसे पढ़ें, केवल पढ़ें ही नहीं, बल्कि इससे जुड़ें भी—संवेदना के स्तर पर उसके भागीदार भी बनें यानी कि एक की कथा-व्यथा अनेक की बन सके, बने। केवल मेरे ही क्यों, अधिकांश लेखकों के लिखने के मूल में क्या एक और अनेक के बीच सेतु बनने की यह कामना ही निहित नहीं रहती ? हालाँकि यह भी जानती हूँ कि यह पाठक-पिपासा आपको आसानी से 'लोकप्रिय साहित्य', चाहें तो व्यावसायिक भी कह लें, के विवादास्पद मुहाने पर ले जाकर खड़ा कर सकती है।

इसमें कोई सन्देह नहीं कि पाठक-निरपेक्ष लेखकों का एक वर्ग है हमारे यहाँ, जिसकी मान्यता है कि पाठकों की सीमित संख्या ही रचना की उत्कृष्टता का पैमाना है...हल्की और चलताऊ रचनाओं को ही बड़ा पाठक वर्ग मिलता है। इस दृष्टि से तो प्रेमचन्द की रचनाओं को सबसे पहले ख़ारिज कर देना चाहिए। उनकी लोकप्रियता, दूर-दराज़ गाँवों तक फैला-पसरा उनका व्यापक पाठक वर्ग, हर पीढ़ी के कथाकारों के एक बड़े समुदाय की उनके साथ जुड़ने की ललक...ये सब किस बात के सूचक हैं ? मैं नहीं सोचती कि लोकप्रियता कभी भी रचना का मानक बन सकती है। असली मानक तो होता है रचनाकार का दायित्व-बोध, उसके सरोकार, उसकी जीवन-दृष्टि और उसकी कलात्मक निपुणता। यहाँ कलात्मक निपुणता को मैं पूरे बलाघात के साथ ज़रूर रेखांकित करना चाहूँगी, क्योंकि यही आपके गहरे-से-गहरे यथार्थ-बोध को संवेदना के धरातल तक ले जाती है...आपके अनुभव को एक रचना में...एक कलाकृति में ढाल देती है। जो भी हो, मेरे अपने लिए पाठक की बहुत अहमियत है। वो पाठक कौन है, कैसा है, कहाँ है, इसका कोई अहसास रचना करते समय मुझे नहीं होता, न ही अदृश्य पाठक मेरे लेखन की दिशा निर्धारित करता है—बिलकुल नहीं। उसकी भूमिका तो रचना छपने के बाद शुरू होती है। उसने रचना को कैसे ग्रहण किया...मेरे पात्रों के साथ, उनकी संवेदना के साथ उसकी संवेदना एकमेक हुई या नहीं, जिन स्थितियों और समस्याओं को मैंने उठाया, उन्होंने उसे झकझोरा या नहीं...कुछ सोचने को मजबूर किया या नहीं...इसे ही कसौटी मानती हूँ मैं अपनी रचना की सफलता-सार्थकता की।

राजेन्द्र की मित्रता अब धीरे-धीरे दूसरी दिशा की ओर मुड़ चली...और यह परिवर्तन एकतरफ़ा तो था नहीं, उसमें मेरी बराबरी की सहमति ही नहीं, सहयोग भी था। परिणाम यह हुआ कि मेरे लेखकीय उत्साह-उमंग में रोमानी रंग भी भरने लगे, जिसे ठाकुर साहब (मनमोहन ठाकौर), भाभीजी, सुशीला और सेंगरजी अपनी चुटीली फ़ब्तियों से और चटकीला बनाते रहते थे। अजीब-से दिन थे वे भी—मैं यथार्थ के धरातल पर कहानियाँ लिखती थी और सपनों की दुनिया में जीती थी। हम दोनों ने अपने-अपने अतीत के कुछ निजी पन्ने एक-दूसरे के सामने खोले थे और फिर ईमानदारी के साथ 'उस सबके' पूरी तरह अतीत हो जाने का आश्वासन देकर भविष्य की योजनाएँ बनाई थीं। राजेन्द्र का आग्रह था कि मित्रता को सम्बन्ध तक ले जाने के लिए वे पहले अपना एक आर्थिक आधार तैयार करेंगे, क्योंकि लेखन की अनिश्चित आमदनी के भरोसे गृहस्थी नहीं चलाई जा सकती। अपनी साहित्यिक गतिविधियों के लिए भी उन्हें दिल्ली ज़्यादा अनुकूल और प्रेरक जगह लगती थी—थी भी, इसलिए मेरी तरफ़ से भी आपत्ति का कोई प्रश्न नहीं उठा और वे दिल्ली चले गए। हाँ, जाने से पहले उन्होंने सुशीला के सामने मेरा हाथ पकड़कर कहा—"सुशीलाजी, आप तो जानती ही हैं कि रस्म-रिवाज में न तो मेरा कोई ख़ास विश्वास है, न दिलचस्पी...बट वी आर मैरिड ! जैसे ही मेरे काम का कोई इन्तज़ाम हो जाएगा हम लोग..." इससे अधिक और किस आश्वासन की हम लोग आशा करते। मेरी तो दुनिया ही एकदम जगमगा उठी।

उनके जाने के थोड़े दिन बाद ही मैंने मुश्किल से बीस-बाईस दिन लगाकर एक उपन्यास लिख डाला। स्कूल का काम और दूसरी गतिविधियाँ अपनी जगह चलती रहीं और लेखन अपनी जगह—बिना किसी मशक़्क़त, उठा-पटक और सिर-धुनाई के...बिलकुल अनायास और सहज गति से। आज तो यह बिलकुल अकल्पनीय लगता है कि ऐसे भी लिखा जा सकता है। पर कभी यह मेरी ज़िन्दगी की हक़ीक़त रहा है। उपन्यास भी काफ़ी ठीक-ठाक ही था। राजेन्द्र के पास सुझाव

के लिए भेजा तो राजेन्द्र भी चकित थे मेरी लिखने की गति पर। उन्होंने उसे माँजने-सँवारने के दौरान उसमें काटने-जोड़ने के लिए कुछ सुझाव भी भेजे थे, पर दूसरा ड्राफ़्ट बना ही नहीं। सोचा था कि कुछ अन्तराल के बाद पूरी तरह तटस्थ होकर उसे फिर से पढ़ूँगी और देखूँगी कि अब उसमें क्या कुछ संशोधन-सुधार किए जा सकते हैं। पर उस अन्तराल में और बहुत कुछ घट गया।

आर्थिक आधार तो तैयार नहीं हुआ और एक बहुत बड़ी दुविधा की स्थिति में राजेन्द्र कलकत्ता आए तो ठाकुर साहब ने उन्हें शादी की दिशा में ठेल ही दिया। मैं उस समय इन्दौर गई हुई थी...मुझे तुरन्त बुलाया गया और लौटते ही सुशीला ने शादी के लिए 22 नवम्बर की तारीख़ तय कर दी—मुहूर्त देखकर नहीं, बस यह देखकर कि इतवार है तो लोगों को आने में सुविधा होगी। ठाकुर साहब-भाभीजी जुटे हुए थे राजेन्द्र की ओर से, क्योंकि राजेन्द्र ने अपने घरवालों को आने के लिए बिलकुल मना कर दिया था। सुशीला-जीजाजी, भाई-भाभी, मित्र और सहकर्मियों की एक पूरी टोली जुटी हुई थी मेरी ओर से। प्रतिभा बहिनजी, नारायण साहब, प्रतिभा अग्रवाल, मदन बाबू, जसपाल, कैलाश आनन्द—सबमें ऐसा उत्साह था मानो यह सबका साझा कार्यक्रम हो। मिसेज आनन्द से तो मैंने इस अवसर पर एक मंगलसूत्र ही झटक लिया। हुआ यूँ कि पूजा की छुट्टियाँ शुरू होने से पहले वे एक नया ख़ूबसूरत-सा मंगलसूत्र पहनकर आईं। मैंने तारीफ़ की तो बोलीं—"तू अवसर तो पैदा कर तुझे भी ऐसा ही मंगलसूत्र दूँगी।" छुट्टियाँ समाप्त होते ही यह अवसर पैदा हो जाएगा, ऐसा उन्होंने शायद सोचा भी नहीं होगा पर जब हो ही गया तो बड़ी ख़ुशी-ख़ुशी उन्होंने आकर मेरे गले में मंगलसूत्र पहनाया।

बस विवादी स्वर था तो केवल एक—इस शादी को रोक देने का आदेश देते आख़िरी दिन तक आनेवाले पिताजी के तार, जिसकी भनक तक जीजाजी ने उस समय मुझे नहीं लगने दी।

गोविन्दजी कनोड़िया के लॉन में विवाह के रजिस्टर पर हम लोगों ने दस्तख़त किए थे, मालाएँ बदली थीं। ठाकुर साहब ने राजेन्द्र के पिता की और मेरे स्कूल के प्रेसिडेंट श्री भगवतीप्रसाद खेतान ने मेरे पिता की भूमिका अदा की थी। उसी लॉन में शाम को 'रिसेप्शन' हमारी ओर से हुआ था, जिसका 'मेन्यू' मदन बाबू, प्रतिभा अग्रवाल ने बनाया था। रात का खाना गोविन्दजी की ओर से हुआ था और

हमने पहली रात भँवरमलजी सिंघी के घर में बिताई थी। इस तरह शुद्ध पंचायती शादी हुई थी हम लोगों की। हाँ, आगरा (राजेन्द्र के घर) में बहुत उल्लास के साथ सारे रस्मो-रिवाज किए गए थे और फिर दिल्ली में स्टेशन पर ही राकेशजी ने हम दोनों को बाँहों में भरकर बड़ी गर्मजोशी के साथ स्वागत किया। सत्येन्द्र दा (सत्येन्द्र शरत) और उषा भाभी ने बड़े प्रेम से दावत खिलाई थी और मैंने जाना-समझा ही नहीं, बल्कि बहुत गहरे से महसूस किया था कि अब से यही मेरा परिवार है, इन्हीं के बीच रहकर मुझे अपना जीवन गुज़ारना है, और अपने लक्ष्य की ओर क़दम बढ़ाने हैं। राजेन्द्र अपने आर्थिक आधार के उसी आग्रह को लेकर दिल्ली रुक गए और चार-पाँच दिन बाद मैं अकेली ही कलकत्ता लौट आई, लेकिन अकेलापन तब कभी लगा ही नहीं, क्योंकि उठते-बैठते, सोते-जागते मैं हमेशा अपने भीतर राजेन्द्र की उपस्थिति महसूस करती थी।

चार महीने तक यही कशमकश चलती रही कि मैं दिल्ली जाऊँ या राजेन्द्र कलकत्ता आएँ। क्योंकि दिल्ली में तो राजेन्द्र अपना कोई आर्थिक आधार तैयार नहीं कर सके थे...कलकत्ता में मेरे पास एक नौकरी तो थी, जिससे खींच-तानकर गृहस्थी की गाड़ी सरकाई जा सकती थी। बहुत ऐश-आराम की चाहना मैंने कभी नहीं की, लेकिन मात्र रॉयल्टी की अनिश्चित आय के आधार पर दिल्ली जाने की हिम्मत भी मैं नहीं जुटा पा रही थी। मैं नहीं चाहती थी कि आर्थिक संकट ज़िन्दगी की शुरुआत का सारा रंग-रस ही निचोड़ ले। आख़िर राजेन्द्र ही कलकत्ता आने को तैयार हुए और उनकी स्वीकृति मिलते ही मैंने मकान के लिए भागदौड़ शुरू कर दी।

अजीब अनुभव था वह भी। जीजाजी, दलाल और मैं रोज़ चार-पाँच मकान देख डालते। पाँच मकान देखते तो एक पसन्द आता और यदि उसका किराया भी अपनी औक़ात के भीतर होता तो मैं राहत की साँस लेती। क़रीब-क़रीब सारी बातें तय हो जाने के बाद जैसे ही मकान-मालिक पूछते कि 'पति क्या करते हैं' तो मैं तो बड़े गर्व से कहती कि लेखक हैं, लेकिन यह सुनते ही उसके तो तेवर ही बदल जाते और फिर कोई ऐसा टालू-सा जवाब पकड़ा दिया जाता कि मैं अवाक् ! संगीत, कला और साहित्य का गढ़ समझे जानेवाले कलकत्ते में लेखक की ऐसी बेक़द्री। लेखकों, कलाकारों का सम्मान क्या केवल मंच तक ही सीमित है...रोज़मर्रा की

ज़िन्दगी में उन्हें क्या ऐसी ही अपमानजनक स्थितियों से गुज़रना पड़ता है ? और केवल कलकत्ते में ही क्यों, सभी जगह यही स्थिति नहीं है ?...आज भी तो इस स्थिति में कोई गुणात्मक परिवर्तन नहीं आया है।

एक महीने की भाग-दौड़ के बाद आख़िर सी.आई.टी. रोड पर एक मकान मिला, छोटा, ख़ूबसूरत और मन लायक़ फ़्लैट। एक परिचित की सिफ़ारिश ने उसे हमारे लिए सुलभ भी बना दिया। बड़े मन और जतन से मैंने उसे सजाया और अप्रैल में हमने साथ-साथ अपनी गृहस्थी में क़दम रखा। बहुत सपने देखे थे इस ज़िन्दगी को लेकर, बहुत उमंग भी थी, लेकिन जल्दी ही राजेन्द्र की 'लेखकीय अनिवार्यताओं' और इस जीवन से मेरी अपेक्षाओं का टकराव शुरू हो गया जो फिर कभी सम पर आया ही नहीं। सब लोग सोचते थे और मुझे भी लगता था कि एक ही रुचि...एक ही पेशा...कितना सुगम रहेगा जीवन ! मुझे अपने लिखने के लिए तो जैसे राजमार्ग मिल जाएगा, लेकिन एक ही पेशे के दो लोगों का साथ जहाँ कई सुविधाएँ जुटाता है, वहीं दिक़्क़तों का अम्बार भी लगा देता है– कम-से-कम मेरा यही अनुभव रहा।

पुस्तकें, पत्रिकाएँ–लिखे-पढ़े पर बात-बहस, साहित्यकारों से मेल-मिलाप–लिखने के लिए एक अनुकूल वातावरण तो मिला इस घर में, पर उस वातावरण का भरपूर फ़ायदा उठा सकूँ, वैसी सुविधा बिलकुल नहीं। अभी तक घर की किसी तरह की कोई ज़िम्मेदारी मैंने भी नहीं उठाई थी, लेकिन मानसिक रूप से मैं उसके लिए पूरी तरह तैयार होकर आई थी...केवल तैयार ही नहीं, भरपूर उमंग-उत्साह भी था...साथ ही यह उम्मीद और आश्वासन भी कि सह-जीवन के सुख-दुख और ज़िम्मेदारियाँ भी मिल-बाँटकर ही उठाएँगे।

पर ज़िन्दगी शुरू करने के साथ ही लेखकीय अनिवार्यता के नाम पर राजेन्द्र ने 'समानान्तर ज़िन्दगी' का आधुनिकतम पैटर्न थमाते हुए जब कहा कि 'देखो, छत ज़रूर हमारी एक होगी लेकिन ज़िन्दगियाँ अपनी-अपनी होंगी–बिना एक-दूसरे की ज़िन्दगी में हस्तक्षेप किए बिलकुल स्वतन्त्र, मुक्त और अलग', तो मैं तो बिलकुल अवाक् ! आधुनिकतम जीवन के इस पैटर्न से मेरा कोई परिचय नहीं था, परिचय तो क्या, दूर-दूर तक इसकी कोई कल्पना तक मेरे मन में नहीं थी। राजेन्द्र ने भी मित्रता के दौरान तो ऐसी किसी बात का कभी कोई संकेत तक नहीं किया

था। मैं तो साथ आई थी सब तरह के अलगाव को दूर करके एक हो जाने के लिए, पूरी तरह घुल-मिल जाने के लिए। यह सब सुनकर तो मुझे लगा कि सिर पर छत का आश्वासन देकर जैसे पैर के नीचे की ज़मीन ही खींच ली हो। एक ही प्रश्न मेरे मन पर हथौड़े की तरह चोट करता रहा कि फिर इस छत की भी क्या ज़रूरत थी ? क्या प्रयोजन था ? छत तो राजेन्द्र के सिर पर भी थी और मेरे सिर पर भी सो इतना तो समझ में आ गया कि राजेन्द्र के दिमाग़ में एकाएक समानान्तर ज़िन्दगी की जो यह अवधारणा पैदा हुई है, निश्चित ही उसके सूत्र कहीं और ही हैं। पर असलियत को ईमानदारी से स्वीकार करने का साहस तो राजेन्द्र में कभी रहा ही नहीं (कम-से-कम मेरे सन्दर्भ में) इसलिए अपने हर झूठ, अपनी हर ज़िद, बल्कि कहूँ कि अपनी हर नाजायज़ हरक़त को ढँकने के लिए आदत से मजबूर राजेन्द्र हमेशा कोई-न-कोई ऐसा सूत्र ढूँढ़ ही लेते हैं—कभी आधुनिकता के नाम पर तो कभी लेखन के नाम पर तो कभी कोई और फ़लसफ़ा गढ़कर जो उन्हें सही सिद्ध कर दे। उस समय उन्हें समानान्तर शब्द बहुत माकूल नज़र आ रहा था और उसे एक व्यापक सन्दर्भ देने के लिए उन्होंने अपने कहानी-संकलन (सम्पादित) का नाम भी *एक दुनिया समानान्तर* रख लिया। बहरहाल स्थिति यह बनी कि हमारा सहजीवन समारम्भ (विवाह के निमन्त्रण-पत्र में राजेन्द्र ने यही छपवाया था) एक बड़े ही अजीब क़िस्म के अलगाव के साथ हुआ।

अपनी-अपनी ज़िन्दगी का जो बँटवारा हुआ उसमें घर की सारी ज़िम्मेदारियाँ और समस्याएँ—आर्थिक से लेकर दूसरी तरह की—मेरे ज़िम्मे थीं, जिसमें मुझे राजेन्द्र की दिलचस्पी की ही नहीं, सहयोग की भी ज़रूरत रहती थी लेकिन उसे तो राजेन्द्र ने मेरा अधिकार-क्षेत्र घोषित कर रखा था। मेरे अधिकार-क्षेत्र में कभी भी न झाँकने की, न किसी तरह की दिलचस्पी लेने की और न ही कोई हस्तक्षेप करने की बेहद उदारवादी मुद्रा ओढ़कर एक बड़ी 'वाजिब और तर्क-संगत' अपेक्षा ये करते थे कि मैं भी इनके अधिकार-क्षेत्र में न कभी झाँकूँ, न किसी तरह की दिलचस्पी लूँ। इनके अधिकार-क्षेत्र में थे इनके 'निजी सम्बन्ध' और सरोकार, जब-तब, जहाँ-तहाँ घूमने-फिरने की और जब मन हुआ, बिना पीछे की ज़रा भी चिन्ता किए कलकत्ता से भाग निकलने की छूट। 'लिखना है' का तुरुप का पत्ता तो हमेशा उनके हाथ में रहता ही था, जिसके सामने प्रतिरोध का कोई प्रश्न ही

नहीं उठता था।

इतना ही नहीं, मेरे सन्दर्भ में तो इन्होंने सामान्य-सी इंसानियत को भी दरकिनार कर रखा था। आज भी याद है कि साथ रहने के कुछ महीने बाद मेरे मुँह में ऊपर के तालू पर एक छाला हो गया...कोई अठन्नी के बराबर। तीन दिन बीतते-न-बीतते वह तो अच्छे-ख़ासे घाव में बदल गया। खाना तो दूर पानी भी पीना भारी संकट से गुज़रना था। मैं बिस्तर पर पड़ी थी, इस उम्मीद में कि ये मुझे किसी डॉक्टर के यहाँ ले जाएँगे। पर राजेन्द्र सारी स्थिति से एकदम तटस्थ शाम को चार बजे के क़रीब हमेशा की तरह तैयार होकर काफ़ी-हाउस जाने लगे तो मैंने ही जैसे-तैसे कहा कि मुझे डॉक्टर को तो दिखा दीजिए। मेरे अनुरोध पर ये ख़ुद तो नहीं रुके, बस नौकर को आदेश देकर चले गए कि वह पास की डिस्पेन्सरी से डॉक्टर को बुला लाए। नौकर गया तो डॉक्टर तो नहीं, कम्पाउंडर साथ चला आया। उसने मुझे अच्छी तरह देखा और कहा कि इसके लिए तो आपको बहुत करके पेनिसिलिन का इंजेक्शन ही लेना होगा और वह तो मैं आपको डॉक्टर की उपस्थिति में ही दे सकता हूँ। इसके लिए आपको ख़ुद डिस्पेन्सरी तक आना होगा। अकेले वहाँ तक जाने की न मेरी हिम्मत थी न हालत। निराश-हताश मैं राजेन्द्र की प्रतीक्षा करने लगी कि किसी तरह ये नौ बजे के पहले आ जाएँ तो डॉक्टर के निकलने के पहले मैं वहाँ चली जाऊँगी। संयोग से कोई आठ, साढ़े आठ बजे प्रतिभा बहिन जी और नारायण साहब मुझे देखने आ गए। सारी स्थिति जानकर उन्होंने पकड़कर तुरन्त मुझे नीचे उतारा—गाड़ी में डाला और डॉक्टर के यहाँ से इन्जेक्शन लगवाकर लाए। पर वे गए नहीं और इन्तज़ार करते रहे राजेन्द्र का। नारायण साहब का चेहरा ही उनके क्रोध को प्रकट कर रहा था। करीब साढ़े दस बजे राजेन्द्र आए तो उन्होंने बड़े व्यंग्य से कहा, 'कहिए, कहाँ से तफ़रीह करके लौट रहे हैं ?'

उनके व्यंग्य की तरफ़ ध्यान दिए बिना, राजेन्द्र अपनी ही रौ में बताने लगे (स्वर में खीज का काफ़ी पुट था)।

'अरे, आज भाभीजी (ठाकौर साहब की पत्नी) का जन्मदिन था सो मैं कॉफ़ी-हाउस से उठकर सीधा उन्हें विश करने चला गया। वहाँ जाकर देखा कि चन्दर तो उन लोगों को डिनर पर ले गया है...और वे चले भी गए ! जबकि वे

अच्छी तरह जानते हैं कि मैं चाहे कहीं भी होऊँ...उनकी सालगिरह पर ज़रूर उनके पास जाता हूँ...बस इन्हें तो कोई भी खाना खिलाने या मौज कराने ले जाए ये फिर...'

ग़ुस्से में राजेन्द्र ने वाक्य अधूरा ही छोड़ दिया। (उनके ग़ुस्से का कारण ही यही था और इसे लेकर राजेन्द्र और ठाकौर साहब में कुछ तल्ख़ से पत्रों का आदान-प्रदान भी हुआ था।) एकाएक इन लोगों का ख़याल आते ही पूछा–

'आप लोगों को आए क्या बहुत देर हुई ? असल में मैं कुछ देर तक उनके लौटने का इन्तज़ार करता रहा पर जब वे लोग दस बजे तक भी नहीं आए तो लौट आया !' उसके बाद तो नारायण साहब ने ऐसा फटकारा कि बस।

उस रात शरीर से कहीं अधिक मन की तकलीफ़ से मैं छटपटाती रही। इसी तरह बच्ची होने में कुल दो माह रह गए थे, तब भी ये मुझे सुशीला के यहाँ छोड़कर रानीखेत चले गए। बच्चे के जन्म से सम्बन्धित व्यवस्था ये नहीं कर सकते थे–मैं उसकी अपेक्षा भी नहीं करती थी, लेकिन पहले बच्चे को लेकर एक उत्साह, एक अपनत्व-भरे सरोकार की अपेक्षा तो मैं करती ही थी, लेकिन बच्चे के जन्म को ये मेरा काम और सुशीला की ज़िम्मेदारी समझकर मात्र तटस्थ ही नहीं रहे, बल्कि इस सबसे उदासीन भी रहे। मेरी डिलीवरी में कुछ परेशानी हो रही थी सो सारे भाई-बहिन परेशान। आख़िर रात आठ बजे डॉक्टर ने एक इंजेक्शन दिया कि यदि इसके चार घंटे बाद भी बच्चा पैदा नहीं होता तो फिर सवेरे ऑपरेशन करके बच्चा निकाला जाएगा। उन दिनों ऑपरेशन आज की तरह आम बात नहीं थी सो वे चार घंटे मेरे परिवारवालों ने बरामदे में चक्कर लगा-लगाकर ही काटे। लेकिन राजेन्द्र इस सारी स्थिति से एकदम तटस्थ वहीं पड़ी एक बैंच पर खर्राटे भरते रहे। रात ठीक बारह बजकर छह मिनट पर टिंकू ने सहज-सामान्य ढंग से जन्म ले लिया तो चैन की साँस लेकर सुशीला ने कन्धा झकझोरकर इन्हें भी उठाया–'अरे बेटी के बाप बन गए हो, अब तो उठो।' (ये सारी बातें बाद में सुशीला ने ही मुझे बताई थीं...आरोप के रूप में नहीं, बल्कि हँस-हँसकर मज़ाक़िया लहजे में) मेरा बड़ा मन करता था कि कभी तो राजेन्द्र मेरे पास अकेले में आकर बैठें...बच्ची को देखें, पर नहीं, ये तो मिलने के निर्धारित समय पर भीड़ के साथ आते थे और भीड़ के साथ ही लौट भी जाते थे। हो सकता है कि यह तटस्थता...यह उदासीनता भी इनके

तथाकथित 'आधुनिक-जीवन' के पैटर्न का हिस्सा ही हो। जो भी हो; मेरे लिए तो यह सारी स्थिति केवल अकल्पनीय ही नहीं, बेहद-बेहद तकलीफ़देह भी थी।

बहरहाल मैं न तो आधुनिक ज़िन्दगी के इस पैटर्न से सहमत हो सकती थी, न ही इस बँटवारे से। इनके अधिकार-क्षेत्र में हस्तक्षेप तो मैं चाहकर भी नहीं कर पाती थी पर उसमें झाँकने की हर चेष्टा ज़रूर करती थी जो उन्हें नागवार गुज़रती थी। प्रतिरोध का तो मेरे पास एक ही हथियार था—मेरी ज़ुबान और आज इसे क़बूल करने में मुझे कोई संकोच भी नहीं कि उसमें छुरी-काँटे उग आए थे। मैं गुस्से में भरकर कहनी-अनकहनी सब सुनाती थी, जिसे बिना प्रतिवाद किए राजेन्द्र चुपचाप सुनते रहते थे। हो सकता है, उस समय वे अपने को एक ऐसे कवच में ढक लेते हों जिसके परे न मेरा क्रोध पहुँचता था, न मेरी कहनी-अनकहनी बातें। यह भी सम्भव है कि सारे पैनेपन के बावजूद मेरी बातों की सच्चाई को वे भी महसूस करते हों, वैसे इसकी सम्भावना कम ही है क्योंकि अपने पक्ष—सही या ग़लत—पर अड़े रहने का दुराग्रह-भरा हठ राजेन्द्र में तब से लेकर आज तक बराबर देखा जा सकता है—फिर वे चाहे विचार हों, आचरण हो या ज़िन्दगी का पैटर्न।

तब बार-बार मन में यही उठता था कि क्यों नहीं मैं ही इन समानान्तर ज़िन्दगियों की छतें भी समानान्तर करके पहलेवाली ज़िन्दगी में लौट जाऊँ ? पर अपने प्रति हज़ार-हज़ार धिक्कार उठने के बावजूद मैं ऐसा कोई निर्णय नहीं ले पाई। क्या मेरी जिन रगों में एक समय ख़ून की जगह लावा बहा करता था, अब पानी बहने लगा है ? या कि दो वर्ष की मित्रता में मैं राजेन्द्र से इतने गहरे तक जुड़ गई थी कि उनको नकार देना मुझे अपने आपको नकार देने जैसा लगने लगा था...या कि पिताजी की इच्छा के विरुद्ध अपनी इच्छा से की हुई इस शादी को मैं किसी भी क़ीमत पर असफल नहीं होने देना चाहती थी—चुनौती ही थी यह मेरे लिए एक तरह से, वरना मेरा उदाहरण दे-देकर शुरू की गई एक सही स्वस्थ परम्परा को ग़लत सिद्ध करने की कोशिश तो की ही जाती। या यह भी हो सकता है कि मुझे उम्मीद थी कि मेरा समर्पण एक न एक दिन राजेन्द्र को ज़रूर बदल देगा और बाद में तो टिंकू भी एक बहुत बड़ा कारण हो गई थी। मैं नहीं जानती कि क्या कारण था...शायद सभी का मिला-जुला रूप रहा होगा, लेकिन आश्चर्य तो इस बात का है कि राजेन्द्र ने भी अलग होने की दिशा में कभी कोई प्रयास

नहीं किया बल्कि एक-दो बार तो कुछ ऐसी घटनाएँ घटीं कि स्थिति मेरी सहन-शक्ति के बाहर हो गई और मैंने अलग होने का निर्णय ले भी लिया तो आँसू भर-भरकर राजेन्द्र ने अपने को ऐसा कातर बना लिया कि मेरा सारा आक्रोश, सारा संकल्प उसी में बह गया। अपनी ओर से तो उन्होंने ऐसा क़दम उठाने का कभी संकेत तक नहीं दिया। इस सारे सन्दर्भ में राजेन्द्र का भी अपना एक पक्ष तो होगा ही...अगर वे कभी लिखें तो जानती हूँ कि मैं ही अपने को कटघरे में खड़ा पाऊँगी, पर वे शायद कभी नहीं लिखेंगे। कथाकार को सीधे-सीधे ये बातें लिखनी भी नहीं चाहिए, उसे तो उनका रचनात्मक उपयोग ही करना चाहिए। पत्नी की लानत-मलामत करके, राजेन्द्र ने अपनी कुछ कहानियों में किया भी है। इस प्रसंग का स्पर्श तक करने के लिए मुझे भी कितने ऊहापोह, जद्दोजहद, द्वन्द्व और आत्मसंघर्ष से गुज़रना पड़ा है, यह मैं ही जानती हूँ और इसी चक्कर में 1992 में शुरू किया यह आत्मकथ्य साल-दर-साल स्थगित होता रहा।

बहरहाल ये सब कचोटें, तकलीफ़ें, तनातनी अपनी जगह चल रहे थे और ज़िन्दगी अपनी जगह—बाहर से सबकुछ सहज-सामान्य दिखाने के प्रयास के साथ। हाँ, लिखने-पढ़ने की इतनी सुविधाओं के बावजूद इन मानसिक तनावों और भावनात्मक झटकों के कारण मैं उनका भरपूर उपयोग नहीं कर पा रही थी क्योंकि थोड़ी-सी निश्चिन्तता, थोड़ा-सा लगाव और सरोकार-भरा सहयोग, थोड़ा-सा तनावमुक्त और बेफिक्री भरा समय तो मुझे भी अपने लिए चाहिए ही था आख़िर ! फिर भी लिखना उन दिनों मेरे लिए बाद के दिनों की तरह कष्टसाध्य नहीं था और कम-से-कम इस दिशा में तो राजेन्द्र ज़रूर प्रोत्साहित करते थे, इसलिए थोड़ा-बहुत लेखन चलता ही रहा, जो भी जैसा भी। और यह लेखन ही था जो सारे संकटों में भी मुझे थामे रहा।

ज्ञानोदय (कलकत्ता) में धारावाहिक रूप से एक प्रयोगात्मक उपन्यास छपा था—*ग्यारह सपनों का देश।* आरम्भ और समापन एक ही लेखक ने किया था। (जहाँ) तक मेरा ख़याल है, भारतीजी ने) बाक़ी नौ अध्याय अलग-अलग शहरों में रहनेवाले नौ लेखकों ने लिखे थे। यह प्रयोग बुरी तरह असफल रहा था। विभिन्न लेखकों में कोई आपसी तालमेल तो था नहीं, इसलिए हर लेखक ने अपने अध्याय में कथानक को मनमाने ढंग से तोड़ा, मरोड़ा, बढ़ाया। ऐसे प्रयोग का जो हश्र होना था, वही हुआ !

अपने इस प्रयोग की असफलता से श्री लक्ष्मीचन्द जी जैन शायद काफ़ी खिन्न थे, पर उनके मन में ऐसा ही एक सफल प्रयोग करने की इच्छा ज़रूर कुलबुला रही थी। बहुत सम्भव है कि इसके चलते ही उनकी नज़र हम दोनों पर टिक गई हो। एक दिन घर आकर बातों ही बातों में जैन साहब ने प्रस्ताव रखा कि क्यों न हमलोग मिलकर इस तरह का एक प्रयोग करें ? साथ रहनेवाले दोनों लेखक यदि कहानी की एक मोटी रूपरेखा पहले ही तय कर लेंगे तो न तो कथानक को मनमाने ढंग से तोड़ने-मरोड़ने की गुंजाइश रहेगी, न ही पात्रों को मनमाने ढंग से बनाने-बदलने की...फिर देखिए कैसा होता है यह प्रयोग ! वे सारी बातचीत में जितने गम्भीर थे उससे कहीं ज़्यादा उत्सुक कि हम इस प्रस्ताव को स्वीकृत कर लें। थोड़ी-सी बातचीत के बाद राजेन्द्र तो तैयार भी हो गए...दुविधा थी तो मेरे मन में। घर में तीसरे प्राणी के आने की सम्भावना के चलते मैं साल भर की यह जिम्मेदारी नहीं ले सकती थी, सो चुप मार गई। उनके जाते ही राजेन्द्र मेरे पीछे पड़ गए। "इस पर तो बस, काम शुरू करते हैं...बहुत दिलचस्प रहेगा यह प्रयोग। इस बहाने कम से कम कुछ लिखना ही शुरू हो जाएगा।" मेरी दुविधा के जवाब में बोले—"अभी तो छह महीने बाकी हैं...हम इस दौरान ही बारह अध्याय लिख डालेंगे, जिससे इस योजना में कोई व्यवधान ही न पड़े।"

राजेन्द्र के इस उत्साह के आगे मैंने भी हथियार डाल दिए और तैयार हो गई। यह आकर्षण तो मेरे मन में भी था ही कि चलो, इस बहाने लिखना शुरू हो जाएगा। अब समस्या आई कि थीम कौन-सी उठाई जाए ? दो दिन तक हम तरह-तरह की थीम्स पर बात करते रहे, पर थोड़ी देर तक बहस करने के बाद ये उसे परे सरका देते। मेरी बताई-सुझाई कहानी राजेन्द्र को पसन्द ही नहीं आती और अपनी ओर से जो थीम सुझाते उसके साथ यह और जोड़ देते कि "यह थीम है तो बहुत अच्छी पर थोड़ी पेचदार है, तुम इसका निर्वाह नहीं कर सकोगी। थीम तो हमें ऐसी ही लेनी चाहिए जिस पर हम दोनों समान रूप से, साधिकार काम कर सकें" और फिर एकाएक जैसे उन्हें कोई बात अचानक क्लिक की हो... उछलकर बोले—"अरे, तुम्हारा वह अधूरा उपन्यास ले लेते हैं। इस बहाने एक अच्छी-ख़ासी थीम का उपयोग भी हो जाएगा और तुम इसे अच्छी तरह सँभाल भी लोगी। मैं इस कहानी को ऐसा नया आयाम दूँगा कि ए-वन उपन्यास बन जाएगा। (आज तो मैं दावे के साथ कह सकती हूँ कि राजेन्द्र के दिमाग़ में ज़रूर यह बात शुरू से ही रही होगी और इसीलिए वे इस प्रस्ताव के लिए एकदम तैयार भी हो गए थे) राजेन्द्र की बात सुनते ही मैं तो एकदम बिफ़र गई, "वाह ! यह मेरा अपना उपन्यास है, इसे मैं क्यों दूँगी ?"

"ठीक है मत दो ! पर इतना जान लो कि ठीक-ठाक करके तुम तो इसे फिर से लिखने से रहीं...बस इस चक्कर में एक अच्छी-ख़ासी थीम ज़रूर बर्बाद हो जाएगी।"

चेहरे पर लिपटी उनकी आक्रोश-भरी आतुरता ! कुछ देर तक मैं उनका चेहरा देखती रही। फिर कुछ सोचकर मैंने अपना विरोध समेट लिया। कौन जाने राजेन्द्र का अनुमान ही सही हो और मैं इसका पुनर्लेखन कर ही न पाऊँ ! मेरी स्वीकृति मिलते ही राजेन्द्र ने अपना अध्याय भी लिखना शुरू कर दिया। यह हम लोगों के बीच तय हुआ था कि उपन्यास की शुरुआत राजेन्द्र करेंगे।

और इस तरह एक जनवरी, 1961 से हम दोनों का सहयोगी उपन्यास *एक इंच मुस्कान* छपना शुरू हुआ। दूसरा अध्याय मेरा छपा और उसके कुछ दिनों बाद शरद देवड़ा (ज्ञानोदय के सम्पादक) कुछ पत्र लेकर आए और बोले—"क्या बताऊँ राजेन्द्रजी, पहले अध्याय पर तो कोई पत्र आए ही नहीं...सिवाय इस प्रयोग को

लेकर, अब देखिए, मन्नूजी के अध्याय पर कितने प्रशंसात्मक पत्र आए हैं," और उन्होंने कुछ पत्र फैला दिए। मैं तो फूलकर कुप्पा...ज़ोर-ज़ोर से पढ़कर राजेन्द्र को भी सुनाए वे पत्र। उनके जाने के बाद राजेन्द्र पर भी खूब रौब गाँठा। अब देवड़ाजी का तो यह स्थायी कार्यक्रम हो गया। वे छाँट-छाँटकर मेरी प्रशंसावाले पत्र लाकर राजेन्द्र के सामने फैला देते...कुछ छाप भी देते। उनकी इस 'शैतानी' पर राजेन्द्र जब कुछ प्रतिवाद करते तो बड़ी गम्भीरता से कहते... "अब आप ही बताइए राजेन्द्रजी, इसमें मैं क्या कर सकता हूँ...मैंने तो इन्हें लिखा नहीं, पाठकों के पत्र हैं ये तो।" तब राजेन्द्र भी उतनी ही गम्भीरता से कहते..."देखो देवड़ा, एक बात अच्छी तरह समझ लो कि मेरे लेखन में गम्भीरता है, गहराई है, चिन्तन है...तुम क्या सोचते हो..." बात बीच में ही कहकर देवड़ा कहते—"देखिए राजेन्द्रजी, सम्पादक हूँ मैं सो मेरा एक ही अनुरोध है आपसे कि आपका यह चिन्तन पाठकों की चिन्ता न बन जाए कहीं।" और फिर तो एक समवेत ठहाके में ही इस वार्तालाप का समापन होता !

इसमें कोई सन्देह नहीं कि यह जानने-समझने के बावजूद कि कई लेखक-मित्रों और सम्पादकों ने राजेन्द्र को छेड़ने का यह एक स्थायी तरीक़ा अपना रखा था...उस समय तो मैं अपनी प्रशंसा में ख़ूब प्रसन्न होती थी।

असली संकट तो था समय से अध्याय पूरे करने का। सोचा तो यह था कि छह महीने में ही बारह अध्याय लिखकर रख देंगे, पर स्थिति यह हुई कि देवड़ा की दी हुई तारीख़ भी निकल जाती और अध्याय अधूरा। देवड़ाजी फ़ोन पर फ़ोन करते, घर का चक्कर लगाते, बाहर निकलने पर जाने कहाँ से प्रकट होकर ऐसे धर-दबोचते कि उन दिनों हमने उनका नाम ही रख छोड़ा था—पठान ! सचमुच एक पठान की तरह ही वह हमसे अपने अध्याय वसूलते थे।

बच्चा आगमन से पहले ही बारह अध्याय लिखने का संकल्प जो ध्वस्त हुआ तो अब इस क्रम को तो बीच में टूटना ही था...सो टूट गया। उस महीने मेरा अध्याय जाना था पर बच्ची के जन्म के कारण पूरे पृष्ठ पर बधाई के साथ यह सूचना छपी कि एक नई रचना के जनम के कारण इस बार मन्नूजी की रचना नहीं जा रही है। अपने आप ही बच्ची का नामकरण भी हो गया—रचना !

वैसे तो ये सारी बातें उपन्यास की भूमिका में सविस्तार लिखी हुई हैं, पर 45

साल पहले छपे उपन्यास की बातें किसे याद होंगी, और फिर इस उपन्यास का प्रसंग आया तो लिखना ज़रूरी लगा। साथ ही यह भी...कहना है कि राजेन्द्र और मेरी भाषा-शैली, नज़रिया और स्तर सब कुछ बिलकुल भिन्न होने के बावजूद यह प्रयोग काफ़ी सफल रहा और 45 साल बाद भी इसकी रॉयल्टी के चेक बताते हैं कि आज तक इसकी बिक्री ठीक-ठाक हो रही है।

बच्ची के जन्म से बढ़ी ज़िम्मेदारियों ने, जिसका सारा बोझ भी मुझ पर आ पड़ा था, पहले बच्चे के जन्म की सारी ख़ुशियों को ही सोख लिया। तभी रानी बिड़ला कॉलेज नया-नया खुला था और उन्होंने बहुत आग्रह करके मुझे हिन्दी पढ़ाने के लिए बुलाया। मिस बोस और बालीगंज शिक्षा सदन को छोड़ना...कैसे भावनात्मक उद्वेलन से गुज़री थी मैं ! फिर भी गई क्योंकि परिस्थितियों के दबाव ने मुझे मजबूर कर दिया था। बाद में वहाँ का तीन साल का अनुभव ही मिरांडा हाउस की नियुक्ति में बहुत बड़ा आधार सिद्ध हुआ। लेकिन वे दिन ! नौ साल तक स्कूल में पढ़ाने के बाद कॉलेज में पढ़ाना...मुझे ठीक उसी तरह तैयारी करनी पड़ती थी, जैसे एम.ए. करने के समय किया करती थी। पर उससे भी बड़ा संकट था कि आया जब-तब नागा कर जाती तो समझ ही नहीं आता था कि दो महीने की बच्ची का मैं क्या करूँ ? उसे देखना न राजेन्द्र के बस का काम था और न ही वे उसके लिए तैयार थे, क्योंकि उनके मन की असली गाँठ तो यह थी कि मेरे कॉलेज जाने के पीछे अगर उन्होंने बच्ची को देखा तो वे उसकी आया बनकर रह जाएँगे और उनका अहं उन्हें इस बात की अनुमति नहीं देता था। हर बार की तरह आख़िर इस संकट से भी सुशीला ने ही उबारा, पर परिणाम यह हुआ कि तीन साल तक दोनों घरों के बीच लगातार बच्ची की शंटिंग होती रही।

अजीब संकट के दिन थे। पर सबसे बड़ा संकट था राजेन्द्र के व्यक्तित्व में अपने अहं की अतिरिक्त चेतना के कारण उभर आई उन गाँठों का, जिसने जीवन की सहज गति को छेंककर रख दिया था। कब किस बात से वे आहत हो जाएँगे, पता ही नहीं चलता। हँसी-मज़ाक़ में मेरी या दूसरों की कही गई साधारण-सी बातें भी जब-तब उन्हें अपने आत्मसम्मान पर चोट करती-सी लगतीं और बात बहुत

सोच-समझकर बोलना न मेरा स्वभाव था, न आदत। आज भी नहीं है। अपना गुस्सा या तकलीफ़ बोलकर व्यक्त करते तो वे भी हल्के होते और मेरे लिए भी स्थिति सहज होती लेकिन राजेन्द्र तो एकदम गुम्म ! हाँ, उनका चेहरा और उससे भी ज़्यादा उनका आचरण ज़रूर सब कुछ व्यक्त कर देता और मैं गुमसुम रहनेवाले इस राजेन्द्र यादव में शादी के पहलेवाले राजेन्द्र को ढूँढ़ती रहती। आज के हँसते-खिलखिलाते राजेन्द्र को देखकर कोई विश्वास कर सकेगा कि इनकी ज़िन्दगी में ऐसे दौर भी गुज़रे हैं ? अन्तरंग परिचय से बिलकुल अपरिचय की दुनिया में लौट जाने की यह तकलीफ़ मेरे लिए बिलकुल असह्य हो उठी थी। सामन्ती संस्कारों से ओत-प्रोत इस पौरुषीय अहं की कचोट मैं समझती नहीं होऊँ, यह बात नहीं थी, पर उसका निराकरण मेरे पास नहीं, राजेन्द्र के अपने पास था। लेकिन उस दिशा में उन्होंने कभी कोई क़दम नहीं बढ़ाया और मैं उन्हें मजबूर करना तो क्या, किसी तरह का दबाव भी नहीं डालना चाहती थी। वरना ज़िन्दगी शुरू करने से पहले ही जब मैं कलकत्ता से और राजेन्द्र दिल्ली से इलाहाबाद आए थे अश्कजी के बड़े बेटे की शादी में तो एक अवसर तो थाली में परोसकर उसी समय इनके सामने आया भी था ! सुमित्रानन्दन पन्त ने इनके पास मौखिक प्रस्ताव भिजवाया था कि उस साल रेडियो में कुछ नियुक्तियाँ होनी थीं और यदि राजेन्द्र इसके लिए अपनी स्वीकृति देंगे तो उन्हें अच्छा लगेगा। अश्कजी, राकेशजी सभी ने सलाह दी कि राजेन्द्र को यह काम ले लेना चाहिए क्योंकि गृहस्थी चलाने के लिए एक नियमित आय होना ज़रूरी है। कलकत्ता आकर इसी सिलसिले में इन्हें शायद पन्तजी का एक व्यक्तिगत पत्र भी मिला था, पर अड़चन थी तो केवल इतनी कि इन नियुक्तियों के लिए एक लिखित परीक्षा देनी होती थी। उसके लिए भी पन्तजी ने इलाहाबाद में ही कह दिया था कि बस, हॉल में आपकी उपस्थिति लग जाए...बाक़ी कॉपियाँ तो मेरे पास ही आएँगी और परीक्षा भी आपको कलकत्ता में ही देनी होगी। लेकिन राजेन्द्र को इस उम्र में...साहित्य के क्षेत्र में अपना एक महत्त्वपूर्ण स्थान बना लेने के बाद यों छात्रों की तरह परीक्षा देना बेहद-बेहद नागवार गुज़र रहा था। फिर भी परीक्षा के दिन वे सवेरे-सवेरे तैयार हुए। मैं स्कूल जाने लगी तो देखा कि बेहद अनमने...बेहद खिन्न मन से कुर्सी पर बैठे हैं। पता नहीं किस ऊहापोह की स्थिति से उस समय गुज़र रहे होंगे। न इन्होंने मुझसे कुछ

कहा और न मैंने और मैं चुपचाप स्कूल के लिए निकल गई। पर पता नहीं क्यों मुझे लग गया था कि अन्ततः ये नहीं जाएँगे और मेरा अनुमान ठीक ही निकला। मुझे इनके नौकरी न करने से न कोई शिकायत थी...न तकलीफ़। तकलीफ़ थी तो केवल इस बात से कि जब आप नौकरी कर ही नहीं सकते...करना ही नहीं चाहते तो कम-से-कम फिर मेरे नौकरी करने और घर चलाने पर इतनी-इतनी कुंठाएँ पालकर मेरा और अपना जीवन तो इतना असहज और तकलीफ़देह मत बनाइए। पर अपने अहं और सामन्ती संस्कारों से लाचार राजेन्द्र करें भी तो क्या करें ? बस, मैं ही अपनी दुखती रगों और ख़ाली कोनों को अपने लेखन से पूरा करने की कोशिश करती रहती थी। पर सहज-साध्य होने के बावजूद लिखना भी छुट-पुट कहानियों के अतिरिक्त कुछ विशेष तो हो ही नहीं पा रहा था। लेकिन हर कहानी के छपने पर पाठकों की जैसी प्रशंसात्मक प्रतिक्रियाएँ मिलतीं, मेरी हौसला-अफ़जाई के लिए वही काफ़ी था।

भैरवप्रसाद गुप्त ने राजकमल से निकलनेवाली पत्रिका *नई कहानियाँ* की सम्पादकी छोड़ दी। ओमप्रकाश जी का (राजकमल तब ओमप्रकाश जी के पास था) एक पत्र मुझे मिला जिसका भाव यह था कि जब तक उन्हें कोई योग्य और सक्षम सम्पादक नहीं मिल जाता तब तक वे दो-तीन अंक अतिथि सम्पादक से सम्पादित करवाएँगे और उनका अनुरोध था कि पहले अंक का सम्पादन मैं करूँ।

हस्बमामूल पहली प्रतिक्रिया—नहीं-नहीं, सम्पादन मैं कैसे करूँगी...सम्पादन मुझसे नहीं होगा...और राजेन्द्र की फटकार—"बिना सोचे ही हाथ झटक देना...रखा क्या है सम्पादन में ? सब कहानीकारों को कहानी भेजने के लिए पत्र लिखो, रिमाइंडर भेजो, कहानियाँ आने पर...छोटा-सा सम्पादकीय लिख दो।" और मुझे लगा कि अरे, बहुत आसान काम है यह तो...पत्र ही तो लिखने हैं लेखकों को। और फिर वही आत्मधिक्कार में लिपटा आत्ममंथन ! कैसे इस आत्मविश्वास-हीनता से मुक्ति पाऊँ...कहाँ जड़ें जमी बैठी हैं इसकी...क्यों नहीं उखाड़ फेंक पाती मैं इन्हें ? फिर हर बार की तरह भविष्य में झूठा पड़ जानेवाला यह खोखला संकल्प—नहीं अब कभी किसी काम के लिए मना नहीं करूँगी...जब-जब जो-जो किया, उसमें सफलता ही तो मिली...नाम ही तो मिला...फिर ?

मन से नकार झटकारा...पत्र लिखे और जब आधे से अधिक लोगों ने कहानियाँ और कुछ ने आश्वासन के पत्र भेजे तो लगा यह मेरे पत्र की स्वीकृति नहीं...मेरी स्वीकृति थी...मेरा मान रखा गया था और मन एक संवेगपूर्ण आह्लाद से भर गया। मुझे आज भी याद है कि उस अंक में सभी कहानियाँ काफ़ी अच्छे स्तर की थीं। अपनी औक़ात के हिसाब से मैंने एक छोटा-मोटा सम्पादकीय भी लिख दिया...जो शायद ठीक-ठाक ही बन गया था। हाँ, पांडुलिपि तैयार करते समय राजेन्द्र ने एक सुझाव ज़रूर दिया कि क्रम तय करते समय लेखकों के नाम अकार से रख देना। सुझाव मुझे भी ठीक ही लगा और स्वाभाविक भी, सो मैंने यह जानने

की कोशिश भी नहीं की कि इस सुझाव के पीछे उनका एक विशेष प्रयोजन था।

पांडुलिपि भेजी...ओमप्रकाश जी की प्रशंसात्मक प्रतिक्रिया मिली तो मैं निश्चिन्त, और फिर प्रतीक्षारत कि छपने पर सबकी कैसी प्रतिक्रिया मिलती है ? पत्रिका के निकलने की तारीख़ आई पर पत्रिका नहीं निकली...मैं हैरान-परेशान ! मैंने तो सामग्री समय से बहुत पहले ही भेज दी थी, फिर ? दो-तीन दिन बाद ही पूजा की छुट्टियों में हम लोग दिल्ली गए और मैं देरी की कैफ़ियत तलब करने सीधी राजकमल के ऑफ़िस। मुझे देखते ही ओम जी ने दोनों हथेलियों में माथा थाम लिया और बोले—"क्या बताऊँ, कवर फिर से छापना पड़ रहा है।" "क्यों, कुछ ग़लत हो गया था ?" मेरे चेहरे पर पुत आए प्रश्नवाचक को दूर करते हुए उन्होंने बताया कि अंक देखते ही राकेश भड़क गया कि अन्दर मन्नू ने चाहे मेरा नाम बीच में कर दिया पर कवर के ऊपर मेरा नाम पहला होगा...इसीलिए कवर फिर से छपवाइए। कमलेश्वरजी ने *संडे मेल* में छपनेवाले अपने संस्मरणों के स्तम्भ 'आधारशिला' में इस सारे प्रसंग में राकेशजी के साथ राजेन्द्र का नाम भी लपेटते हुए इसे बिलकुल ग़लत ढंग से प्रस्तुत किया है। राजेन्द्र के मन में अपने नाम को लेकर ऐसा आग्रह होता तो लेखकों का क्रम अकार से रखने का सुझाव ही क्यों देते ? क्योंकि इससे तो उनका नाम सबसे पीछे चला गया था। मैं नहीं जानती, राजेन्द्र का नाम लपेटने के मूल में कमलेश्वरजी का अपना कोई द्वेष था या राकेशजी की इस दम्भ-भरी हरक़त को तर्कसंगत ठहराने का झूठ में सना एक थोथा प्रयास !

राकेशजी और ओमप्रकाश के सम्बन्ध शायद लेखक-प्रकाशक के सम्बन्धों से कहीं अधिक थे। इसीलिए वे ऐसा आग्रह कर सकते थे, पर इस सारी बात की मुझ पर क्या प्रतिक्रिया हुई ?—वितृष्णा भरा आश्चर्य, गुस्सा, दुख...नहीं बता सकूँगी, पर यह बात मुझे ज़रूर झकझोरती रही कि लेखक तो मूल्यों की वकालत करता है। स्वाभिमान की सुरक्षा करनेवाले अहं की बात तो समझ में आती है पर स्वयं अपने को श्रेष्ठ घोषित करने के इस अहंकार को क्या कहा जाएगा ? नाम पहले होने से क्या कहानी भी पहले नम्बर की हो जाएगी या कहानी के क्षेत्र में आप पहले नम्बर के हो जाएँगे ? यह भी एक विचित्र संयोग ही था कि राजेन्द्र की 'टूटना' कहानी उस अंक की ही नहीं बल्कि मेरे हिसाब से तो राजेन्द्र की

सर्वश्रेष्ठ कहानी है। अब सबसे अन्त में छपने से क्या वह सबसे निकृष्ट कहानी हो जाती ? राजेन्द्र के सुझाव का अर्थ भी अब मेरी समझ में आया वरना कलकत्ता में लेखकों की दुनिया से दूर रहने के कारण मेरे मोटे भेजे में तो यही समाया हुआ था कि लेखक की रचनाएँ ही उसका स्थान तय करती हैं...नाम पहले छपवाने का दुराग्रह भरा हठ नहीं। और फिर रचना का क्षेत्र कोई रेसकोर्स तो है नहीं जहाँ घुड़दौड़ या बच्चों की दौड़ होती हो और पहला, दूसरा, तीसरा स्थान तय होता हो। रचना के क्षेत्र में तो पाठक-आलोचक अपनी-अपनी रुचि और अपने-अपने मानदंड के हिसाब से लेखकों की कोटियाँ बनाते रहते हैं...बदलते रहते हैं। ख़ैर, इस तरह की बातें मुझे कलकत्ता में ही परेशान करती रहती थीं—दिल्ली आकर तो वो-वो जलवे देखे कि लेखकों की महानता के मेरे सारे भ्रम टूट गए।

छुट्टियाँ समाप्त कर हम कलकत्ता लौटे और तभी हुआ चीनी आक्रमण। आज़ादी के बाद देश पर आया पहला संकट। आक्रमण भी उनकी ओर से जिनके साथ भाईचारे के नारे कुछ समय पहले ही तो कलकत्ता की सड़कों पर गूँजते रहते थे। कुछ ही साल पहले चाऊ एन. लाई भारत आए थे...कैसा भव्य स्वागत हुआ था उनका कलकत्ता में...वे सारे दृश्य मुझे आज भी याद हैं और फिर हिन्दी-चीनी भाई-भाई की घोषणाएँ हुई थीं—सो आघात दुहरा था। जो भी हो, संकट के इस समय में सारा देश एकजुट हो गया था। जिससे जो बन पड़ रहा था, दे रहा था...जिससे जो बन पड़ रहा था, कर रहा था। औरतों की एक मीटिंग में बड़ी बहिन सुशीला ने अपनी चारों सोने की चूड़ियाँ उतारकर दे दीं। घर आने पर जीजाजी ने बड़े सहज भाव से ऐसे ही कह दिया कि अरे, एक दे देतीं, चारों देने की क्या ज़रूरत थी ? इतना भर सुनना था कि उसने कान, गले की चीज़ें भी उतारीं और पटकते हुए बोली—“क़सम है जो आज के बाद कभी सोने को हाथ भी लगाऊँ।” और सच है उसके बाद उसने सोना कभी छुआ तक नहीं। रोज़ कमाकर रोज़ खानेवाले हाथ-रिक्शावालों ने अपनी पूरे दिन की कमाई फंड में दे दी थी तो बच्चों ने अपना जेबख़र्च ! ये ख़बरें अख़बारों में छपतीं तो मन अपने देशवासियों पर निहाल हो-हो जाता। महिलाएँ रात-दिन जवानों के लिए स्वेटर बुनती रहतीं।

ऐसे में राजेन्द्र का विवादी स्वर...देश के उस माहौल से बिलकुल तटस्थ...अनछुए से बर्ट्रेंड रसल की किसी एक किताब का हवाला दे-देकर कहते कि चीन का क्लेम बिलकुल सही है। चीन की पक्षधरता पर उस समय मेरे आग लग जाती...भभककर मैं जाने क्या-क्या कहती। सन्तई मुद्रा में ये इतना ही कहते–"तुम कुछ समझती तो हो नहीं।" हो सकता है कि मैं नहीं ही समझती होऊँ...और राजेन्द्र के नज़रिए से तो मैं समझना भी नहीं चाहती थी। वामपंथियों का शायद यही स्टैंड रहा था...पर इस बार सन् 42 की तरह मुखर नहीं था उनका विरोध। जो भी हो, मुझे लगता राजेन्द्र के साथ निजी जीवन की दूरी अब विचारों में भी फैलती जा रही है। यह सच है कि मैं किसी पंथ से न तब जुड़ी थी, न बाद में...मेरा जुड़ाव अगर रहा है तो अपने देश से...चारों ओर फैली-बिखरी ज़िन्दगी से जिसे मैंने नंगी आँखों से ही देखा है, बिना किसी वाद का चश्मा लगाए और मेरी रचनाएँ इस बात का प्रमाण हैं।

1963 में राकेशजी *सारिका* की सम्पादकी छोड़कर अपने एक मित्र के पास जमशेदपुर गए थे और वहीं से दो-तीन दिन के लिए कलकत्ता आए थे। मेरी अनुपस्थिति में उन्होंने राजेन्द्र को *सारिका* छोड़ने के बारे में 'अपने नज़रिए' से बहुत कुछ बताया भी था शायद। वे अब दिल्ली जाकर बसनेवाले थे और उनका आग्रह था कि हम लोगों को भी अब जल्दी-से-जल्दी दिल्ली पहुँच जाना चाहिए। हिन्दी की साहित्यिक गतिविधियों के लिए तो वैसे भी कलकत्ता में कोई भविष्य नहीं है। राकेशजी के जाने के बाद कुंथा जी और जैन साहब श्रीमती रमा जैन का आग्रह लेकर दो दिन तक राजेन्द्र का घेराव करते रहे—बड़े भाई की हैसियत से अपनी ओर से भी बहुत समझाया कि अब राजेन्द्र को बम्बई जाकर *सारिका* सँभाल लेनी चाहिए। ज़िन्दगी में पहली और अन्तिम बार जीजाजी ने भी समझाया—बच्ची के साथ मेरे नौकरी करने के संकट (जिसका बहुत-सा हिस्सा उन्हें भी झेलना पड़ता था) का हवाला देते हुए आग्रह किया कि राजेन्द्र को यह काम ले लेना चाहिए—उनकी रुचि का ही तो काम है। सिर्फ़ मैं जानती थी कि जो काम राकेशजी छोड़कर आए हैं उसे राजेन्द्र कभी नहीं सँभालेंगे। राकेशजी की 'अगुवाई' चाहे राजेन्द्र ने कभी स्वीकार न की हो, कर भी नहीं सकते थे लेकिन यह तो सच है और आज तो मुझे इस बात को उजागर करने में भी कोई संकोच नहीं कि उस ज़माने में राकेशजी राजेन्द्र का बहुत बड़ा कॉम्पलेक्स थे। जो राजेन्द्र उस समय अश्कजी की इस बात का उल्लेख करने मात्र से बुरी तरह भन्ना जाते थे वही राजेन्द्र आज सफलता, यश, सम्मान, प्रतिष्ठा के शीर्ष पर बैठकर किस सहजता से स्वीकार कर लेते हैं कि "हाँ, वह था—राकेश का कॉम्पलेक्स अज्ञेय थे और मेरा राकेश।" योग्यता, प्रतिभा, क्षमता के बावजूद, हाशिए में पड़ा (कुछ समय के लिए ही सही) आदमी सारे प्रयत्न करके भी पिछड़ जाने के दंश से उपजी अपनी जिन गाँठों को नहीं खोल पाता, सफलता का स्पर्श कैसे अनायास ही उन्हें खोलता चलता

है...केवल खोलता ही नहीं चलता अपनी उन कुंठाओं के स्वीकार का वह साहस, वह सहजता भी देता है जो सामान्य स्थिति में सम्भव ही नहीं। बहरहाल एक ओर सबका आग्रह था, आर्थिक परिस्थितियों का दबाव था और दूसरी ओर अहं से उपजा राजेन्द्र का अपना संकट, जिसे मैं अच्छी तरह जानती-समझती थी और इसीलिए आग्रह करना तो दूर उन्हें आश्वस्त करते हुए यही कहा था कि "निकाल फेंकिए इस नौकरी की बात को दिमाग़ से दूर, जैसे-तैसे चल ही तो रही है ज़िन्दगी।" पता नहीं, मेरी इस आश्वस्ति को उन्होंने कभी अपने मन में दर्ज भी किया या नहीं।

राकेशजी और कमलेश्वरजी अब दिल्ली से बराबर दबाव बनाए हुए थे कि जैसे भी हो हमें अब जल्दी-से-जल्दी दिल्ली पहुँच जाना चाहिए। आगरा में बाई (सास) की मृत्यु के बाद भी दिल्ली रहना ज़रूरी हो गया था। राजेन्द्र तो शुरू से ही दिल्ली जाने के पक्ष में थे। बस, मुझे ही दिल्ली जाने के नाम से दहशत होती थी। कैसे बिना सुशीला और अपने कलकतिया मित्रों के वहाँ ज़िन्दगी चलेगी ? लेकिन परिस्थितियों के दबाव और मिरांडा हाउस में नियुक्ति हो जाने के बाद (राजेन्द्र तो नौकरी कर नहीं सकते थे...वह तो मुझे ही करनी थी चाहे कलकत्ता हो, चाहे दिल्ली) हमें भी दिल्ली जाने का निर्णय लेना ही पड़ा। अपने फ़्लैट के मालिक से बात करके उसे मैंने अपनी एक मित्र को दिलवा दिया—फ़र्नीचर भी उन्होंने ही ख़रीद लिया सो किताबें, कपड़े और बरतन-भाँडे बाँधकर रवाना होने के दो दिन पहले हम लोग सुशीला के यहाँ शिफ़्ट हो गए, मित्रों के यहाँ विदाई की दावतें खाने के लिए। लेकिन दूसरे दिन ही वज्रपात की तरह नेहरू जी की मृत्यु का समाचार मिला और सारा कलकत्ता शोकग्रस्त होकर जैसे आँसुओं में डूब गया। हम लोग सारे दिन रेडियो से चिपके डिमैलो की कमेन्ट्री सुनते रहे और रोते रहे। उसकी कमेन्ट्री क्या थी जैसे दृश्य आँखों के आगे साकार होते चलते थे। उस दिन घर में न खाना बना, न किसी की खाने की इच्छा हुई। शाम को श्यामानन्द जालान का फ़ोन आया तो राजेन्द्र उठे और चले गए...वे तब तक शायद काफ़ी ऊब चुके थे। रात क़रीब दस बजे घंटी बजी तो मैं ही दरवाज़ा खोलने गई—सामने राजेन्द्र खड़े थे और उनके मुँह से बुरी तरह शराब की बदबू आ रही थी। आज की तरह उन दिनों शराब ज़िन्दगी का अभिन्न हिस्सा नहीं बनी हुई थी कि खाने के साथ

शराब—खुशी का मौक़ा हो तो शराब—ग़म ग़लत करना हो तो शराब। अपवाद की तरह ही इक्का-दुक्का कोई टी-टोटलर मिलता होगा आज तो। पर उन दिनों तो छठे-छमासे कोई ख़ुशी का मौक़ा हुआ तो दोस्त लोग मिल-बैठकर पी लेते थे। पीकर राजेन्द्र आए थे पर चढ़ वह मेरे दिमाग़ में गई। गुस्से का घूँट पीकर कहा तो मैंने केवल इतना ही—"पीकर आए हैं ? बहुत ख़ुशी का मौक़ा है न जो जश्न मनाकर आ रहे हैं।" दुख, गुस्सा या नफ़रत क्या था मेरी आवाज़ में, नहीं जानती, पर एक प्रश्न ज़रूर हथौड़े की तरह चोट कर रहा था—क्या हो गया है राजेन्द्र की संवेदना को...क्या अब इन्हें कोई दुख नहीं व्यापता ? लाख वैचारिक मतभेद हों नेहरूजी से...बहुतों के थे लेकिन उनकी मृत्यु के दुख से अछूता रह सका था कोई ?

पर नहीं, दुख व्यापा था, केवल दुख ही नहीं अपने को लेकर शायद एक गहरी वितृष्णा भी जागी थी जिसके चलते ही कुछ समय बाद राजेन्द्र ने एक अच्छी कहानी लिखी थी—'मरनेवाले का नाम'।

कुछ दिन आगरा रहकर 1964 जून में हम लोग दिल्ली आए, जुलाई में मकान मिला और कॉलेज शुरू करने के एक महीने बाद ही मुझे बच्ची को सुशीला के पास कलकत्ता भेज देना पड़ा। स्कूल में उसका नाम तो रजिस्टर करवा दिया पर एडमिशन चार वर्ष पूरे होने पर ही हो सकता था और वह तीन साल की ही थी। कलकत्ते की तरह यहाँ आया का जुगाड़ ही नहीं हो सका था। यों एक नौकर तो था...उसे अकेले खेलते रहने की आदत भी थी और वह खेलती भी रहती थी। फिर भी राजेन्द्र को लगता था कि उसकी उपस्थिति मात्र से उनके काम में व्यवधान पड़ता है। सच पूछा जाए तो व्यवधान तो किसी तरह का नहीं पड़ता था और अब तो वह बड़ी भी हो गई थी, उसका ऐसा कोई काम भी नहीं होता था, जो राजेन्द्र को करना पड़ता...पर इनकी तो वही कुंठा ! मैं नौकरी करने जाऊँगी और वे बच्ची को लेकर घर में रहेंगे तो उनके लेखक-मित्र यही तो समझेंगे कि ये तो बच्ची की आयागिरी कर रहे हैं, जो इन्हें किसी भी...किसी भी सूरत में बर्दाश्त नहीं था। कई बार मन होता कि पूछूँ कि माँ अगर बच्चे को रखे तो माँ और अगर बाप बच्चे को रखे तो वह बाप न होकर आया कैसे हो गया ? पर जानती थी कि इनसे कुछ भी कहना, सुनना, पूछना अब बेकार है। बस, इन्हें इस स्थिति से उबारने का मेरे पास एक ही रास्ता था कि मैं इसे वापस कलकत्ता भेज दूँ। सो तीन साल की उस

नन्ही-सी जान को मैंने वापस कलकत्ता भेज दिया और वह चुपचाप चली भी गई। सुशीला के देवर श्री रवि भंडारी, जो बच्चों को बहुत प्यार करते थे और इसीलिए वे भी बच्चों के प्रिय रवि काका थे, सो टिंकू भी कलकत्ता जाने के उत्साह में उनकी गोद में चढ़ गई। पर एयरपोर्ट में जब हमें छोड़कर उसे अकेले अन्दर जाना पड़ा तो एकदम उसकी आँखें छलछला आईं। अँसुआई आँखों से जैसे ही उसने अपने नन्हे-नन्हे हाथ हिलाकर बाय-बाय किया, राजेन्द्र तो वहीं फूट-फूटकर रो पड़े। प्यार तो बहुत था उससे लेकिन प्यार का एक भार भी होता है, एक दायित्व भी होता है, यह तो राजेन्द्र ने कभी जाना ही नहीं। जो भी हो, अब तो वह जा चुकी थी और इस बार तो वह लम्बे समय के लिए चली गई थी।

जन्म से लेकर चार साल की उम्र तक जिस तरह टिंकू की शंटिंग मेरे और सुशीला के घरों के बीच बराबर होती रही थी—कुछ सालों बाद उसका एक बड़ा ही विचित्र-सा प्रसंग (नहीं जानती कि इसे महत्त्वपूर्ण कहूँ या मनोरंजक लेकिन यह सच है कि एक बार तो इसने मेरे मन को—चाहे थोड़ी देर के लिए ही सही आहत भी ज़रूर किया था) सामने आया। उस समय टिंकू छठी क्लास में पढ़ रही थी। एक दिन इसकी स्कूल-बस नियत समय के एक-डेढ़ घंटे बाद तक नहीं आई तो मैं बेहद परेशान हो उठी। बार-बार स्कूल फ़ोन करती पर छुट्टी हो जाने के बाद ऑफ़िस तो बन्द हो चुका था सो फ़ोन कौन उठाता। घर के पीछे ही इसकी क्लास की एक लड़की रहती थी ऋतु भटनागर...सो मैं वहीं चली गई। आश्चर्य हुआ कि मिसेज़ भटनागर तो न चिन्तित, न परेशान ! बड़े निश्चिन्त भाव से बोलीं—"हो गया होगा कुछ, आ जाएगी...आप क्यों परेशान हो रही हैं इतना ? याद नहीं, अभी कुछ दिन पहले ही स्पोर्ट्स के चक्कर में स्कूल से ही देर से निकले थे बच्चे ?" उनकी निश्चिन्तता देखकर मैं अपनी चिन्ता पर शर्मिन्दगी का बोझ और लाद लाई। क्यों मैं ज़रा-ज़रा-सी बात पर इतनी टेंस हो जाती हूँ...क्यों स्थिति को उसके सहज रूप में नहीं ले पाती। सारी बात को दिमाग़ से परे सरकाने के लिए मैंने एक किताब उठा ली पर मन था कि तरह-तरह की आशंकाओं के इर्द-गिर्द ही चक्कर काटता रहा...केवल आशंकाएँ ही नहीं, उनके काल्पनिक चित्र भी मँडराते रहे आँखों के सामने। जब एक घंटा और बीत गया तब तो मेरे सब्र का बाँध ही टूट गया। मैं फिर मिसेज़ भटनागर के पास चली गई कि यदि उनके पास प्रिंसिपल के घर का नम्बर हो तो उनसे बात की जाए।

अगर कुछ अनहोनी घटी होगी तो उन्हें तो सूचना मिली ही होगी। नम्बर तो नहीं पर इस बार थोड़ी-सी परेशानी के बावजूद वे मुझे सान्त्वना ज़रूर देने लगीं—"अच्छा, अब आप इधर ही बैठिए, बातों में कुछ मन ही बहला रहेगा वरना वहाँ बैठे-बैठे आप चिन्ता करती रहेंगी। और सोचिए, हम कर ही क्या सकते हैं सिवाय इन्तज़ार करने के।" बात तो ठीक थी पर पता नहीं क्यों मैं फिर भी सहज नहीं हो पा रही थी। कुछ देर तक परेशानी में लिपटा मेरा चेहरा देखते रहने के बाद अचानक उन्होंने एक ऐसा प्रश्न पूछा कि मैं तो हतप्रभ !

"एक बात बताइए मिसेज़ भंडारी। आप तो रचना की इतनी चिन्ता कर रही हैं...इतनी परेशान हो रही हैं उसे लेकर...पर जब रचना कह देती है कि 'ये मेरी असली ममी नहीं हैं...मेरी असली ममी तो कलकत्ता रहती हैं' तो आपको बुरा तो बहुत लगता होगा ?"

मैं हैरान...अवाक् ! उस परेशानी के क्षण में भी एक बार तो मुझे हँसी आ गई—"क्या कहती है टिंकू ? कब कहा ये सब उसने आपसे ?"

उन्होंने बड़े सहज भाव से बताया—"हमने उससे एक बार ऐसे ही पूछा कि तुम हर गर्मी की छुट्टी में कलकत्ता जाती हो, वहाँ कौन है तुम्हारा ? तभी उसने यह बात बताई थी कि 'मेरी असली ममी तो कलकत्ता ही रहती हैं, मैं उन्हीं के पास तो जाती हूँ।' "

वे सोच रही थीं कि यह सब सुनकर मैं बहुत दुखी हो जाऊँगी पर मुझे हँसता देखकर शायद अब उन्हें आश्चर्य हो रहा था। ख़ैर, मैंने उन्हें सारी असलियत बताई...टिंकू के इस सोच की पृष्ठभूमि भी समझाई। वे कुछ और पूछताछ करतीं कि तभी ऋतु ने घर में प्रवेश किया। उसे देखते ही मैं तो घर की ओर भागी। टिंकू को सही-सलामत देखकर राहत की साँस ली। हाथ-मुँह धुलाकर उसे खाने पर बिठाया। वह खाती जा रही थी और विस्तार से बस के ख़राब होने का क़िस्सा सुनाती जा रही थी...उसने यह भी बताया कि उस दौरान लड़कियों ने कितनी मस्ती मारी...कितने गाने गाए...कितनी...। मेरी उस समय की मानसिक स्थिति से बिलकुल अपरिचित वह अपनी ही बातें किए जा रही थी...और मैं एकटक उसका चेहरा देख रही थी और सोच रही थी कि जो कुछ भी अभी सुनकर आई, उस पर कैसे विश्वास कर लूँ ? इसके व्यवहार से तो कहीं भी ऐसा कुछ नहीं झलक

रहा...फिर ? जब उसका खाना-पीना-बोलना समाप्त हो गया तो मैंने उससे पूछा—"टिंकू, तूने मिसेज़ भटनागर से यह कहा कि तेरी असली ममी मैं नहीं, सुशीला है ?"

पूछा तो मैंने हँसकर ही था पर लगा कि सुनकर वह थोड़ी सकपका-सी गई....हो सकता है कि वह नहीं चाहती हो कि यह बात मुझे मालूम पड़े पर फिर बड़ी लापरवाही से उसने जवाब दिया—

"तो क्या हुआ...ठीक ही तो कहा ! सुशीला ममी ही तो हमारी असली ममी हैं।"

"किसने कहा तुझे यह सब ?"

"तुमने नहीं बताया तो क्या हुआ...हमें सब पता है।"

दोनों बाँहों में पकड़कर मैंने उसे अपनी ओर खींचते हुए कहा—"पागल हो गई है...अरे मैंने जनम दिया है तुझे...मैं हूँ तेरी असली माँ। हाँ, यह सही है कि चार साल तक सुशीला ने तुझे बहुत रखा है...। बहुत पाला है लेकिन फिर भी ममी तो मैं ही हूँ तेरी।"

पता नहीं, मेरी आवाज़ में कुछ था या कि मेरे चेहरे पर कि कुछ देर तक तो वह मुझे एकटक देखती रही फिर झटके से अपने दोनों हाथ छुड़ाकर मेरे कन्धों पर टिकाए और कुछ आवेश-भरी आवाज़ में पूछने लगी—"हमें सच-सच बताओ, कौन है हमारी असली ममी ?"

उसकी परेशानी से बिलकुल अनछुई-सी मैंने फिर दोहरा दिया...कहा तो कि मैं हूँ तेरी असली ममी।

अपनी जानकारी और मेरी बात के बीच में झूलते हुए उसने एक बार फिर आग्रह किया—"हमें ठीक से बताओ न ममी ?"

एकाएक ही मेरा ध्यान उसकी परेशानी पर गया तो उसे सहज बनाने के लिए मैंने हँसकर कह दिया—"अरे समझ ले कि दोनों तेरी ममियाँ हैं...कितनी लकी है कि तेरे दो-दो ममियाँ हैं...दो-दो ममियों का प्यार तुझे मिलता है।" बस इतना सुनते ही वह तो जैसे एकाएक फट पड़ी। मेरे कन्धे झकझोरते हुए, रुआँसी आवाज़ में वह बस एक ही बात बार-बार दोहराती रही—"हमको सच-सच बताओ...हम किसके बच्चे हैं...कौन है हमारी असली ममी...प्लीज़ हमको

बताओ...हमको सच-सच बताओ कि हम किसके बच्चे हैं...?" कुल मात्र ग्यारह साल की टिंकू, पर उसकी यह भाव-विह्वलता, उसका यह आवेश ! इस सबने तो जैसे मुझे एक बिलकुल ही अनजान-से प्रश्न के छोर पर ला खड़ा किया। यह भावना कि हम किसके हैं...हमारी असली जड़ें कहाँ हैं...हमारे जन्म के तार किसके साथ जुड़े हुए हैं, क्या सचमुच इतनी प्रबल होती है कि हमारे पूरे वजूद को ही हिलाकर रख दे ? सिद्धान्त के तौर पर शायद जानती भी होऊँ पर ज़िन्दगी में पहली बार उस दिन इस भावना की सच्चाई को...इसकी गहराई को मैंने...इसकी सघनता को मैंने इतनी शिद्दत के साथ महसूस किया था। एकाएक मैं अतिरिक्त रूप से सावधान हो गई ! बहुत प्यार से, बहुत समझा-बुझाकर, बहुत कुछ कह-सुनकर मैंने उसे शान्त भी किया और असलियत पर उसका विश्वास भी जमाया। लेकिन रात में जब मैं सोई तो एक प्रश्न ज़रूर मुझे कचोटने-आहत करने लगा कि क्या मैं टिंकू को वह अपेक्षित प्यार नहीं दे पाई...उसकी वह अपेक्षित देखभाल नहीं कर पाई जो उसके मन में यह विश्वास जमा पाता कि मैं ही उसकी असली माँ हूँ। चार साल तक दोनों घरों में होनेवाली शंटिंग के पीछे मेरी क्या मजबूरी थी, यह सब समझने की तो उसकी उम्र थी नहीं। उसने तो जो महसूस किया, उसे ही सच समझ लिया। लेकिन जहाँ तक मेरा ख़याल है कि दिल्ली आने के बाद तीन साल की उम्र में ही जब उसे एक बार फिर कलकत्ता भेज दिया था, सो भी पूरे दस महीने के लिए, तभी इस भावना ने उसके मन में जड़ जमाई होगी। हालाँकि इतने वर्षों के उसके सहज-स्वाभाविक व्यवहार...अपने प्रति उसके लगाव को देखते हुए मैं तो कभी इस बात का अनुमान भी नहीं लगा सकी थी। कारण जो भी रहा हो लेकिन यह सच है कि उस दिन इस सारी स्थिति ने मुझे बहुत त्रस्त किया था। सहज-सामान्य स्थिति होने पर ये दो सम्बन्ध ही तो मेरे निकटतम सम्बन्ध होते—पति और पुत्री...लेकिन एक ने तो मुझे सम्बन्ध शुरू होने के साथ ही समानान्तर ज़िन्दगी का नुस्ख़ा थमाकर अपने को मुझसे अलग ही कर लिया था...आज इतने बरसों बाद पता चला कि टिंकू भी मुझे अपनी असली माँ नहीं, पराई माँ ही माने बैठी है। और इस सच्चाई के सामने आते ही फिर तो मेरा सारा त्रास आँसुओं में बहने लगा। आज यह सब याद करके भले ही मैं हँसती रहती हूँ...पर उस दिन की तकलीफ़, उस दिन के आँसू भी तो मैं भूल नहीं पाती।

शुरू के कुछ महीने तो मैं दिल्ली में बहुत उखड़ी-बिखरी रही। बच्ची चली गई थी...कॉलेज का माहौल भी कलकत्ता से बहुत भिन्न था और बिलकुल रास नहीं आ रहा था...न वहाँ जैसी ऊष्मा...न वहाँ वालों का अपनत्व। जब-तब राजेन्द्र के दिए झटकों को झेलने के लिए न किसी का कन्धा, न कोई गोद...लेकिन फिर धीरे-धीरे यहाँ रचने-बसने लगी। शाम को कॉफ़ी हाउस की बैठकें...वहाँ नहीं जाते तो घरों में बैठक होती...कभी कमलेश्वरजी के यहाँ तो कभी राकेशजी के यहाँ तो कभी हमारे यहाँ। पढ़ी-लिखी चीज़ों पर चर्चा होती...भविष्य की योजनाएँ बनाई जातीं। आज भी मुझे एक घटना अच्छी तरह याद है। 31 दिसम्बर को न्यू-इयर्स-ईव हमारे घर मनाने का कार्यक्रम बना। ऐन बारह बजे बड़ी मद्धिम रोशनी में कमलेश्वरजी ने अपनी कहानी *तलाश* पढ़कर सुनाई (बाद में *फिर भी* नाम से इस पर फ़िल्म बनी थी—कहानी पर बलात्कार) और अन्तिम पंक्ति सुनाकर खम ठोककर बोले—"लो मैंने तो नए साल का झंडा गाड़ दिया...अब इसके मुक़ाबले की कहानी लिखकर दिखाओ।" आधी रात के उस माहौल में अजीब प्रभाव पड़ा था उस कहानी का। फिर काफ़ी देर तक उस कहानी पर ही बात होती रही। सारी प्रतिद्वन्द्विता और ईर्ष्या के बावजूद एक दूसरे की रचनाओं की खुलकर प्रशंसा की जाती थी...हल्की या घटिया होने पर खिंचाई भी क्योंकि उस समय केन्द्र में रचना रहती थी, व्यक्ति नहीं और दृष्टि बहुत तटस्थ। गहरे लेखकीय सरोकार थे और वे ही प्रमुख थे। पर बाद में जब इस तिकड़ी के आपसी सम्बन्धों के समीकरण गड़बड़ाने लगे तो न दृष्टि में वो तटस्थता रही, न मूल्यांकन में वैसी वस्तुपरकता बल्कि रचनाएँ अब सम्बन्धों की कसौटी पर आँकी-परखी जाने लगीं। पर शुरू के दिनों में तो अपनी व्यक्तिगत समस्याएँ भी सुनाई-सुलझाई जाती थीं। यह बात अलग है कि इन 'व्यक्तिगत' के भी दो हिस्से होते थे—एक बहुत 'निजी' जिसमें परिवार और आपसी सम्बन्ध ही प्रमुख हुआ करते थे...लेकिन ये जल्दी ही साझा हो जाती थीं और दूसरी वे व्यक्तिगत जिनका सम्बन्ध किसी-न-किसी स्तर पर साहित्यिक दुनिया से होता था। 'साहित्यिक व्यक्तिगत' को काफ़ी रिज़र्वेशन के साथ ही कहा-सुना-बाँटा जा सकता था और बात जिस रूप में रखी जाती थी, उसकी असलियत कुछ और ही होती थी, जो अपने निजी स्तर पर चलती रहती थी, एक-दूसरे की ओट रखकर। ओट के पीछे झाँकना न मेरी आदत थी, न

स्वभाव, न मेरी वैसी समझ थी। राजेन्द्र कभी-कभी उन बातों को समझाते तो मैं राजेन्द्र पर ही बिगड़ पड़ती कि क्यों हमेशा सबकी बातों के अर्थ तलाशते रहते हो...सबकी नीयत पर शक करते हो। लिखते हुए मुझे भी कुछ वर्ष हो चुके थे। दो कहानी-संग्रह छप चुके थे—यश और मान्यता भी मिल चुकी थी लेकिन कलकत्ते में साहित्यकारों के बीच रहने का अवसर कभी नहीं मिला था। वहाँ तो हमेशा संग-साथ रहा था परिवारवालों का या ऐसे मित्रों का जिनका व्यक्तित्व बिलकुल पारदर्शी—जैसे बाहर वैसे भीतर...जो कहें वही उनका असली मन्तव्य भी। यह तो यहाँ आकर जाना कि साहित्यकार केवल अनेकार्थी भाषा का ही प्रयोग नहीं करते, उनका सारा आचरण भी अनेकार्थी, अनेक-परतीय होता है। एक छोटे-से उदाहरण से अपनी बात साफ़ करूँगी।

कलकत्ता छोड़ने से पहले ही राजेन्द्र ने नई कहानी की विशेषताओं और पुरानी से उसके अलगाव को रेखांकित करते हुए एक विस्तृत लेख लिखा था। नई कहानी के एक-एक पक्ष को उजागर करता, ऐसा विस्तृत और विश्लेषणात्मक लेख यह पहला ही था (हालाँकि, इसकी कुछ स्थापनाओं से बाद में मैं भी बिलकुल सहमत नहीं हो पाई थी)। बाईस कहानीकारों की चुनिन्दा कहानियों की भूमिका के रूप में इसे चस्पाँ करके *एक दुनिया समानान्तर* नाम से राजेन्द्र ने एक संकलन तैयार किया था और उसके लिए ज्ञानपीठ वालों से बात भी कर ली थी...हो सकता है कि कुछ अग्रिम राशि भी ली हो। दिल्ली आकर थोड़ा जम जाने के बाद उस लेख को कमलेश्वरजी और राकेशजी को सुनाया दो बैठकों में। कहानियों के नामों की चटाइयाँ बुननेवाले बचकाने पैरेग्राफों और कुछ छिटपुट बातों को छोड़कर मोटे तौर पर लेख दोनों को काफ़ी पसन्द आया और तय हुआ कि इस पर विस्तार से चर्चा बाद में की जाएगी—थोड़ा सोचने-विचारने के बाद। बात लाज़मी भी थी लेकिन कुछ दिनों बाद एक दिन दोनों बेहद गम्भीर मुद्रा में आए बल्कि कहूँ कि बेहद परेशान...विचलित से। प्रसंग—तभी उजागर हुआ *टाइम्स ऑफ़ इंडिया* का रद्दी बेचनेवाला स्कैंडल (आज की तरह स्कैंडल की भरमार तो थी नहीं, जिसने आदमी को धीरे-धीरे इन सबके प्रति एक तरह से इम्यून बना दिया है, दूसरे आज यह तथ्य ज़ाहिर है कि सभी पत्र-पत्रिकाएँ सरकारी कोटे से मिलनेवाले काग़ज़ का हिस्सा बेचती हैं)। लेखक की नैतिकता...मूल्यों के लिए खड़े होने का दायित्व और इन

सबके प्रति एक गहरा सरोकार दिखाते हुए उन्होंने यह निर्णय लेने का प्रस्ताव रखा कि जिस संस्था का इतना बड़ा स्कैंडल उजागर हुआ हो उसके साथ कम-से-कम हम लोगों को कोई सम्बन्ध नहीं रखना चाहिए। ग़लत का केवल विरोध करने भर से ज़िम्मेदारी पूरी नहीं हो जाती, उससे असहयोग करना भी ज़रूरी है। उनकी अदा, हाव-भाव और तेवर ने मुझे शत-प्रतिशत इस निर्णय के पक्ष में खड़ा कर दिया। बड़ी गम्भीरता से बड़ी देर तक बातें होती रहीं और सारी बातों का तोड़ टूटा इस बात पर कि "राजेन्द्र, तुम अपना यह लेख ज्ञानपीठ को बिलकुल नहीं दोगे...आख़िर है तो उसी कन्सर्न की शाखा।" राजेन्द्र हस्बमामूल चुप। दो-चार दिन बाद फिर वही बात...वही आग्रह, कुछ और अधिक गम्भीरता और गहरे सरोकार के साथ। लेकिन राजेन्द्र थे कि फिर चुप। राजेन्द्र की यह चुप्पी मुझे शुरू से ही बहुत अखर रही थी। उनके जाने के बाद मैंने पूछा कि आप कुछ कमिट क्यों नहीं करते ? तो बात की असली परत खोली राजेन्द्र ने—"दोनों के दोनों स्साले फ़्लैट पड़े हैं कि 'नई कहानी' पर पहले-पहल मैंने लिख दिया ऐसा विस्तृत लेख...और कुछ नहीं तो इसी बहाने लगाओ लंगी।" बात सच भी निकली और बाद में तो छत-फोड़ ठहाकों के बीच उन्होंने भी क़बूला और हँसी-मज़ाक़ में सारी बात रफ़ा-दफ़ा हो गई। दो साल बीतते न बीतते सम्बन्ध न रखने पर ज़ोर देनेवाले कमलेश्वरजी *सारिका* की सम्पादकी सँभालकर बम्बई जा पहुँचे। राकेशजी भी *धर्मयुग* और *सारिका* में बराबर छपते रहे। हाँ, राजेन्द्र ने ज़रूर वह संकलन कुछ समय बाद खोले अपने अक्षर प्रकाशन से छपवाया, पर इसके पीछे सम्बन्ध न रखनेवाली बात कहीं नहीं थी।

सन् '65 के दिसम्बर में कलकत्ते में एक बड़े ही भव्य कथा-समारोह का आयोजन किया गया जिसमें कथा-साहित्य की तीनों पीढ़ियों ने शिरकत की थी। इसमें कोई सन्देह नहीं कि ऐसा समारोह न पहले कभी कहीं हुआ था, न शायद बाद में। आज तो मैं बिना किसी संकोच के कह सकती हूँ कि बड़े योजनाबद्ध तरीक़े से पुरानी पीढ़ी को ध्वस्त करने का काम बीचवाली पीढ़ी (जिसमें प्रमुख थे राकेश, राजेन्द्र और कमलेश्वर) ने किया था। मैं कुछ कौतूहल से...कुछ अचरज से देखा-सुना करती थी यह सब। साहित्य में भी राजनीति। विश्वविद्यालय का

हिन्दी-विभाग तो राजनीति का गढ़ था ही, जिसकी झलक कभी सामने रहनेवाले डॉ. ओमप्रकाश जी, जब-तब घर में प्रकट होकर अपना आक्रोश उगलनेवाले डॉ. उदयभानुसिंह जी और बाद में बहुत घनिष्ठ हो आईं डॉ. निर्मला जैन से मिलती रहती थी और मुझे लगता कि संसद-भवन की राजनीति जैसे छनकर दिल्ली के हर क्षेत्र में फैल गई है—साहित्य और शिक्षा के क्षेत्र भी इससे अछूते नहीं रहे। तब एक मित्र की टिप्पणी अक्सर याद आती। आज़ादी के बाद छोटे-बड़े हर क्षेत्र में तेज़ी से फैलती राजनीति को देखकर उन्होंने कहा था—"नेहरू जी के आह्वान का परिणाम है यह। आज़ादी के बाद उन्होंने तो देश के नव-निर्माण और विकास को दृष्टि में रखकर कहा था कि राजनीति से दूर होकर अब आप सब लोग पूरी लगन और निष्ठा के साथ अपने-अपने क्षेत्रों में काम करें...सो बड़ी राजनीति से कटकर सब लोग बड़ी लगन और निष्ठा के साथ अपने-अपने क्षेत्र की राजनीति के साथ जुड़ गए।" बहरहाल समय के साथ-साथ ये छक्के-पंजे मुझे भी समझ में आने लगे। साहित्य के क्षेत्र में मेरी कोई महत्त्वाकांक्षा न हो ऐसी बात तो नहीं थी लेकिन पता नहीं क्यों मुझे हमेशा लगता रहता था कि मैंने जितना सोचा और चाहा उससे कहीं अधिक मुझे पहले ही मिल गया। हो सकता है मन की किन्हीं अदृश्य परतों में जमी हीनभावना के कारण ऐसा लगता हो लेकिन जो भी हो इस हीनभावना ने मुझे हमेशा सीमा में ही रखा। अच्छा किया, मुझे बेकार की उठापटक, लपक-झपक और हाय-हत्या से बचा लिया। इसी के चलते न कभी बेकार के दन्द-फन्द में पड़ना पड़ा और न ही जब-तब उपहारों के पैकेट्स लोगों के पास पहुँचाने पड़े, न अपना पी.आर. फ़िट रखने, पुरस्कारों की जोड़-तोड़ बिठाने के लिए चाहे-अनचाहे लोगों के पीछे भाग-भागकर अपनी शालीनता को दाँव पर लगाना पड़ा। अपना प्राप्य न मिलने की शिकायत को लेकर शायद ही कभी किसी ने मुझे चीखते-चिल्लाते या आँसू बहाते देखा हो।

मित्रों से साधन जुटाकर राजेन्द्र ने जवाहर चौधरी के साथ मिलकर सन् '65 में अक्षर प्रकाशन की स्थापना की। जवाहर जी को प्रकाशन का पूरा अनुभव था सो यह ज़िम्मेदारी उन्होंने सँभाली। पैसों की व्यवस्था, लेखकों से सम्पर्क, रचनाओं का चुनाव राजेन्द्र के ज़िम्मे रहा, उम्मीद थी कि अपना प्रकाशन होगा तो सब मित्रों की पुस्तकें वहीं से छपेंगी...प्रकाशकों के चंगुल से मुक्ति मिलेगी और दिल्ली में जिस स्थायी आर्थिक आधार की ज़रूरत और तलाश राजेन्द्र को कभी से थी, वह भी बनेगा। पहले सेट में ही प्रमुख रचनाकारों की रचनाएँ और उनका बेहतरीन प्रोडक्शन...दूसरे और तीसरे सेट भी ऐसे ही निकले और अपने शुरुआत के दिनों में ही ऐसी धाक जमी अक्षर प्रकाशन की कि हर लेखक कामना करने लगा कि उसकी पुस्तक वहीं से छपे। राकेशजी, कमलेश्वरजी के साथ घरों या कॉफ़ी हाउस में होनेवाली गोष्ठियाँ धीरे-धीरे अक्षर में स्थानान्तरित हो गईं और मैं उन सबसे कटती चली गई। वहाँ तो दिल्ली और दिल्ली के बाहर के लेखक भी आकर जमते और बहस-मुबाहिसा, गपशप और स्कैंडलबाजी, सब कुछ होता।

अक्षर प्रकाशन की ख्याति—अपना एक निजी ऑफ़िस होने का अहसास, अपनी निजी वस्तुएँ...पत्र, डायरियाँ सुरक्षित रखने की सुविधा...बिना किसी हिचक और संकोच के मित्रों-लेखकों से मिलने के अवसर—छोटी-मोटी कठिनाइयों के बावजूद आरम्भ के दो वर्ष राजेन्द्र के लिए बड़े सन्तोष के वर्ष थे पर यह सिलसिला ज़्यादा दिन नहीं चला। चलना सम्भव भी नहीं था। जो थोड़ी-सी जमा-पूँजी इकट्ठी की थी, क्योंकि अधिक की तो सामर्थ्य ही नहीं थी, आरम्भिक ख़र्चों और शुरू की टीम-टाम में ही ख़र्च हो गई। इसलिए पहला सेट छापने में हीं क़र्ज़ा लेना पड़ा और कर्ज़े का यह सिलसिला जो शुरू हुआ तो बढ़ता ही चला गया। निरन्तर बढ़ते हुए क़र्ज़ का जो हश्र होना था आख़िर वही हुआ—दिन-ब-दिन बढ़ता आर्थिक संकट और अर्थ की छुरी से पारस्परिक सद्भावना और सम्बन्धों के रेशों के कटते चले

जाने का अनवरत सिलसिला, अक्षर शुरू करनें से पहले जो आस्था, जो अटूट विश्वास राजेन्द्र और जवाहरजी के मन में एक-दूसरे के लिए था...देखते ही देखते वह सन्देह और आशंकाओं से भरता चला गया। और क्योंकि अर्थ की अधिकतर व्यवस्था राजेन्द्र ने ही की थी इसलिए बहुत सम्भव है कि जवाहरजी के मन में अपनी स्थिति को लेकर एक असुरक्षा की भावना घर करने लगी हो। इस भावना को पुख़्ता करने के लिए राजकमल से ओमप्रकाशजी को अलग कर दिए जानेवाली घटना तो सामने थी ही ! फिर तो इस अनहोनी से बचने के लिए जवाहर जी की ओर से जैसी अतिरिक्त सतर्कता बरती जाने लगी, राजेन्द्र के साथ जिस तरह का व्यवहार किया जाने लगा उसने अन्ततः उसी अनहोनी के गड्ढे में ला पटका। परिणाम यह हुआ कि बैंक में मुश्किल से सौ रुपए और ढेर सारा क़र्ज़ा—अक्षर की इस स्थिति में जवाहर जी और राजेन्द्र जी अलग हो गए।

यह एक लम्बी कहानी है और इसमें किसकी क्या-क्या भूमिका रही, इसका अपना एक अलग ही इतिहास है। बस मेरे लिए तो इस सारे प्रसंग की निपट-नंगी सच्चाई केवल इतनी थी कि सबको जोड़ने और एक आर्थिक आधार तैयार करने के उद्देश्य से खोले गए अक्षर प्रकाशन ने सबके बीच दरारें डाल दीं और आर्थिक संकट...जब दूसरों को रॉयल्टी देने की स्थिति न हो तो अपने लेने का तो सवाल ही नहीं उठता। रॉयल्टी की आमदनी का एक अनिश्चित ही सही, आधार तो था ही, अब वह भी बन्द।

केवल इतना ही नहीं, सहयोग देने के लिए राजेन्द्र ने अपने सबसे छोटे भाई हेमेन्द्र को बुला लिया। वे उन दिनों नौकरी की तलाश में ही थे सो आ भी गए। कुछ समय बाद कुसुमजी की मृत्यु हो जाने के कारण सबसे छोटी बहिन नन्हीं को भी हॉस्टल से घर ही लाना पड़ा क्योंकि उसके हॉस्टल का ख़र्चा कुसुम जी ही दिया करती थीं। उनके जाने के बाद हमारे लिए तो यह सम्भव ही नहीं था...और उसकी पढ़ाई छुड़ा देने का तो प्रश्न ही नहीं उठता था। राजेन्द्र अक्षर से निकालकर घर-ख़र्च के लिए मुझे थोड़ा-बहुत देते तो थे पर दिल्ली में पाँच प्राणियों के परिवार को चलाने की सारी ज़िम्मेदारी तो मेरे ऊपर ही थी। मैं भी करती तो आख़िर क्या करती...अन्ततः मुझे छुट्टियों में क्लास पढ़ाने का काम लेना पड़ा। दिल्ली विश्वविद्यालय में प्राइवेट पढ़ाई करनेवालों के लिए छुट्टियों

के दिनों में कक्षा की व्यवस्था है। सो होता क्या कि कॉलेज में छुट्टी होती तो वहाँ पढ़ाने जाती। लिहाज़ा मुझे कभी कोई छुट्टी ही नहीं मिलती। इसके अतिरिक्त टी.वी. के जितने भी प्रोग्राम मिलते, करती (इधर तो मैंने बरसों से टी.वी. में जाना ही छोड़ रखा है)। उन दिनों टी.वी. में यहाँ सई परांजपे थीं और वे मुझे बहुत कार्यक्रम भी देती थीं—यहाँ तक कि एक बार तो कोई राजस्थानी सब्ज़ी बनाने की विधि का कार्यक्रम भी मैंने किया। आज वह सब याद आने पर भी हँसी आती है पर उस समय वह मेरी ज़रूरत थी। बस, एक ही उम्मीद थी कि एक बार अक्षर अच्छी तरह जम जाएगा तो इस संकट से मुक्ति मिलेगी।

अक्षर की स्थिति यह थी कि लेखकों से सम्पर्क...पुस्तकों का चुनाव तो राजेन्द्र बख़ूबी कर लेते थे—छपवाने का काम भी हो जाता था पर असली बात तो थी उन्हें बेचना...बिक्री का एक ऐसा नेटवर्क तैयार करना जो राजेन्द्र नहीं कर पा रहे थे। जो किताबें बिकतीं उनका पैसा वसूल करना और भी टेढ़ी खीर था। सो हुआ यह कि लेखकों को रॉयल्टी देने का सिलसिला ही नहीं शुरू हो पाया और फिर आरोपों की झड़ी। लेखक अपनी जगह बिलकुल सही थे और उनके आरोप बिलकुल जायज़। लेखकों को प्रकाशकों के चंगुल से—बल्कि कहूँ कि शोषण से मुक्त करने के लिए ही तो अक्षर खोला था और अब अक्षर ख़ुद क्या कर रहा है ? लेकिन अक्षर के बारे में जो भी मैं थोड़ा-बहुत जानती थी—क्योंकि राजेन्द्र तो कभी कुछ बताते ही नहीं थे—उससे यही लगता था कि राजेन्द्र भी आख़िर करें तो क्या करें ? थोक ख़रीद के लिए या किताबों को कोर्स में लगवाने के लिए लोगों की ख़ुशामद करना या खिलाना-पिलाना राजेन्द्र के तो बस का था नहीं...काउंटर-सेल हिन्दी की किताबों की होती नहीं, तब ? लेकिन प्रकाशक के संकट तो लेखक के दायरे में आते नहीं...उनका सरोकार तो केवल इतने भर से है कि उनकी किताब छापी...बेची तो उन्हें रॉयल्टी दी जाए ! यह तो ग़नीमत थी कि अनेक लेखक राजेन्द्र के मित्र थे सो रॉयल्टी की माँग कभी आग्रह में नहीं बदली। कुछ लेखक ऐसे भी थे जो रॉयल्टी से ज़्यादा इस बात से ही प्रसन्न थे कि उनकी किताब अक्षर प्रकाशन से छपी क्योंकि आर्थिक पक्ष चाहे जैसा भी रहा हो पर किताबों का चुनाव और उनकी आकर्षक छपाई के कारण अक्षर ने अपनी साख तो बना ही ली थी। बहरहाल अक्षर लेने के बाद के कुछ वर्ष सभी दृष्टि से काफ़ी संकटपूर्ण थे और

उसके आर्थिक पक्ष को प्रत्यक्ष रूप से और दूसरी बातों को परोक्ष रूप से भोगना तो मुझे ही पड़ता था।

अक्षर में जो कुछ घटा उसके पहले कमलेश्वरजी *सारिका* की सम्पादकी सँभालकर बम्बई चले गए थे, पर इस पूरे प्रसंग के साथ वे पूरी तरह जुड़े हुए ज़रूर थे और जवाहर भाई के साथ केवल उनके सम्पर्क-सम्बन्ध ही नहीं बने हुए थे बल्कि वे समय-समय पर सलाह-सुझाव देकर उनका मार्ग-दर्शन भी करते रहते थे। कमलेश्वरजी और राकेशजी राजेन्द्र के मित्र होने के बावजूद इस पूरे प्रसंग में जवाहर जी के साथ खड़े थे...यह मेरे लिए दुख या आश्चर्य से ज़्यादा शोध का विषय था। क्या है राजेन्द्र के व्यक्तित्व में ऐसा...उनका घुन्नापन...उनके व्यक्तित्व की गाँठें या कुछ और जिसके चलते उनके घनिष्ठ-से-घनिष्ठ मित्र भी एक समय के बाद या तो उनसे बिलकुल अलग हो गए या अलग न भी हुए तो मन में दूरी और खटास तो आ ही गई। ऐसी मित्रताओं का एक पूरा सिलसिला है। राकेशजी, कमलेश्वरजी, राजेन्द्र अवस्थी, शानी, शर्मा जी—कुछ नाम और भी हैं पर मुझे यहाँ उनकी फ़ेहरिस्त नहीं बनानी। और यह भी मैं जानती हूँ कि कुछ-न-कुछ कारण तो दूसरी तरफ़ भी रहते ही होंगे फिर भी राजेन्द्र के अपने व्यक्तित्व में ज़रूर कुछ ऐसा है जो इन टूटती दोस्तियों के लिए ज़िम्मेदार है। क्या है वह, यह विश्लेषण की माँग करता है। आश्चर्य तो मुझे इस बात का है कि व्यक्ति-विश्लेषण में पारंगत राजेन्द्र ने अपने आत्मकथ्य *मुड़-मुड़के देखता* हूँ में कई जगह अपना विश्लेषण किया है पर घनिष्ठतम मित्रों के साथ अपने बनते-बिगड़ते सम्बन्धों का कहीं ज़िक्र तक नहीं किया।

राजेन्द्र और राकेशजी की मित्रता तनाव से गुज़रते हुए कुछ ही सालों में ऐसी कटुता में बदल गई कि आख़िर एक दिन उन्होंने घर आकर (राजेन्द्र के पैर में चोट लगी हुई थी वरना यह मुलाक़ात निश्चित रूप से कहीं बाहर ही होती) अपना यह फ़ैसला सुनाया कि अब उनके लिए राजेन्द्र से दुआ-सलाम का सम्बन्ध रखना भी सम्भव नहीं है। वैसे काफ़ी लम्बी बैठक हुई थी यह लेकिन मुझे कमरे से बाहर करके। बाहर रहकर भी मुझे अनुमान तो था कि दोनों ओर से गिले-शिकवे के, आरोप-प्रत्यारोपों के न जाने कितने खाते खुले होंगे लेकिन मैं उस समय यह नहीं जान पाई थी कि आख़िर वह मूल मुद्दा क्या था जो दोनों की प्रगाढ़ मित्रता को

अलगाव के इस बिन्दु तक ले आया था। कमरे से बाहर निकलकर राकेशजी सीधे मेरे पास आए, मेरे कन्धे पर हाथ रखकर कुछ देर चुप रहे थे, जैसे शब्द टटोल रहे हों। अन्त में कुछ भावुक होते हुए उन्होंने कहा–

"राजेन्द्र और मैं अलग हो ग़ए हैं, असह्‌य हो गया था यह सब कुछ। अब अगर मैं तुमसे भी मिलूँगा तो यह शायद राजेन्द्र को अच्छा नहीं लगेगा और मैं नहीं चाहता कि मेरी वजह से तुम लोगों के आपसी सम्बन्धों में कोई तनाव आए। मैं तुमसे मिलूँ या न मिलूँ पर तुम कम से कम मुझे कभी ग़लत नहीं समझोगी। तुम्हारे लिए मेरे मन में हमेशा बहुत स्नेह रहा है और वह हमेशा रहेगा।"

मैंने एक बार भी नहीं पूछा कि क्या है 'वह सब' जो असह्य हो गया है। मैं तो बस ग़ौर से उनका चेहरा देख रही थी–इतनी पुरानी और घनिष्ठ मित्रता के पूरी तरह टूट जाने की तकलीफ़ उनके चेहरे पर थी या कि बेहद कटु हो आए सम्बन्धों से मुक्ति पा लेने की निश्चिन्तता, तय कर पाना मुश्किल था और मैं सोच रही थी कि एक ही क्षेत्र में बराबरी की टक्कर के साहित्यकार क्या दूर रहकर ही पास बने रह सकते हैं ? पास आते ही उनकी महत्त्वाकांक्षाएँ...उनके अहं का टकराव उन्हें दूर ला पटकता है ! उस समय मेरे भीतर चाहे कुछ भी गुज़र रहा हो, बाहर से सारी बात को हल्का-फुल्का बनाने के उद्‌देश्य से मैंने हँसकर यही कहा था–

"आप दोनों की कुट्‌टी हुई है तो हम क्यों नहीं मिलेंगे...हम तो बराबर मिलेंगे। अब राजेन्द्र के मित्रों से मित्रता और शत्रुओं से शत्रुता करती फिरूँ, यह तो मेरे लिए बिलकुल भी संभव नहीं है। मेरा अपना कोई स्वतन्त्र व्यक्तित्व ही नहीं है क्या ? और राजेन्द्र भी इतने संकीर्ण नहीं हैं कि उन्हें मेरा आपसे मिलना बुरा लगे।"

हमने हाथ मिलाया था और मैं उन्हें छोड़ने नीचे तक गई थी।

ऊपर लौटी तो एक अजीब-सी खिन्नता...अकेलेपन के एक अजीब-से बोध ने मुझे घेर लिया। शादी करके जब पहली बार दिल्ली आई थी तो तीन-चार लोग ही तो साहित्यिक परिवार के रूप में मिले थे और मुझे लगा था, यही मेरा असली परिवार है...इन्हीं के बीच रहकर मुझे अपनी मनचाही ज़िन्दगी जीनी है। लेकिन यह परिवार तो इतनी जल्दी तितर-बितर हो गया और वह भी इतने मनोमालिन्य

के साथ। ख़ैर, मैं उनसे मिलती रही, फ़ोन करके राजेन्द्र की अनुपस्थिति में वे भी दो-चार बार घर आए। वैसे तो मैं ही उनके घर जाती थी पर कभी-कभी हम बाहर भी मिलते थे, फिर भी कुछ अन्तर तो आया ही था। विधा तो मेरी भी वही थी पर सच बात तो यह थी कि मैं इन तीनों की साहित्यिक राजनीति में बराबरी की तो क्या, कच्ची गोटी की हैसियत भी नहीं रखती थी...उनके आदेश निर्देश और महत्त्वाकांक्षी योजनाओं में मेरी उपस्थिति के किसी भी तरह बाधक होने का प्रश्न ही नहीं था, क्या इसीलिए मेरे प्रति उनका स्नेह बराबर बना रहा ? जो भी हो इन तीनों के आपसी सम्बन्धों के ग्राफ़ भले ही जब-तब बनते-बिगड़ते रहे हों, पर इन दोनों से मिला स्नेह...इनकी बातें-बहसें भारी संकट के दिनों में भी मुझे लिखने के लिए बराबर उकसाती-प्रेरित करती रही थीं।

इसमें कोई सन्देह नहीं कि हमारी मुलाक़ातों पर राजेन्द्र के मन में कभी कोई सलवट नहीं पड़ी पर उन दोनों ने अपने-अपने लिए जो लक्ष्मण-रेखा खींच ली थी, उसे कभी नहीं तोड़ा। लेकिन मैं उस दिन की भी गवाह हूँ जिस दिन सवेरे-सवेरे एक आघात की तरह राकेशजी की आकस्मिक मृत्यु का समाचार पढ़कर पलंग पर औंधे लेटकर राजेन्द्र इस तरह फूट-फूटकर रोए थे मानो मन का कोई बहुत ही नाज़ुक-सा तार टूट गया हो। इस तरह तो इन्हें मैंने अपनी माँ और बहिन की मृत्यु पर भी रोते नहीं देखा था। कौन-से थे वे तार जिन्होंने इनको कहीं बहुत गहरे से जोड़ रखा था और कौन-से थे वे तनाव जिन्होंने इन दोनों को अलग ले जाकर पटक दिया था ?

उस समय तो अलगाव की स्थितियाँ मेरे सामने बिलकुल स्पष्ट नहीं थीं...बस, कुछ अनुमान मात्र था पर समय के साथ-साथ कुछ बातें ज़रूर मेरी जानकारी में आईं (या कि उन पर मेरा ध्यान ही बाद में गया) और फिर तो उनकी कड़ियाँ जुड़ती चली गईं। इसमें कोई सन्देह नहीं कि जब तक राजेन्द्र और राकेशजी के बीच बाहरी दूरियाँ थीं—यानी कि दोनों अलग-अलग शहरों में रहते थे—इनके मन बेहद जुड़े हुए थे। अपनत्व, आत्मीयता, स्नेह, ऊष्मा क्या कुछ नहीं था दोनों के बीच लेकिन जैसे ही बाहरी दूरियाँ सिमटीं, ये एक शहर में रहने लगे तो प्रतिस्पर्द्धा के थपेड़ों से मन अलग होते चले गए। सन् 64 में हम लोग दिल्ली आए थे और सन् 65 के दिसम्बर में कलकत्ता के उस भव्य कथा-समारोह में इन तीनों ने एक

होकर बड़े योजनाबद्ध तरीक़े से पुरानी पीढ़ी के कथाकारों को ध्वस्त करने का काम किया। उस समय तक तीनों के मन में न कोई मतभेद था, न मनोमालिन्य। हाँ, यह अलग बात है कि वक्तृता-कला में माहिर होने के कारण समारोह में झंडा राकेशजी और कमलेश्वरजी ने ही गाड़ा था। (राजेन्द्र उस समय तक भाषण देने की कला में काफ़ी पिलपिले थे—इसे तो इन्होंने बहुत बाद में साधा और अब तो इसे पूरे दम-ख़म के साथ साध लिया है।) पुरानी पीढ़ी के सामने अपनी पीढ़ी का वर्चस्व सिद्ध करने के बाद बिना शब्दों के...बड़े नामालूम ढंग से प्रतिस्पर्द्धा शुरू हुई अपना वर्चस्व सिद्ध करने की और तभी से मनों में दरार पड़ने का सिलसिला शुरू हुआ !

राजपाल एंड सन्स ने राजेन्द्र से नए कहानीकारों की श्रेष्ठ कहानियों की एक सीरीज़ सम्पादित करने को कहा ! बस, इन्हें जैसे एक अवसर मिल गया। कमलेश्वरजी तो सन् 66 में ही *सारिका* की सम्पादकी सँभालकर बम्बई चले गए–जिसकी भूमिका उस कथा-समारोह में ही पूरी तरह तैयार कर ली गई थी...दिल्ली में रह गए थे राजेन्द्र और राकेशजी। कोई आश्चर्य नहीं कि कथा-समारोह में राकेशजी के धुआँधार भाषणों ने जहाँ राजेन्द्र के मन में एक हीनता-जनित कुंठा पैदा की हो वहीं राकेशजी अपनी पीढ़ी के साथ-साथ अपना वर्चस्व भी स्वतःसिद्ध मान बैठे हों। लेकिन राजेन्द्र भाषण चाहे न दे पाए हों पर किसी का भी वर्चस्व स्वीकार करना तो इनके अहं को गवारा ही न था। राजेन्द्र ने प्रकट रूप से चाहे राकेशजी का वर्चस्व स्वीकार न किया हो लेकिन इसमें कोई सन्देह नहीं कि उनकी सफलता...दिन-ब-दिन फैलता उनका यश, उनके सम्पर्क-सम्बन्ध और उनके व्यक्तित्व की कुछ विशेषताओं के चलते वे धीरे-धीरे, अनचाहे ही राजेन्द्र का कॉम्पलेक्स बनते चले गए। यह तो *हंस* की सफलता से मिले यश, सम्मान और प्रतिष्ठा ने इनके व्यक्तित्व की अनेक ऐसी गाँठों को खोला, जिन्होंने इनके व्यक्तित्व के कुछ हिस्सों को जटिल, दुरूह और विकृत बना रखा था। लेकिन उस समय तो इनका कुंठित मन ऐसी ही हरकत कर सकता था, जैसी इन्होंने की। राकेशजी की कहानियों के संकलन की भूमिका में यह स्थापित करने की कोशिश की कि उनकी कहानियों में नया कुछ नहीं है बल्कि उनमें तो पुरानी पीढ़ी की कहानियों का ही निखरा, सँवरा, उत्कृष्टतम रूप देखा जा सकता है। अपनी बात स्पष्ट करने के लिए बेहतर यही होगा कि मैं उस छोटी-सी भूमिका से ही चुनकर कुछ पंक्तियाँ उद्धृत कर दूँ। भूमिका शुरू ही होती है इन पंक्तियों से–

"सुनते हैं पुरानी कहानी के एक सन्त ने यूनानी शाहजहाँ के अन्दाज़ से चादरा

कन्धे पर डालकर पूछा–'बताइए मोहन राकेश की कहानियों को आप कैसे नई कहानी कहते हैं ?' मुझे नहीं मालूम कि श्रोता ने क्या उत्तर दिया लेकिन यह बात सच है कि यशपाल और अश्क की संवेदना का पाठक राकेश की कहानियों को अपने उतना ही निकट पाता है, जितना नई कहानी का पाठक...परम्परागत कहानी के शिल्प और शैली में उसने प्रयोग नहीं, परिमार्जन किए हैं। उसने नया शिल्प, नई भाषा या नया कथ्य कम खोजा है, जो कुछ था, उसे ही नया सँवार (फ़िनिश), नए अर्थ और नई गहराइयाँ दी हैं...वह पात्र और परिस्थिति की सार्थक स्थिति को पकड़कर परफ़ैक्ट–शास्त्रीय दृष्टि से निर्दोष कहानी खड़ी कर देता है और इस सार्थक स्थिति के रेशे युगबोध के गतिशील परिप्रेक्ष्य में दूर तक देखे जा सकते हैं। अपने 'पुरानेपन' के बावजूद वह सजग और समर्थ कथाकार है..."

कहानियों की सारी प्रशंसा के बावजूद उनके पुरानेपन को रेखांकित करने के लिए ही राजेन्द्र ने शायद पुरानेपन शब्द को इनवर्टेड कॉमा में लिखा और कहानियों को *शास्त्रीय दृष्टि* से निर्दोष माना।

कल्पना कीजिए कि क्या प्रतिक्रिया हुई होगी राकेशजी की इस भूमिका पर। तिलमिलाकर रह गए होंगे। स्वाभाविक भी था। कहाँ तो वे अपने को नई कहानी का प्रमुख स्तम्भ माने बैठे थे और कहाँ राजेन्द्र ने उन्हें वहाँ से उखाड़कर पुराने कहानीकारों के ख़ेमे में ढकेल दिया। इसके मूल में राजेन्द्र की अपनी कुंठा के सिवाय और कुछ नहीं था क्योंकि उन दिनों इनका कुंठित व्यक्तित्व अपने प्रतिद्वन्द्वी के सबसे नाज़ुक स्थल पर इस तरह के निर्मम प्रहार करने में एक ख़ास तरह का सुख और सन्तोष पाता था। वरना उस समय से लेकर आज तक अनेक पाठकों और आलोचकों ने खुले मन से राकेशजी की कहानियों की सराहना ही नहीं की, बल्कि कुछ की तो यह राय भी है कि कहानी-कला की दृष्टि से इस तिकड़ी में राकेशजी की कहानियाँ ही इक्कीस ठहरती हैं। इसमें कोई सन्देह नहीं कि यहाँ मतभेद हो सकते हैं और होंगे भी ज़रूर क्योंकि यह बहुत ही सब्जेक्टिव मामला है। मैं तो सिर्फ़ यह कहना चाहती हूँ कि चाहे विषय की विविधता हो या संवेदना की गहराई या फिर शिल्प की तराश, किस दृष्टि से इन्हें राजेन्द्र की कहानियों से अलगाया जा सकता है ? वैसे तो सभी कहानीकारों की कहानियाँ एक दूसरे से अलग तो होती हैं...होनी भी चाहिए। यहाँ बात है सिर्फ़ जीवन-दृष्टि और मूल

संवेदना की। हाँ, राकेशजी की कहानियों की संख्या ज़रूर राजेन्द्र की कहानियों से कम है...दूसरे जहाँ तक मेरी जानकारी है, उन्होंने कभी भी राजेन्द्र की आरम्भिक कहानियों जैसे भौंडे और बचकाने शिल्पगत प्रयोग नहीं किए। न तो इस तरह के प्रयोग 'नए' का निकष बन सकते हैं और न ही परिमाण या संख्या श्रेष्ठता की कसौटी। नयापन तो होता है आपके नज़रिए में...आपके मूल्यबोध में...आपकी संवेदना में !

इस बात की पूरी सम्भावना है कि *हंस* के चलते राजेन्द्र के मित्रों, परिचितों, पाठकों और चहेतों का जो एक बहुत बड़ा समुदाय तैयार हुआ है...उसके गले मेरी बात न उतरे, बहुत स्वाभाविक भी है पर उन्हें कैसे विश्वास दिलाऊँ कि *हंस* की सफलता, उससे मिलनेवाले यश, सम्मान और अर्थ ने राजेन्द्र का पूरी तरह कायाकल्प कर दिया है। बेहद विस्फारित अहं वाले राजेन्द्र एक जमाने में हर उस व्यक्ति पर चोट करने से बाज नहीं आते थे, जिसके अस्तित्वमात्र से ही उनके अहं को चोट लगती थी।

अब राकेशजी को भी इस प्रहार का प्रतिकार तो करना ही था—सो किया, लेकिन न बोलकर न लिखकर पर बेहद सट्ल तरीक़े से और उपयुक्त अवसर आने पर। राकेशजी के व्यक्तित्व की अनेक विशेषताओं में से एक यह भी थी कि योजनाएँ तो वे भी बनाते थे—अपने को जमाने के लिए तो कभी-कभी दूसरे को उखाड़ने के लिए भी, पर उनको कार्यान्वित बड़ी शालीनता, बड़ी व्यवहार-कुशलता के साथ करते थे। उनमें अपने को लेकर न किसी तरह का बड़बोलापन था...न दूसरों पर क़लम या ज़बान से कीचड़ उछालने की वृत्ति, पर अपनी योजना को सफलतापूर्वक उसकी अन्तिम परिणति तक ले जाने का कौशल उनमें ग़ज़ब का था।

दिल्ली आते ही राजेन्द्र ने जवाहरजी के साथ मिलकर अक्षर प्रकाशन की योजना बनाना शुरू कर दिया था और साल बीतते न बीतते उसकी स्थापना भी हो गई। उस समय एक अटूट विश्वास के साथ जवाहरजी और राजेन्द्र साथ-साथ थे और राकेशजी और कमलेश्वरजी अलग-थलग। मैं नहीं जानती कि योजना बनाने के दौरान राजेन्द्र ने किस हद तक इन दोनों को इसमें भागीदार बनाया था (क्योंकि राजेन्द्र के स्वभाव में एक ख़ास तरह का घुन्नापन जो है) पर अक्षर की स्थापना

के बाद तो इन दोनों का इसमें कोई महत्त्वपूर्ण वजूद बचा ही नहीं, सिवाय वहाँ शाम को होनेवाली बैठकों में उपस्थित होने के। कोई आश्चर्य नहीं कि बिलकुल अलग-थलग रह जाने की कोई हल्की-सी कचोट इनके मन में तभी से उभरी भी...लेकिन उसे इन्होंने कभी भी व्यक्त नहीं होने दिया...न बातों में, न व्यवहार में। इतना ही नहीं बल्कि दोनों ने अपनी एक-एक किताब पहले ही सेट में छपने को भी दी थी। (हो सकता है कि मेरा यह अनुमान बिलकुल आधारहीन ही हो पर बाद की स्थितियों ने तो इसकी पुष्टि ही की।) देखते ही देखते अक्षर प्रकाशन ने आशा से अधिक ख्याति अर्जित कर ली। पर ऐसी संस्थाएँ ख्याति से नहीं, पैसे से चलती हैं और क्या कहा जाए राजेन्द्र और जवाहरजी की व्यावहारिक और व्यावसायिक बुद्धि को जिन्होंने अपना पहला सेट ही कर्ज़े से छापा। और एक बार कर्ज़े का जो यह सिलसिला शुरू हुआ तो फिर वह बढ़ता ही चला गया। किताबों का चुनाव अच्छा था...छपाई और गेट-अप बहुत अच्छा था पर बिक्री का कोई ऐसा नेटवर्क तो तैयार हुआ नहीं था जो किताबें बेचकर तुरन्त पैसा वसूल कर ले...यों भी उसमें तो समय लगता ही है। इधर अक्षर की ख्याति से बेहद प्रफुल्लित जवाहरजी बहुत उत्साह में थे और नए प्रकाशनों के लिए उनकी पैसे की माँग बढ़ती ही जा रही थी, पर इधर राजेन्द्र अपने सारे साधन निचुड़ जाने के कारण उसे पूरा करने में बिलकुल असमर्थ थे। और राजेन्द्र के साधन भी क्या थे...मित्रों, परिचितों से माँग-माँगकर ही तो पैसा इकट्ठा किया था। अपनी माँग पूरी न होने के कारण जवाहरजी के मन में असन्तोष उभरना शुरू हुआ। बस, यही उपयुक्त और अनुकूल अवसर था राकेशजी के लिए अपने पर किए गए प्रहार के प्रतिकार का और उन्होंने बहुत ही कौशल के साथ जवाहरजी के इस असन्तोष को तरह-तरह के सन्देहों और आशंकाओं से भर दिया। ओमप्रकाशजी के राजकमल से बाहर कर दिए जाने की घटना ताज़ा-ताज़ा थी, जिसने इस अवसर को अचूक बनाने में महत्त्वपूर्ण भूमिका निभाई। उनके मन में यह बात बिठाई जाने लगी कि किसी भी संस्था में वर्चस्व तो हमेशा पैसा लगानेवाले या पैसे का प्रबन्ध करनेवाले व्यक्ति का ही होता है...ख़ून-पसीना बहानेवाले को तो वह जब चाहे निकाल बाहर कर सकता है, जैसे ओमप्रकाशजी को कर दिया गया।

देखते ही देखते यह बात विश्वास बनकर जवाहरजी के मन में बैठ गई और

उन्हें लगने लगा कि राजेन्द्र के रहते अक्षर में उनका भविष्य सुरक्षित नहीं है और फिर तो उनका व्यवहार राजेन्द्र के साथ केवल रूखा ही नहीं बल्कि कभी-कभी बहुत अपमानजनक भी होने लगा। धीरे-धीरे स्थितियाँ बद से बदतर होती चली गईं। अक्षर शुरू करते समय जिस अटूट विश्वास के साथ जवाहरजी राजेन्द्र के साथ खड़े थे, आज वे उसी अटूट विश्वास के साथ राकेशजी और कमलेश्वरजी के साथ खड़े थे और राजेन्द्र अलग-थलग। (वैसे तो कमलेश्वरजी उस समय बम्बई में थे पर वहाँ रहते हुए भी राकेशजी के साथ मिलकर जवाहरजी का मार्गदर्शन कर रहे थे।) कुछ ही सालों बाद लगा कि दोनों का साथ चल पाना अब सम्भव ही नहीं है तो अन्ततः श्री विष्णु प्रभाकर और श्री नेमिचन्द जैन की मध्यस्थता में फ़ैसला हुआ। बातें तो बहुत हुई होंगी—वे सब तो मुझे मालूम भी नहीं पर निर्णय यही निकला कि या तो अब राजेन्द्र पूरी तरह अक्षर ले लें या फिर इसे पूरी तरह जवाहरजी को सौंप दें। इसके साथ ही लेन-देन की बातें भी तय हुई ही होंगी। उम्मीद ही नहीं, पूरा विश्वास था कि अब अक्षर पूरी तरह जवाहरजी के हाथ में आ जाएगा (और यह तो निश्चित था कि उसके बाद इसमें राकेशजी की एक महत्त्वपूर्ण भूमिका होती) क्योंकि राजेन्द्र किताबें छापें, बेचें, ऑफ़िस की सारी व्यवस्था करें और हिसाब-किताब देखें...यह सब उनके बस की बात हो ही नहीं सकती। ये लोग चाहते भी यही थे और सारी योजना भी इसी हिसाब से बनी थी पर अक्षर को पूरी तरह अपने पास रखने के राजेन्द्र के फ़ैसले ने सारा पासा ही पलट दिया !

पासा भले ही पलट दिया हो पर राजेन्द्र भी कुछ सालों तक कैसे-कैसे संकट से गुज़रे हैं, उस सबकी मैं साक्षी भी रही हूँ और उसके परिणाम की भोक्ता भी। बिना किसी सहयोग, समझ, अनुभव और रुचि के एक व्यावसायिक संस्थान चलाना...रात-दिन पढ़ने-लिखने की दुनिया में रहनेवाले व्यक्ति के लिए उससे कटकर रहना भी कम तकलीफ़देह तो नहीं था। और आर्थिक संकट ! अक्षर का ढेर सारा क़र्ज़ और हमारी सारी किताबें अक्षर में, जहाँ से रॉयल्टी मिलने का कोई सवाल ही नहीं।

सार-संक्षेप यह कि इन्होंने राकेशजी को नई कहानी से अपदस्थ किया तो उन्होंने इन्हें पढ़ने-लिखने की दुनिया से ही अपदस्थ कर दिया—हिसाब बराबर ! यों तो छोटे-मोटे कारण और भी रहे ही होंगे पर जहाँ तक मेरा ख़याल और

जानकारी है, मुख्य रूप से इन दो बातों ने ही इनकी मित्रता को ऐसे बिन्दु पर ला खड़ा किया कि दुआ-सलाम करना भी सम्भव नहीं रहा। जहाँ तक इनको गहरे से जोड़नेवाले तारों की बातें हैं, एक-दूसरे पर निर्भर करने के प्रसंग हैं, वे तो जग-ज़ाहिर हैं। मैंने उन्हें केवल महसूस ही नहीं किया, देखा भी है।

राजेन्द्र के लिए वे काफ़ी संकट के दिन थे। आर्थिक संकट के बीच बिना रुचि और अनुभव के अक्षर को चलाना इनकी मजबूरी थी क्योंकि अलगाव के समय अक्षर को अपने पास रखने का निर्णय इन्होंने ख़ुद लिया था, चाहे एक चुनौती की तरह ही सही, अब उस चुनौती का सामना तो करना ही था—इधर कहानी को साहित्य की केन्द्रीय विधा बनानेवाली 'नई कहानी' स्वयं हाशिये में जा पड़ी थी। यों 'सचेतन कहानी', 'अकहानी' जैसे छिटपुट आन्दोलन भी चले लेकिन उनका न तो कोई वैचारिक आधार था, न ही उनके झंडे के नीचे ऐसी सर्जनात्मक प्रतिभाएँ थीं जो अपनी और अपने आन्दोलन की विशिष्ट पहचान बना सकतीं। लेकिन तेज़ी से उभर आई नई पीढ़ी के कुछ प्रतिभाशाली कथाकार—बिना किसी आन्दोलन का नाम लिये (जिन्हें साठोत्तरी पीढ़ी के नाम से ही जाना गया) अपनी नई संवेदना, नई भाषा-शैली, नए तेवर और जीवन-जगत को देखने-समझने के नए नज़रिए के कारण कहानी के क्षेत्र में छा गए। इनमें प्रमुख थे ज्ञानरंजन, रवीन्द्र कालिया, विजयमोहन सिंह, दूधनाथ सिंह आदि और फिर तो यह सूची बढ़ती ही चली गई। स्थिति को समझकर राकेशजी तो नाटक के क्षेत्र में चले गए। कुछ वर्ष पूर्व लिखा गया उनका *आषाढ़ का एक दिन* नाटक ख्याति प्राप्त कर संगीत नाटक अकादमी द्वारा पुरस्कृत भी हो चुका था, अब वे *आधे-अधूरे* की रचना में जुट गए थे, जिसके प्रकाशित और मंचित होते ही वे शोहरत के शीर्ष पर जा बैठे।

कमलेश्वरजी *सारिका* के सम्पादक होकर उसी महत्त्व और प्रतिष्ठा का उपभोग कर रहे थे, जैसी राजेन्द्र बीस-पन्द्रह वर्षों से *हंस* के सम्पादक होकर भोग रहे हैं। वैसे कमलेश्वरजी ने *समान्तर कहानी* का एक सुर्रा भी छोड़ा था, पर वह चल नहीं पाया। भारती जी ने तो काफ़ी पहले से इस पद पर बैठकर *धर्मयुग* के साथ-साथ अपने नाम के आगे भी चाँद-तारे टाँग लिये थे। लिखने को राजेन्द्र भी कहानी, उपन्यास, सामयिक समस्याओं पर छिटपुट लेख लिखते रहते थे पर असलियत यह थी कि प्रतिष्ठा और शोहरत हो या रचनात्मक योगदान, सभी दृष्टि

से अपने को पिछड़ा हुआ महसूस कर रहे थे। अपनी प्रतिभा, क्षमता, योग्यता के प्रति पूरी तरह आश्वस्त होने के बावजूद इस स्थिति के कारण वे बेहद फ्रस्ट्रेटेड महसूस करते थे और जब-तब इसका दंश मुझे ही झेलना पड़ता था। कारण कुछ भी हो, कहीं भी हो, कठघरे में तो मुझे ही खड़ा किया जाता था और बिना शब्दों के प्रहार करने की कला से मैं चाहे कितनी ही अनभिज्ञ होऊँ, आहत तो होती ही थी। इन्हें कभी घर (जिसे मेरे साथ नत्थी करके इन्होंने अपने को सब प्रकार की ज़िम्मेदारियों से मुक्त कर रखा था) दमघोंटू लगता था तो कभी विवाहित जीवन से मेरी अपेक्षाएँ जकड़न-भरी, जिसके नीचे इनकी रचनात्मक ऊर्जा सूखती जा रही थी।

इनका तर्क था कि अपनी रचनात्मक ऊर्जा को बचाने-बढ़ाने के लिए यदि किसी लेखक की 'लेखकीय अनिवार्यताओं' की संख्या बढ़ती है, उसमें इज़ाफ़ा होता है तो वह कहाँ ग़लत है...क्यों ग़लत है ? उसे एक सामान्य आदमी की कसौटी पर कसना और उससे वैसी ही अपेक्षाएँ करना क्या उसके साथ ज़्यादती नहीं ? अगर वह समाज का एक विशिष्ट व्यक्ति है तो उसके विचार, उसका सोच और उसकी जीवन-पद्धति भी तो विशिष्ट ही होगी। राजेन्द्र की शिकायत या कहूँ कि तकलीफ़ ही इस बात को लेकर थी कि मैं उन्हें एक सामान्य आदमी के गज़ से नापकर क्यों हमेशा ग़लत सिद्ध करती रहती हूँ। पर अपने को विशिष्ट माननेवाले राजेन्द्र की धारणा पत्नी की भूमिका के बारे में विशिष्ट ही नहीं, सचमुच चौंकानेवाली थी। इनके हिसाब से पत्नी को एक नर्स की भाँति होना चाहिए जो सिर्फ़ पति की सेवा करे, बदले में उससे अपेक्षा कुछ न करे। अपनी इस धारणा को राजेन्द्र ने *धर्मयुग* में प्रकाशित एक परिचर्चा में "पत्नी को एक नर्स की भाँति होना चाहिए" शीर्षक से निःसंकोच भाव से व्यक्त भी किया था। मैं सोचा करती थी कि स्त्री-विमर्श का झंडा उठानेवाले...गला फाड़-फाड़कर उन्हें बराबरी का दर्जा देने की पैरवी करनेवाले पुरुषों का असली रूप यह ? या कि अपनी पत्नी को अपवाद मानकर ही ये सारी गर्जनाएँ-तर्जनाएँ की जाती हैं ? जो भी हो, ऐसे इनकी विशिष्टता की माँग पर मेरा एक ही तर्क था कि व्यक्ति को फिर अपनी ज़िन्दगी का पैटर्न भी विशिष्ट ही रखना चाहिए था। शादी...बच्चा ये तो एक बहुत ही सामान्य आदमी की ज़िन्दगी का पैटर्न है। ग़लती तो इनसे हो गई थी पर अब

ये भरसक उसका प्रतिकार करने में लगे हुए थे। प्रतिकार का एक सीधा, सरल और ईमानदार रास्ता तो यही था कि ये मुझे छोड़ देते और घर से अलग हो जाते, लेकिन मुश्किल यह थी कि घर से मिलनेवाली सुविधाओं की...जो भी, जैसी भी...इन्हें आदत हो गई थी और क्योंकि उन सुविधाओं का जुगाड़ तो मैं ही करती थी सो न ये घर से अलग हो पाते थे...न ही मुझे छोड़ पाते थे ! हाँ, प्रतिकार के और जितने भी रास्ते हो सकते थे, वे सब ज़रूर अपना रखे थे।

मेरी बात तो छोड़ दीजिए, मैं ख़ुद मान लेती हूँ कि मेरी कई ग़लतियाँ होंगी...पर टिंकू तो इन आरोपों से मुक्त थी और उसे ये बहुत प्यार भी करते थे। कोई सात-आठ साल की उम्र में उसे तीसरी बार मीज़ल्स निकली। मैं परेशान कि इसे बार-बार मीज़ल्स निकल आती है। तब मुझे हमारी मकान-मालकिन ने बताया कि पार्क के दूसरी तरफ़ ही होमियोपैथ डॉक्टर रहता है, उसे दिखाओ। वह ऐसी दवाई देगा कि एक ही बार में सारा रोग बाहर निकल आएगा। टिंकू को लेकर मैं डॉक्टर के पास गई, उन्होंने मात्र एक खुराक दी और कहा कि कल सवेरे तक इसकी सारी छाती और चेहरा दानों से भर जाएगा—घबराना मत। सवेरे दूसरी दवाई ले जाना, वह धीरे-धीरे सब साफ़ कर देगी। दूसरे दिन उसकी जो हालत हुई, उसे देखकर मैं तो सकते में आ गई। ताँबई रंग का उसका सूजा हुआ चेहरा...उसकी बेचैनी। उस हालत में उसे ले जाने का तो प्रश्न ही नहीं, मैं उसे छोड़कर भी नहीं जा सकती थी। नहा-धोकर राजेन्द्र कहीं जाने की तैयारी कर रहे थे। मैंने इनसे कहा कि पहले टिंकू की दवाई दे जाएँ, फिर कहीं जाएँ तो इन्होंने कहा कि साहित्य अकादमी की एक बहुत ही ज़रूरी मीटिंग है, मैं वैसे ही लेट हो गया हूँ, कुसुम स्कूल से आए तो तुम उससे दवाई मँगवा लेना। मैं बुरी तरह भन्ना गई...बच्ची की ऐसी हालत देखकर भी इन्हें न कोई परेशानी हो रही है, न चिन्ता...इन्हें साहित्य अकादमी की मीटिंग ज़्यादा ज़रूरी लग रही है। मैं तो किसी पड़ोसी के बच्चे की भी ऐसी हालत देख लूँ तो पहले डॉक्टर बुलाने चली जाऊँ, सामने ही तो जाना था, कोई दूर भी नहीं। पर राजेन्द्र के लिए अपनी बच्ची से मीटिंग ज़्यादा ज़रूरी थी और वे चले गए। संयोग की बात कि कोई घंटे डेढ़-घंटे बाद राकेशजी का फ़ोन आया—मैंने बता दिया कि राजेन्द्र तो साहित्य अकादमी की मीटिंग में गए हैं। सुनते ही उधर से राकेशजी भन्नाने लगे—"ये हमेशा इसी तरह डिच करता है—जब एक

बार तय हो गया था कि साहित्य अकादमी का बायकॉट करना है तो फिर ये वहाँ क्यों गया ? साथ बैठकर एक फ़ैसला किया और फिर चुपचाप वहाँ पहुँच गया...'' और भी जाने क्या-क्या कहते रहे राकेशजी। मैं तो ख़ुद ही परेशान बैठी थी, उनसे क्या कहती ? वैसे भी इन लोगों के ये दंद-फंद मेरी समझ में नहीं आते थे...कब किससे कटते थे...कब किससे जुड़ते थे। मैं तो कुसुमजी का इन्तज़ार कर रही थी और यही चिन्ता लगी हुई थी कि कहीं बस के कारण उन्हें आने में देर हो गई और डॉक्टर निकल गया तो बच्ची को इसी हालत में सारे दिन छटपटाते रहना पड़ेगा। जैसे ही कुसुमजी आईं उलटे पैरों मैंने उन्हें दौड़ा दिया। लेकिन बात का क्लाइमेक्स तो अभी होना था।

कोई चार-पाँच बजे उषा प्रियंवदा का फ़ोन आया। (तब तक राजेन्द्र ने एक बार भी फ़ोन करके टिंकू की हालत जानने की कोशिश तक नहीं की थी।) वे उन दिनों भारत आई हुई थीं और उन्हें लेकर साहित्यकारों में थोड़ी हलचल तो थी ही। उन्होंने अफ़सोस ज़ाहिर करते हुए कहा—''राजेन्द्र जी ने बताया कि बच्ची की बीमारी की वजह से आप सवेरे राजेन्द्र जी के साथ नहीं आ सकीं—आतीं तो आपसे भी मिलना हो जाता।'' मैं तो अवाक् पर जल्दी ही अपने को सहज बनाकर कहा कि इच्छा तो मेरी भी बहुत थी, पर मजबूरी। राजेन्द्र घर में नहीं हैं, यह सुनकर वे बोलीं कि आने पर कह दीजिए कि ग़लती से मैंने उन्हें किसी और का पेन दे दिया, उनके लिए जो लाई थी, वह मेरे ही पास रह गया...इस पेन को वे काम में न लें। उषा के साथ तो ख़ैर मैंने बिलकुल सहज-स्वाभाविक ढंग से बात कर ली पर फ़ोन के बाद की मेरी मनोदशा...लाख कोशिश करके भी मैं उसे शब्दों में नहीं बाँध सकूँगी। तो झूठ बोलकर राजेन्द्र उषा से मिलने गए...झूठ तो ख़ैर ये सारी ज़िन्दगी मुझसे बोलते ही रहे हैं पर बच्ची को इस हालत में छोड़कर ? उषा तो अभी कुछ दिन रहनेवाली थीं, फिर कभी मिल लेते। पिता तो बाद की बात है...पहला प्रश्न तो उठा—ये इन्सान भी हैं ? आज जिस टिंकू पर ये इतना निर्भर करते हैं...जो इन्हें अपना एकमात्र सहारा दिखाई देती है, कभी पीछे मुड़कर देखें तो कि उसके जन्म से लेकर उसके पालने-पोसने में क्या किया इन्होंने... कौन-सा संकट झेला ? बहरहाल छोड़िए, इस तरह की त्रासद स्थितियों को याद न करना ही बेहतर है।

जब ये लौटे तो मैंने बेहद ठंडी, सर्द आवाज़ में इन्हें उषा का सन्देश दे दिया। उस समय इनका चेहरा देखने लायक़ था। ठीक इसी तरह नन्ही (राजेन्द्र की सबसे छोटी बहिन) को 106^0 बुखार होने पर इन्होंने जो किया अजितजी गवाह हैं उसके तो। ऐसी घटनाओं की एक लम्बी फ़ेहरिस्त है मेरे पास, पर मुझे इनके ख़िलाफ़ शिकायतों का कोई खर्रा नहीं खोलना, मुझे तो इनकी 'विशिष्ट' जीवन-पद्धति का एक उदाहरण-भर पेश करना है। पर जब-जब इस तरह की कोई घटना घटती, मैं सोचती--क्या सभी रचनाकार अपने परिवार के प्रति ऐसी ही ग़ैर-ज़िम्मेदाराना, क्रूर हरक़तें करते हैं ? जहाँ तक मैं जानती हूँ ऐसा है नहीं। यह तो राजेन्द्र के मन में मुझे लेकर जितनी कुंठाएँ जमी हुई थीं उसी का परिणाम था जिसे परिवार को भोगना पड़ता था--फिर वह चाहे बेटी हो, चाहे बहिन--मैं तो भोगने के लिए अभिशप्त थी ही और अपने इसी तरह के कुकर्मों को राजेन्द्र विशिष्ट जीवन-पद्धति की आड़ में...रचनात्मकता की आड़ में तर्कसंगत ही नहीं जायज़ भी ठहराते थे। वरना परिवार के बाहर किसी के दुख-दर्द, हारी-बीमारी और तकलीफ़-ज़रूरत में भागीदारी करने को सदैव तत्पर रहते समय यह विशिष्ट जीवन या रचनात्मकता आड़े क्यों नहीं आती ? कितनी विचित्र बात है कि अब मेरे अलग हो जाने के बावजूद मेरे हर संकट के समय हाज़िर हो जाते हैं...कोई मदद चाहिए तो तुरन्त तत्पर। मालूम होता कि अलग होने के बाद इतना ख़याल रखने लगेंगे तो मैं बहुत पहले ही अलग हो जाती। ख़ैर, बहुत लम्बा खिंच गया यह प्रसंग--उद्‌देश्य और कुछ नहीं, केवल अपने से अलग रखकर, बहुत तटस्थ होकर एक व्यक्ति को समझने का प्रयास भर।

कमलेश्वरजी *सारिका* की सम्पादकी सँभालकर बम्बई चले गए थे और राकेशजी के साथ सम्बन्ध तनाव की स्थिति से गुज़रते हुए पूरी तरह समाप्त हो गए थे सो अब गप्प-गोष्ठी और मिल बैठने के लोग भी बदल गए थे और स्थान भी। यों इन सबका सिलसिला शुरू तो पहले से ही हो गया था पर अब तो जैसे ये केन्द्र में ही आ गए। सबसे अधिक दिलचस्प, प्रेरक और उन्मुक्त बहसें होती थीं विश्वविद्यालयी-गढ़ मॉडल टाउन में स्नेहजी-अजितजी के यहाँ, जहाँ कभी उनके साहित्यिक मित्र तो कभी उनके विश्वविद्यालयी मित्र जमे ही रहते थे। लेकिन जब केवल हमारे दल के लोग होते तो न विषय की कोई सीमा होती, न औपचारिकता का कोई अंकुश। मुझे याद नहीं कि यहाँ कभी नई कहानी की तिकड़ी की तरह भविष्य की योजनाएँ बनी हों। यहाँ तो बात-बहस की...जिसमें कभी-कभी गरमा-गरमी भी ख़ूब हो जाती थी...हँसे-खिलखिलाए, खाया-पिया और उठे तो उस दिन की बातों का प्रसंग वहीं समाप्त। कभी-कभी ज़रूर बहसें अगली बैठकों तक भी चालू रहती थीं, लेकिन वे सिर्फ़ बहसें होती थीं, योजनाएँ नहीं। कारण, सबकी विधाएँ अलग-अलग थीं...सबके क्षेत्र अलग-अलग...इसलिए न किसी की महत्वाकांक्षा किसी से टकराती थी, न अपना वर्चस्व सिद्ध करने की ललक दूसरे के भीतर प्रतिरोध पैदा करती थी। ऐसा नहीं कि ग़लतियाँ या ग़लतफ़हमियाँ होती नहीं थीं पर साथ बैठकर जल्दी ही साफ़-सफ़ाई भी हो जाती थी।

स्नेहजी-अजितजी तो हिन्दी विभाग की डॉ. निर्मला जैन को भी ख़ूब अच्छी तरह जानते थे पर हम लोगों की निकटता कुछ दिनों बाद स्थापित हुई। रौब-दाब से भरपूर उनके व्यक्तित्व का ऊपरी खोल काफ़ी आतंक जगानेवाला था—शुरू-शुरू में तो मेरे मन में काफ़ी आतंक ही था उनको लेकर और शायद अन्त तक ही बना रहता लेकिन राजेन्द्र ने हिन्दी विभाग की धज्जियाँ बिखेरने के चलते उनके इस लबादे को भी उतार फेंका। फिर तो ऐसी निकटता पैदा हो गई कि पिछले

तीस-पैंतीस सालों से पारिवारिक समस्या हो या व्यक्तिगत, निर्मलाजी सबकी सहभागी और सहयोगी रही हैं। यही नहीं, अपना भी 'सब कुछ' बड़े उन्मुक्त भाव से मेरे साथ शेयर करती आई हैं। पहले इनके घर में होनेवाले जमावड़ों की चर्चाएँ भले ही अपने में दुनिया-जहान के विषय समेटे रहती हों पर घूम-फिरकर कहीं न कहीं से विश्वविद्यालय की राजनीति उसमें ज़रूर प्रवेश पा जाती थी और इस विषय की तो जैसे ये विशेषज्ञ—शतरंज की पूरी जानकारी से लैस और दूरदर्शिता ऐसी कि कौन कब क्या चाल चलेगा इसका पुख़्ता अनुमान ही नहीं, काट की सारी चालें भी रहती थीं उनके पास। पर उनके घर की जो चीज़ सबसे ज़्यादा याद आती है वह है विविध प्रकार के सुस्वादु भोजन और प्रायः मौन रहकर भी हम लोगों पर अपना सारा स्नेह उँडेलते हुए हमें खिलाने और लाने-ले जाने की व्यवस्था में तत्पर जैन साहब की मुखर उपस्थिति। एक छोटी-सी गाँठ हो जाने पर निर्मलाजी मुझे अपनी गाड़ी में लादकर मेडिकल इंस्टीट्यूट (क़रीब बीस किलोमीटर दूर) ले गई थीं और डॉक्टर के तुरन्त ऑपरेशन करवाने के आदेश पर जैन साहब ने एक दिन की छुट्टी लेकर...भागदौड़ करके, जाने किन-किनसे मिल-मिलाकर मेरे लिए वहाँ के प्राइवेट वार्ड में एक कमरे की व्यवस्था करवाई थी, यह सब मैं कभी भूल सकती हूँ क्या ?

दूसरे दिन सवेरे आठ बजे ऑपरेशन होना था तो राजेन्द्र को लेकर जैन साहब और निर्मला जी फिर वहाँ हाज़िर। ऑपरेशन-थिएटर में जाने से पहले निर्मलाजी ने हौसला-अफ़ज़ाई के लिए मेरा हाथ अपने हाथ में लेकर हल्के से दबाया था और होश में आने के बाद उनका सहलाता हुआ हाथ ही मैंने अपने माथे पर महसूस किया था। कुछ बातें जो मेरे मन में हमेशा अंकित रहनेवाली हैं, उनमें से एक यह है। दूसरे दिन स्नेहजी वहाँ आकर रात को मेरे साथ सोई थीं। जैन साहब नहीं रहे तब भी यह सिलसिला तो बना ही रहा क्योंकि छोटे से छोटे काम की भी पुख़्ता व्यवस्था...हर संकट के समय साथ आकर खड़े हो जाना और खुले हाथ से ख़र्च करना खासियत है निर्मलाजी की। और जैन साहब वाली ज़िम्मेदारी ले ली है उनके बेटे और बहू संजय और नूतन ने।

इसी तरह दिसम्बर की हाड़-गलाती सर्दी में आधी रात को सूचना मिलने पर कि मित्तल का (जो उस समय अक्षर प्रकाशन में काम करता था) एक्सीडेन्ट हो

गया है...उसे सफ़दरजंग अस्पताल में भर्ती तो करवा दिया, अब तुरन्त सँभाला जाए, राजेन्द्र ने अजितजी को फ़ोन किया। आधा घंटे में ही अजितजी अपने कवच-कुंडल से लैस होकर आ खड़े हुए और राजेन्द्र को अपने टू-व्हीलर पर बिठाकर पहले बीस मील की अस्पताल की यात्रा, फिर वहाँ की भाग-दौड़। सवेरे ही लौटे थे ये लोग !

इसमें कोई सन्देह नहीं कि हर संकट के समय जैन और अजित परिवार को अपने पास पाया है...अपने साथ पाया है। उन दिनों आज जैसी दूरियाँ तो नहीं थीं और मन भी बेहद-बेहद जुड़े हुए थे। एक बड़े परिवार की तरह ही रहते थे हम लोग। उसके बाद तो तीनों परिवारों ने 'अपने-अपने घर' बना लिये और सब एक दूसरे से दूर जा पड़े।

फिर कुछ तो ये बाहरी दूरियाँ...कुछ अपनी-अपनी महत्त्वाकांक्षाओं के दायरे में सिमटते चले जाने की उत्साह भरी मजबूरी और कुछ परिस्थितियों के दबाव और सम्बन्धों के तनाव के कारण छोटे परिवार में पड़ी दरारों का प्रभाव बड़े परिवार पर भी पड़ना तो था ही—पड़ा। पहले जो घरेलू गोष्ठियाँ-बैठकें दस-पन्द्रह दिनों में हुआ करती थीं और नामवरजी के जुड़ जाने से वे केवल दिलचस्प ही नहीं, बहुत प्रेरक भी होने लगी थीं—अब खींच-खींचकर महीने-दो महीने में हो जाएँ तो ग़नीमत। इसमें कोई सन्देह नहीं कि ये गप्प-गोष्ठियाँ मेरे लेखन के लिए बहुत प्रेरक और उत्साहवर्द्धक होती थीं और मुझे अकसर लगता था कि इनका स्थगन होते-होते समाप्तप्राय होना मेरे लेखन के साथ कहीं गहरे से जुड़ा हुआ है। लिखने के दौरान मुझे भले ही बिलकुल अकेलापन चाहिए...निपट एकान्त, पर उस स्थिति तक पहुँचने के लिए इस दौर से गुज़रना मेरे लिए तो बहुत-बहुत ज़रूरी है...और मेरे लिए ही क्यों...शायद हर लेखक की यह अनिवार्यता है। हाँ, निर्मलाजी कोशिश करके ज़रूर मिलते रहने के इस सिलसिले को बनाए रखना चाहती हैं और उन्हीं के प्रयास से महीने-दो महीने में एकाध बार मिल भी बैठते हैं, पर न तो पहले जैसी उन्मुक्त बहसें होती हैं और न ही वैसे आत्मीयता में सने विवाद-प्रतिवाद—क्योंकि साथ रहकर भी मन शायद सबके कुछ अलग-थलग ही रहते हैं !

कॉलेज के स्तर पर शुरू-शुरू में दिल्ली में जमने-बसने की आरम्भिक कठिनाइयों और दूसरी तरह की अनेक समस्याओं में सबसे ज़्यादा सहयोग मिला था निर्मल हेमन्त का जिसकी नियुक्ति मेरे साथ हुई थी और शायद इसी कारण हम बहुत निकट हो गए थे। आज उन दिनों की याद करने पर सचमुच मन भर उठता है निर्मल को लेकर...क्या नहीं किया था उसने उन दिनों मेरे लिए। मेरी नियुक्ति के दो वर्ष बाद डॉ. शैल कुमारी और अर्चना वर्मा की नियुक्ति हुई। कुछ वर्षों तक छड़ी-छटाँग रहने के कारण बहुत आया करती थीं घर में। शुरू के दिनों में अर्चना टिंकू की तरह राजेन्द्र को पप्पू ही कहा करती थी और मुझे भी बिटिया जैसी ही लगती थी और आज हालत यह है कि मेरे दिमाग़ में लिखने की कोई बात आते ही...या कि मैं कुछ लिखूँ तो उसे बता या सुनाकर ही अपने लिए आत्मविश्वास अर्जित करती हूँ। शैल की रुचि इधर नाटकों की ओर हो गई है पर निकटता मैं उससे भी उतनी ही महसूस करती हूँ। एक बार कोई पाँच-छह महीने तक मेरी आवाज़ ही चली गई तो विभाग के सभी सदस्यों का भरपूर सहयोग मुझे मिला। ये थे हिन्दी-विभाग के मित्र, सहयोगी और सहकर्मी लेकिन जिनके साथ बैठकर बहस-चर्चाएँ होती थीं, वे थीं इतिहास-विभाग की प्रभा दीक्षित और डॉ. कृष्णा शर्मा। प्रभा दीक्षित बहुत पढ़ती है और उसकी रुचि और पढ़ाई का दायरा विभिन्न विषयों तक फैला हुआ है। उन दिनों *दिनमान* में उसके कुछ बड़े विवादास्पद लेख छपे थे जिन पर व्यापक प्रतिक्रियाएँ भी हुई थीं। घर में उसकी बहसें अक्सर राजेन्द्र और अजितजी से होती थीं—मैं और स्नेहजी तो श्रोता का पार्ट अदा करके केवल ज्ञानवर्द्धन ही किया करते थे। मेरे लिए तो विषय से भी ज़्यादा दिलचस्प और महत्त्वपूर्ण होता था वह रवैया, वह तेवर...वह आग्रह-दुराग्रह जिससे आदमी की मानसिकता का, उसके मन की भीतरी परतों का पता चलता था। रस ले-लेकर स्कैंडलबाज़ी भी खूब होती थी और पाकशास्त्र में निपुण प्रभा कभी-कभी अपने हाथ का बना सुस्वादु भोजन भी खिलाया करती थी। प्रभा की जिस बात से मैं सबसे ज़्यादा प्रभावित हूँ वह है—अपनी ज़िन्दगी को लेकर उसका सकारात्मक रवैया। ज़िन्दगी में जो और जितना मिला उसका भरपूर फ़ायदा उठाकर बिना किसी गिले-शिकवे के विकास की सीढ़ियाँ चढ़ते चले जाना।

इसके विपरीत थीं डॉ. कृष्णा शर्मा। मेधावी वे भी कम नहीं थीं। बेहद

प्रभावशाली व्यक्तित्व की धनी...सौम्य, संयत। गार्गी कॉलेज की प्रिंसिपल होकर जब वे दक्षिण दिल्ली चली गईं तो मैं और स्नेहजी आठ-आठ, दस-दस दिन तक उनके पास आकर रहे हैं। जब तक वे जीवित रहीं उनका भी बहुत स्नेह और सहयोग मिला है मुझे। टिंकू की शादी के लिए उन्होंने अपने को मात्र एक छोटे से कमरे में सिकोड़कर अपना सारा घर, आगे-पीछे के बड़े-बड़े सुन्दर लॉन सौंपकर मुझे बिलकुल चिन्तामुक्त कर दिया था। लेकिन मुझे जिस बात से सबसे अधिक तकलीफ़ होती थी वह यह कि किस तरह उन्होंने अपनी मेधा, प्रतिभा और क्षमता का ह्रास किया।

इन सबसे समान रूप से मित्रता के सूत्र अगर किसी एक व्यक्ति के साथ जुड़े थे तो वे थे अजित कुमार। वैसे यह विशेषता थी अजित जी के व्यक्तित्व की कि आज आप अपने किसी घनिष्ठ मित्र से पहली बार परिचय करवाइए उनका...दो महीने बाद यदि आपको यह देखने को मिले कि आप हाशिए पर पड़े हैं और अजित जी चाय-कॉफ़ी (अब शराब) की चुस्कियों के साथ घुल-मिलकर उनसे बातें ही नहीं कर रहे हैं बल्कि वह अपने सुख-दुख, समस्याओं-योजनाओं को उनके सामने उँडेले दे रहा है तो बिलकुल आश्चर्य मत कीजिए। एक अजीब-सा सम्मोहन ज़रूर था उनके व्यक्तित्व में कि लोग उनके सामने अपने को निःसंकोच भाव से उँडेलने में झिझकते नहीं। लेकिन अपनी व्यक्तिगत बात किसी के साथ शेयर करना तो दूर वे होंठों तक भी नहीं लाते—अपने अन्तरंग से अन्तरंग मित्र के सामने भी। मेरी शब्दावली में एक ही शब्द है इसके लिए 'घुन्नाघट्ट' जो राजेन्द्र पर भी पूरी तरह लागू होता है। मुझे सन्देह नहीं बल्कि मैं दावे के साथ कह सकती हूँ कि बाहर से बेहद-बेहद खिलखिलाते, बोलने-बतियानेवाले इन दोनों व्यक्तियों के भीतर कोई झाँक भी नहीं सका होगा कभी। पता नहीं क्यों मुझे अक्सर लगता है कि ये चुटकुलेबाज़ी—हाज़िरजवाबी और बात-बात पर ठहाके लगाना कहीं अपने उस निहायत 'निजी भीतरी' पर परदा डालने का ही एक आयोजन तो नहीं—एक सफल आयोजन! अपनी तरफ़ से सात तालों में बन्द मन की उस लौह-कपाटी कन्दरा में कभी कोई छोटे-मोटे सुराख करके हमने ही कुछ जान-समझ लिया हो तो बात दूसरी है। स्नेहजी तो उस जाने-समझे को अपने भीतर घोट-घोटकर घुटती रहती थीं। पर मैंने तो उसे दूसरों तक पहुँचाने का गुनाह

भी ख़ूब किया है।

सन् 70 में हुआ परिचय एक बिलकुल दूसरे क़िस्म की मित्रता में पनपा था शर्मा जी (सेवाराम शर्मा) और सरयू से। वैसे तो शर्मा जी आई.ए.एस. अधिकारी हैं पर उनकी साहित्य-पिपासा ही हमें निकट ले आई। वे ख़ूब पढ़ते थे और पढ़े पर बहस करने के लिए आतुर रहते थे। सरयू को तो लिखने-लिखाने का भी शौक़ था। बाद में तो उसने बाक़ायदा कहानियाँ लिखना भी शुरू कर दिया और कुछ सालों पहले उसका एक कहानी संग्रह भी प्रकाशित हुआ था। बात-बहस चाहे साहित्य की होती हो लेकिन लाइसेन्स रिन्यू करवाना, राशन-कार्ड बनवाना, फ़्लैट की क़िस्तें जमा करवाना जैसे अनेक झंझटिया काम मैंने उनके ज़िम्मे कर रखे थे। डी.डी.ए. का यह फ़्लैट जिसमें आज मैं अपने को बेहद सुरक्षित महसूस करती हूँ उनके ज़िद-भरे आग्रह करने पर ही मैंने बुक किया था। दो साल बीतते न बीतते राजेन्द्र तो उस परिवार से कुछ ऐसे जुड़ गए कि सप्ताह में चार या पाँच दिन अक्षर से सीधे उनके यहाँ चले जाते और फिर रात दस बजे तक ही घर लौटते। उनकी पोस्टिंग मिज़ोरम और अरुणाचल हुई तो उस परिवार का 'चुम्बकीय आकर्षण' राजेन्द्र को वहाँ भी ले गया। लेकिन कुछ साल पहले एकाएक शर्मा जी और राजेन्द्र के बीच उभरी किसी गाँठ ने उन्हें काफ़ी हद तक दूर कर दिया। लेकिन मेरी निकटता उनसे जस की तस बनी रही। केवल इतना ही नहीं, बीमारी की हालत में सरयू ने मुझे एक सप्ताह तक अपने घर ले जाकर भी रखा। शर्मा जी उन दिनों प्रोटेस्ट के तौर पर छुट्टी लेकर घर बैठे थे और दोनों ने ही बड़ी आत्मीयता से मेरी देखभाल की। बच्चे भी दोनों समय प्रणाम करने ज़रूर आते थे।

ध*र्मयुग* के जिस विशेषांक में मेरी *त्रिशंकु* कहानी छपी थी उसी में राजी सेठ की *ग़लत होता पंचतन्त्र* भी छपी थी। कहानी पढ़ते ही राजी का नाम मेरे मन में अटक गया। पर उन दिनों वे अहमदाबाद रहती थीं इसलिए मुलाक़ात नहीं हो सकी। सन् 76 में सेठ साहब ट्रान्सफ़र होकर दिल्ली आए और एक दिन राजी सेठ को बिना किसी ख़बर-सूचना के अचानक अपने घर में पाकर मुझे आश्चर्य हुआ था—एक सुखद आश्चर्य। उस दिन की वह छोटी-सी मुलाक़ात कब और कैसे एक

अन्तरंग परिचय में बदल गई—कैसे मैं राजी को अपने बहुत निकट पाने लगी मैं खुद नहीं जानती। जहाँ तक लेखन और लेखकीय दृष्टि का सवाल है हम शायद बहुत भिन्न धरातल पर खड़े हैं। (वैसे उनके शुरू के दो कहानी-संग्रह—*अन्धे मोड़ से आगे* और *तीसरी हथेली* की कहानियों पर मैं मुग्ध हूँ।) लेकिन इसके बावजूद उनके साथ बैठना, विभिन्न विषयों को समेटती लम्बी-लम्बी बातचीत मुझे हमेशा बहुत प्रेरक और उत्साहवर्द्धक लगती है। घर-परिवार की समस्याओं को (उनके पास जिसका अम्बार लगा रहता है) एक-दूसरे के सामने उँडेलकर थोड़ा हल्का कर लेते हैं, पर उन प्रसंगों को जल्दी ही निपटाकर पढ़ने-लिखने की दुनिया में लौट आते हैं। राजी पूरी तरह लेखिका है—निष्ठावान और समर्पित। लेखकों की बिरादरी को ही उन्होंने अपनी बिरादरी बना लिया है और मैं पिछले पन्द्रह साल से कुछ भी न लिख पाने के कारण साहित्य की दुनिया से ही कटती चली गई हूँ। हो सकता है, इसी कारण बहुत चाहने के बावजूद मुलाक़ातें हमारी बहुत ही कम हो पाती हैं। यूँ फ़ोन को मिलने का विकल्प बना रखा है पर उसमें वो सन्तोष कहाँ ? जो भी हो, हम चाहे मिलें न मिलें—अनेक स्तरों पर हमारे लेखकीय धरातल भिन्न हों, पर कहीं कुछ ऐसा है ज़रूर कि मैं राजी को अपने बहुत निकट पाती हूँ...शायद वह भी, वरना यह सम्बन्ध इस तरह चलता नहीं। हो सकता है इसके मूल में उनकी वह शालीनता रही हो जिसके चलते न उन्होंने कभी अपने विचारों को सही और श्रेष्ठ सिद्ध करके मुझ पर लादने की कोशिश की, न अपने कहे, सोचे, लिखे की श्रेष्ठता के परचम लहराकर मुझे आतंकित ही किया।

इन मित्रों के साथ बैठकें, गोष्ठियाँ तो होती थीं शाम को पर दिन का समय गुज़ारती थी मैं अपनी बेटी टिंकू (रचना) के साथ। जब तक वह मेरे साथ रही तब तक वह मेरी सबसे बड़ी शक्ति थी। आज तो मैं कई बार यह भी सोचती हूँ कि यदि टिंकू न होती तो मेरी ज़िन्दगी की यह धारा निश्चित रूप से किसी और दिशा में मुड़ गई होती। चौथी-पाँचवीं कक्षा तक मैं उसकी माँ बनकर रही—उसके बाद उसकी मित्र बनकर। स्कूल से आने के बाद उसे खिला-पिलाकर हम दोनों पलंग पर गलबहियाँ डालकर लेट जाते—शर्मा जी ने इस दृश्य को नाम दे रखा था, 'गायबाजी'—और फिर बड़े विस्तार से वह मुझे अपने स्कूल की एक-एक बात बताती। मैं उसे दुनिया-भर की कहानियाँ सुनाती, कविता सिखाती। (आजकल यह

काम मैं उसकी तीन साल की बेटी मायरा के साथ करती हूँ। उसके नानी-प्रेम के मूल में ये कहानियाँ-कविताएँ ही हैं।) लेकिन कॉलेज के दूसरे साल तक आते-आते घर चाहे यही रहा पर उसकी अपनी एक अलग ही दुनिया होने लगी, अपने मित्र होने लगे, जो अब केवल उसके अपने होते थे। बहुत स्वाभाविक भी था यह पर फिर भी उसका दूर होते चले जाना मुझे कहीं बहुत अकेला तो कर ही गया और सन् 84 में दिनेश खन्ना के साथ शादी करके उसने अपना घर भी बसा लिया। दिनेश-टिंकू दोनों अपने-अपने काम में बहुत व्यस्त रहते हैं—अब तो अगर हमें जोड़ती है तो मायरा। मायरा के रूप में मुझे जैसे फिर से टिंकू ही मिल गई जो उसकी तरह ही कहानी-कविता सुनते अघाती नहीं। और अब तो उसमें टिंकू की दूसरी बिटिया माही भी जुड़ गई।

सबसे बाद में परिचय हुआ मैत्रेयी पुष्पा से। चित्रा मुद्गल उसे अपने साथ लेकर आई थी—परिचय करवाया और जब मालूम हुआ कि उसकी तीनों बेटियाँ और एक दामाद (अब तो तीनों) डॉक्टर हैं तो मेरे मुँह से अचानक निकला, अरे वाह ! यह तो बहुत अच्छा हुआ क्योंकि परिचय के दायरे में कोई डॉक्टर तो है ही नहीं और आजकल सबसे ज़्यादा ज़रूरत उसी की पड़ती है। बाद में अपने कहे पर हँसी आती रही क्योंकि मैत्रेयी आई थी अपनी लेखकीय आकांक्षाओं के साथ और मैंने उसे डॉक्टरी में समेटकर रख दिया। चलते समय उसने मुझे अपनी एक किताब दी इस आग्रह के साथ कि पढ़कर मैं अपनी राय और सुझाव पहुँचा दूँ। किताब पढ़कर मैं चुप्पी साध गई क्योंकि उसमें प्रतिक्रिया ज़ाहिर करने जैसा कुछ था ही नहीं। फिर उससे कोई मुलाक़ात नहीं हुई और मैं उज्जैन चली गई। पर दो साल में तो सारा परिदृश्य ही बदल गया। राजेन्द्र और *हंस* के माध्यम से उसने साहित्य में जगह ही नहीं बना ली बल्कि *इदन्नमम्* जैसा उपन्यास लिखकर कथा-साहित्य में अपने नाम की धूम मचा दी। उसके बाद तो एक के बाद एक मोटे उपन्यासों का सिलसिला शुरू हो गया।

अक्सर दिल्ली रहने पर मेरी साँस की तकलीफ़ बहुत बढ़ जाया करती थी (जो आज भी है) और एक रात को मुझे लगा कि जैसे मेरी साँस ही उखड़ जाएगी।

क़रीब बारह बजे मैंने हाँफते-काँपते मैत्रेयी को फ़ोन किया और गोपाल (ड्राइवर) को उसे लेने के लिए भेज दिया। तुरन्त आकर वह मुझे मेडिकल

इंस्टिट्यूट ले गई, अपने दोनों डॉक्टर दामादों को उसने पहले ही फ़ोन कर दिया था। तबीयत शायद इतनी ज़्यादा ख़राब नहीं थी जितनी घबराहट थी। दूसरे दिन शाम तक मुझे वहाँ रखकर घर भेज दिया। ऐसे ही एक बार और डॉक्टर साहब और मैत्रेयी सूचना मिलते ही रात ग्यारह बजे मुझे देखने आ गए थे।

गप्प-गोष्ठियों और साहित्यिक सूत्रों से जुड़े इन सम्बन्धों से ज़रा अलग हटकर दो सम्बन्ध और हैं, जिनसे मैं गहरे से जुड़ी हुई हूँ। बरसों पहले अपने गद्य-गीतों के लिए चर्चित श्रीमती दिनेशनन्दिनी डालमिया जो एक लम्बे अन्तराल के बाद साहित्य के क्षेत्र में केवल सक्रिय ही नहीं हुईं बल्कि जिन्होंने एक के बाद एक रचनाओं की झड़ी लगा रखी है—मेरे लिए वे सिर्फ़ बड़ी बहिन हैं।

आश्चर्य की बात है कि मैंने कभी उनसे साहित्य की बात नहीं की...उनकी साहित्यिक-संस्था 'ऋचा' में भी कभी शिरकत नहीं की...हम तो जब भी मिलते, घर-परिवार की बात ही करते। कभी उन्होंने मेरे और राजेन्द्र के सम्बन्धों की तनातनी में बड़ी बहिन की भूमिका अदा की थी...फिर जैसे उसे स्वीकार कर लिया। मिलना तो दूर कभी-कभी फ़ोन तक करने में लम्बा अन्तराल पड़ जाता था पर मेरी आश्वस्ति इसी में थी कि वे हैं।

अब वे नहीं...आज तो उनकी याद, उनका स्नेह ही मेरी धरोहर है।

दूसरा सम्बन्ध है डॉ. संयुक्ता कौशल से जो मेरी बिटिया जैसी ही है। यों परिचय तो हुआ था 1966 में राजेन्द्र के मार्फ़त, पर नख से शिख तक आभिजात्य में लिपटा उसका व्यक्तित्व...हाई-फाई तौर-तरीक़े...देखकर ही मुझे लगा था कि इससे मेरा मामला जमेगा नहीं। शुरू में राजेन्द्र ही अधिक निकट भी रहे थे उसके पर कब और कैसे वह सरककर मुझसे इतने घने रूप में जुड़ गई कि मेरी हारी-बीमारी, डॉक्टर-बाज़ी की सारी ज़िम्मेदारी उसने सँभाल ली थी। दिल्ली के बाहर, भाई-बहिनों के घर जाने के अलावा मैं बहुत घूमी नहीं हूँ। यह जानकर बाहर घुमाने की ज़िम्मेदारी भी जैसे इसी ने ले ली। लद्दाख इसका कार्य-क्षेत्र रहा है बरसों तक, सो एक बार वह मुझे भी ले गई और पन्द्रह दिनों तक अपने साथ रखकर इतना घुमाया कि थककर फिर मैंने ही विराम लगा दिया। उसके बाद हम शिलांग

गए...यहाँ तक कि हरिद्वार-ऋषिकेश भी मुझे उसी ने दिखाए। अब तो न घूमने का शौक़ रहा, न चलने की सामर्थ्य, सो घर ही भला लगता है...डॉक्टर-बाज़ी भी अपेक्षाकृत कम हो गई सो फ़ोन पर ही बातचीत होती रहती है।

1990 में नीरा और आनन्द अपनी दोनों बेटियों के साथ ब्रसल्स से दिल्ली लौट आए। नीरा...सुशीला की बेटी यानी मेरी बेटी, पर आनन्द के साथ मैं दामाद वाला रिश्ता कभी जोड़ ही नहीं पाई क्योंकि यह सम्बन्ध होने से पहले जब वह सेन्ट स्टीफ़ेन्स कॉलेज में पढ़ता था तब भी वह कभी-कभी घर आया करता था और मैं उससे बहुत निकटता महसूस करती थी। उसका पढ़ने का शौक़, विभिन्न विषयों की उसकी जानकारी...मेरे लिए तो उसकी बातें बहुत-बहुत प्रेरक होती थीं। इन लोगों के दिल्ली आ जाने से मुझे बहुत राहत मिली ! एक तो इनका घर सबसे पास, दूसरे, आनन्द बीमारियों और दवाइयों की भी काफ़ी जानकारी रखनेवाला ! कई बार तो अपने ऑफ़िस के बेहद व्यस्त कार्यक्रम के बावजूद मुझे लेकर उसे डॉक्टर के पास भी जाना पड़ा। और सबसे बड़ी बात कि मैं आनन्द के साथ अपना सब कुछ शेयर कर सकती हूँ...किया भी है। कुछ है उसके व्यक्तित्व में ऐसा कि बच्चों से लेकर बूढ़े तक सब उसे अपने बहुत निकट पाने लगते हैं !

दिल्ली से बाहर रहनेवालों में गिरिराज किशोर-मीरा भाभी और सुधा अरोड़ा-जितेन्द्र भाटिया। बरसों से गिरिराजजी और भाभी मुझे कानपुर आने के स्नेह-सने निमन्त्रण देते रहे हैं पर मैं कभी भी उनके निमन्त्रण का मान नहीं रख पाई इसलिए थोड़ा रुष्ट, या कहूँ कि खिन्न होकर अब उन्होंने कहना ही बन्द कर दिया, पर उनकी बातों और मुलाक़ातों में मुझे हमेशा एक गहरे सरोकार का अहसास मिलता रहा है। सुधा अरोड़ा कब मुझसे इतने गहरे से जुड़ गई, पता ही नहीं चला। यों परिचय तो बरसों पहले कलकत्ते में ही था पर यह जुड़ाव...बम्बई जाकर पहले दो दिन और बाद में पूरा एक महीना साथ रहने से घनिष्ठता में बदल गया। साथ रहने के बाद तो जितेन्द्र भाटिया भी बहुत निकट लगने लगे। उनकी स्पष्टवादिता...उनके व्यक्तित्व की साफ़गोई और लेखन के प्रति उनका समर्पण। मैं उन्हें व्यक्तिगत रूप से न भी जानती तो भी *कथादेश* में छपनेवाले उनके स्तम्भ 'सोचो, साथ क्या जाएगा ?' के कारण मेरे मन में उनके लिए बहुत सम्मान रहता।

ये ही हैं वे सम्पर्क-सम्बन्ध और जुड़ाव, फिर वे चाहे परिवारवालों से रहे

हों...छात्राओं से रहे हों...मित्रों, परिचितों या सहकर्मियों से रहे हों, जो मेरी ज़िन्दगी का सबसे बड़ा सम्बल रहे हैं। जुड़ावहीन ज़िन्दगी ने जहाँ-जहाँ और जब-जब मुझे तोड़ा, इन सम्बलों ने ही मुझे जैसे जोड़े रखा ज़िन्दगी से भी और लेखन से भी।

मैं अच्छी तरह जानती हूँ...और यह स्वाभाविक भी है कि अपने निकटतम मित्रों पर की गई बेहद संक्षिप्त पर मात्र प्रशंसात्मक टिप्पणियों के बाद यह आरोप तो लगेगा ही कि व्यक्तियों को देखने-परखने का इतना सतही नज़रिया या कि सबके बारे में बहुत बचा-बचाकर लिखा है मैंने। एक लेखक के लिए इस ठकुर-सुहाती का प्रयोजन ? सबकी मुँहदेखी बातें करने की कौन-सी रणनीति है यह ? इसमें कोई सन्देह नहीं कि अपने मित्रों पर लिखी गई ये चन्द पंक्तियाँ बड़ी आसानी से 'ठकुर-सुहाती' की श्रेणी में डाली जा सकती हैं। लेकिन एक बात मैं स्पष्ट कर दूँ कि अपने इस आत्मकथ्य में अपने मित्रों का व्यक्तित्व-विश्लेषण या छिन्द्रान्वेषण करना मेरा उद्देश्य क़तई नहीं था वरना इतने वर्षों की निकटता, अनेक घटनाओं और सन्दर्भों की जानकारी से उनके व्यक्तित्व के उजले-धुँधले पक्ष मेरे सामने भी उजागर तो हुए ही हैं...पर वह सब तो मेरे कच्चे माल के गोदाम की सामग्री है। यहाँ तो मैंने केवल उन बिन्दुओं, सम्बन्धों के सकारात्मक पहलुओं और उपलब्धियों के प्रेरक-प्रसंगों को स्पर्श भर किया है, जहाँ से मेरी रचनात्मक ऊर्जा ने जाने-अनजाने, प्रत्यक्ष-परोक्ष रूप से रस ग्रहण किया है। पुनर्जीवित होने के इस प्रयास में मन की किसी परत पर चिपका मेरे माली का नुस्ख़ा बराबर मेरा दिशा-निर्देश करता रहा है।

नहीं जानती तीन साल पहले जो और जिस तरह का सहयोग मिला मुझे उसे किस श्रेणी में रखूँ मैं ? सन् 96 से दाहिनी आँख के काले मोतियाबिन्द ने परेशान कर रखा था...दो साल बाद दिल्ली में ही ऑपरेशन हुआ पर कन्ट्रोल मैं नहीं आया। तब एक दिन कलकत्ता से बड़े भाई का फ़ोन आया कि शंकर नेत्रालय में अपॉइन्टमेन्ट ले लिया है...तुम मद्रास पहुँचो, मैं कलकत्ता से आता हूँ। तीन-चार दिन तक बराबर देखने के बाद शंकर नेत्रालयवालों ने फ़ैसला सुनाया—एक और ऑपरेशन अनिवार्य है...पर कुछ दिन मद्रास में रहना होगा। समस्या आई कि कहाँ

रहूँगी और देखभाल के लिए मेरे साथ रहेगा कौन ? तभी दीपा पुरंग (सरयू शर्मा की भांजी जो बचपन में कभी-कभी सरयू के साथ हमारे यहाँ आया करती थीं) ने अपना घर ही नहीं बल्कि अपना दिल भी खोल दिया मेरे लिए। पूरा एक कमरा और एक आया सौंपने के बावजूद ख़ुद समय से मेरी आँख में दवाइयाँ डालती थी...नाश्ते-ख़ाने की व्यवस्था भी बिलकुल फ़िट। सचमुच बिटिया की उम्रवाली दीपा ने माँ बनकर देखभाल की थी मेरी। दीपा से तो चलिए परिचय का एक झीना-सा सूत्र था भी पर उसके पति प्रवीण पुरंग...उन्होंने भी तो कोई कमी नहीं रखी थी देखभाल में। बिना किसी मजबूरी या घनिष्ठता के लम्बे समय तक ऐसा सहयोग महानगरों के सन्दर्भ में अविश्वसनीय-सा नहीं लगता है ? जब दीपा ने छोटी बच्ची होने के कारण शुरू में ही शंकर नेत्रालय तक लाने-ले जाने की अपनी असमर्थता बता दी थी तो मदद के लिए आई पहले बैंगलोर से मेरी भतीजी मंजु भंडारी और बाद में राजुल पद्मनाभन। अपने दोनों बच्चों को फ़ाइनल इम्तिहान के बीच छोड़कर बेहद मानसिक तनाव की स्थिति में भी ऑपरेशन के समय मंजु मेरे साथ थी, पर दूसरे दिन ही मैंने उसे वापस भेजा और तब हर तीसरे दिन शंकर नेत्रालय ले जाने की ज़िम्मेदारी राजुल ने सँभाली। राजुल मद्रास की स्पास्टिक सोसाइटी की बेहद कर्मठ, सक्रिय और समर्पित सदस्या है...उसका यों हर तीसरे-चौथे दिन काम छोड़कर मुझे लेने आना...दिखाकर फिर दीपा के यहाँ छोड़ना...पूरे आधे दिन की बर्बादी होती थी उसकी। पर उसके चेहरे पर कभी शिकन तक नहीं देखी मैंने। कृतज्ञता के बोझ से दबी मैं ही जब-तब कुछ कहती तो डपट देती मुझे—आप ऐसा सोचती भी क्यों हैं...बिलकुल नहीं सोचेंगी इस तरह। मुझे सोच से मुक्त करने का उसका और दीपा का हर प्रयास मुझे न जाने कितने प्रकार के सोच से भर देता—

दुनिया आज भी सुन्दर है...रहने योग्य।

बिना प्रतिदान के भी कितना कुछ मिलता रहा है मुझे लोगों से !

अगर तरह-तरह के संकट आए तो सँभालने के लिए हमेशा दस-दस हाथ भी तो प्रस्तुत रहे।

इसे ईश्वर की अनुकम्पा के सिवाय और क्या कहूँ !

सो बिना किसी के लिए कुछ किए ही परिवार, परिचितों और मित्रों से मुझे

बराबर जितना और जो कुछ मिलता रहा, उसी के सहारे जैसे-तैसे मेरे लिखने का क्रम चलता रहा।

दुनिया के सुन्दर और रहने योग्य लगने के साथ ही एक छोटी-सी घटना और जुड़ी हुई है, जो पढ़नेवाले को तो शायद बहुत ही महत्त्वहीन लगेगी पर यह मेरे मन में कुछ इस तरह अंकित है कि लिखे बिना मुझसे रहा भी नहीं जाएगा।

एक दिन रात को कोई दस-साढ़े दस बजे हम लोग निर्मलाजी के यहाँ से लौट रहे थे। गाड़ी टिंकू चला रही थी और उसने अपना पर्स सीट और दरवाज़े के बीच फँसाकर रख दिया था। कुछ दूर चलने पर मैंने टिंकू से कहा कि यह खड़-खड़ की आवाज़ क्यों आ रही है...लगता है तेरा दरवाज़ा ठीक से बन्द नहीं है। गाड़ी चलाते-चलाते ही उसने दरवाज़ा खोला और झटके से बन्द कर दिया। इस पर किसी का ध्यान ही नहीं गया कि दरवाज़े से सटाकर रखा हुआ पर्स नीचे गिर पड़ा है। घर जाकर पर्स की तलाश शुरू हुई। सबसे पहले निर्मलाजी के यहाँ फ़ोन किया...वहाँ से नकारात्मक उत्तर आने पर एकाएक ख्याल आया कि दरवाज़ा खोलते समय ज़रूर पर्स नीचे गिर गया होगा। रुपए पैसे तो उसमें ज़्यादा थे नहीं पर उसका आइडेन्टिटी-कार्ड, लाइब्रेरी-कार्ड, बस-पास और एक कॉलेज की छात्रा के पर्स में जितना भी कुछ अगड़म-बगड़म भरा रहता है, वह सब तो था ही...सो टिंकू तो बेहद परेशान ! उल्टे पैरों हम लोग वापस लौटे और अन्दाज़ से जहाँ दरवाज़ा खोला था, वहाँ उतरकर दूर-दूर तक सारी सड़क छान मारी। वह यूनिवर्सिटी-एरिया था, जहाँ रात को बिलकुल सन्नाटा ही रहता है सो वैसे तो किसी के उठाकर ले जाने की सम्भावना कम ही थी पर जब पर्स नहीं मिला तो समझ लिया कि ज़रूर हम जैसा कोई और भी इधर से गुज़रा होगा और सड़क पर लावारिस से पड़े एक पर्स को देखकर उठा लिया होगा। थक-हारकर लौट आए पर टिंकू तो बेहद परेशान...फिर सारी चीज़ें बनवाने की भागदौड़...पर उपाय ?

कोई तीसरे दिन शाम को नीचे से मकान-मालिक के लड़के ने आवाज़ देकर कहा कि आंटी, ये ऑटोरिक्शावाला रचना को पूछ रहा है। टिंकू घर में थी नहीं, सो मैं ही नीचे उतरी। ऑटोरिक्शा चालक के पूछने पर जब मैंने बताया कि मैं ही रचना की माँ हूँ तो वह जल्दी से मुड़ा और सामने खड़े ऑटोरिक्शा से एक पर्स लाकर मुझे देते हुए बोला...कोई तीन दिन पहले रात को मौरिस नगर से गुजरते

हुए मुझे यह पर्स मिला था...इसे सँभाल लीजिए। मैं अवाक-सी उसका मुँह देखती रह गई तो क्षमा-याचना के से स्वर में बोला—'मैं तो बहुत दूर रहता हूँ और इस बीच इधर की कोई सवारी ही नहीं मिली तो ला नहीं सका और हाँ, मैंने इसे एक बार खोलकर भी देखा...सिर्फ़ इसलिए कि कोई पता मिल जाए तो कम-से-कम इसे ठिकाने पर तो पहुँचा दूँ...अब आप एक बार इसे खोलकर देख लीजिए कि अन्दर सब ठीक तो है न ?'

'कैसी बात करते हैं आप...जो तीन दिन बाद भी पर्स लाकर देगा वह...।' 'आपकी बेटी भी हिन्दू-कॉलेज में पढ़ती है...मेरा बेटा भी वहीं से पढ़कर निकला था, उस नाते तो यह भी मेरी बेटी ही हुई।' लेकिन पिता बनने के बावजूद उसका यह आग्रह बना ही रहा...'इसे मेरे सामने ही एक बार खोलकर देख तो ज़रूर लीजिए...मेरा मन हल्का हो जाएगा।'

मैंने हाथ जोड़ दिए...'ऐसी बात कहकर क्यों मुझे शर्मिन्दा कर रहे हैं आप ? और अब आपको ऊपर चलकर मेरे साथ एक कप कॉफ़ी तो ज़रूर पीनी होगी।' 'नहीं-नहीं, मेरी सवारी बैठी हुई है स्कूटर में...वैसे ही देरी हो गई' और जल्दी से वह अपने रिक्शा की ओर मुड़ गया। जाते-जाते फिर बोल गया...'तीन दिन तक बच्ची ज़रूर बहुत परेशान रही होगी...इस देरी के लिए आप उससे मेरी तरफ़ से माफ़ी ज़रूर माँग लीजिए।' और वह चला गया ! मैं कुछ देर तक वहीं जस की तस खड़ी रही। वह तो चला गया पर जब मैं ऊपर चढ़ी तो उसकी बात...बात से ज़्यादा उसका चेहरा और चेहरे से ज़्यादा उसका भाव, सब कुछ मेरे साथ ज्यों के त्यों चले आए। नहीं जानती क्यों ऐसी छोटी-छोटी (?) बातें मैं कभी भुला नहीं पाती...केवल इतना ही नहीं कि भुला नहीं पाती बल्कि ऐसी ही छोटी-छोटी बातें तो हैं जो ज़िन्दगी के प्रति मेरी आस्था को बढ़ा देती हैं।

सन् '70 तक मेरे चार कहानी-संग्रह आ चुके थे और *बिना दीवारों के घर* नाम से एक नाटक भी, सो मन अब रह-रहकर उपन्यास की ओर दौड़ रहा था। तीन परिवारों में पल रहे बंटी की विभिन्न मानसिक स्थितियाँ (जिनका उल्लेख मैंने बंटी की जन्म-पत्री में किया है) मुझे केवल अपनी ओर खींच ही नहीं रही थीं बल्कि लगातार उनका दबाव मुझ पर बढ़ता जा रहा था और बढ़ते-बढ़ते स्थिति यहाँ तक पहुँच गई कि वे सारे बंटी अपने-अपने परिवार की सीमाओं को तोड़कर एक सामाजिक समस्या के रूप में खड़े हो गए। हो सकता है कि इस स्थिति तक पहुँचने में समानान्तर रूप से चलनेवाला मेरी निजी चेतना का एक अतिरिक्त आयाम भी रहा हो। टिंकू उस समय कुल नौ वर्ष की थी (बंटी की उम्र की) और राजेन्द्र के साथ रहना मेरे लिए कठिन से कठिनतर होता जा रहा था। पर जब भी मैं अलग होने की बात सोचती, टिंकू का चेहरा बंटी के चेहरों में जा मिलता और मेरा सारा सोच वहीं ध्वस्त हो जाता...नहीं-नहीं, मैंने जो सहा, सह लिया लेकिन टिंकू को मैं एक भरी-पूरी ज़िन्दगी से वंचित नहीं करूँगी। टिंकू को मैंने बंटी तो नहीं बनने दिया पर उसने मुझे उपन्यास लिखने के लिए एक तरह से विवश ही कर दिया और फिर तो सारे ही बंटी गड्ड-मड्ड होकर एक नया ही आकार लेने लगे। अब इस आकार को क़लम-बद्ध करने से मैं अपने को रोक नहीं पा रही थी पर इसे लिखने के लिए घर-बाहर की ज़िम्मेदारियों से मुक्त, जैसे निर्विघ्न समय और मानसिक शान्ति की ज़रूरत थी, वह सब घर में मिल पाना सम्भव ही नहीं था सो एक दिन मन पक्का करके मैंने प्रिंसिपल से हॉस्टल में एक कमरा माँगा...सामान समेटा और चली आई। डॉ. शैल कुमारी के बग़लवाला कमरा मिला था मुझे और शैल ने ऐसी मेहमाननवाज़ी की मेरी कि समय-समय पर चाय-कॉफ़ी के अलावा हॉस्टल की बनी बेस्वाद सब्ज़ियों के बदले अच्छी सब्ज़ियाँ तक बनाकर खिलाईं। पूरे एक महीने तक शैल ने इतना ध्यान रखा मेरा कि घर की कमी अखरने ही नहीं दी। रूटीन कुछ

यों बना मेरा कि कॉलेज के काम से बचा मेरा सारा समय बंटी और शकुन के साथ ही बीतने लगा। शनिवार की शाम को मैं घर जाती तो ये साथ ही जाते...सोमवार को सवेरे मैं इनके साथ ही वापस लौटती। बृहस्पतिवार को नन्हीं (राजेन्द्र की छोटी बहिन) टिंकू को लेकर हॉस्टल आती तो दो घंटे मैं सिर्फ़ उसके साथ गुज़ारती। तभी एक व्यवधान।

टिंकू मुझसे मिलने आई तो देखा कि उसका घुटना छिला हुआ है। मैंने वैसे ही पूछा तो दोनों बाँहें मेरे गले में डालकर रो पड़ी..."तुम्हें क्या पड़ी है मेरे चोट लगने से...तुम अपना बैठकर लिखो।" उसके साथ खेलकर, उसे आइसक्रीम खिलाकर उसकी मनोदशा तो मैंने उस समय बदल दी पर मेरी मनोदशा पर उसके आँसू जैसे चिपके ही रह गए। जाने कैसा तो धिक्कार उठा भीतर से कि मैं यहाँ इस काल्पनिक बंटी के सुख-दुख के साथ तो जी-मर रही हूँ और मेरा असली बंटी मेरे बिना उपेक्षित महसूस कर रहा है। नहीं, अब और नहीं और नीचे उतरकर मैंने राजेन्द्र को फ़ोन किया कि मैं कल सामान समेटकर आ रही हूँ तो राजेन्द्र ने मुझे केवल समझाया ही नहीं बल्कि पूरी तरह कन्विन्स भी कर दिया कि इस समय आ गईं तो इससे बड़ी ग़लती और कोई नहीं होगी ! टिंकू अपने काका-बुआ के साथ खूब मस्त है, उस समय मुझे देखकर ज़रा इमोशनल हो गई होगी। काका-बुआ से मिले प्यार की वजह से ही मैं उसे छोड़कर भी आ सकी थी और यह तो मैं भी अच्छी तरह जानती थी कि वह भी उन दोनों से बहुत जुड़ी हुई है...फिर मेरी अनुपस्थिति में नन्हीं (बुआ) उसकी पूरी तरह देखभाल करती थी...पर फिर भी उस दिन के आँसुओं ने मुझे कुछ समय के लिए तो बुरी तरह डिगा ही दिया। बाद में तो मैंने भी महसूस किया कि यदि उस समय मैं घर चली जाती तो पूरी तरह ग्रिप में आया हुआ यह उपन्यास फिसल जाता और फिर कभी न लिखा जाता। महिला होने के नाते मुझे बाहर के किसी संकट या व्यवधान का कभी कोई सामना नहीं करना पड़ा, पर इस आन्तरिक संकट को क्या कहा जाए ? जहाँ तक सोचती हूँ, हर लेखिका को कभी न कभी, किसी न किसी स्तर पर इस तरह के आन्तरिक संकट से तो ज़रूर ही गुज़रना पड़ता होगा।

पता नहीं भारती जी को कैसे यह सूचना मिल गई कि मैं कोई उपन्यास लिख रही हूँ सो उनका अनुरोध नहीं, एक प्रकार से आदेश ही आया कि वह *धर्मयुग*

में छपेगा और दीवाली-विशेषांक से शुरू हो जाएगा–जिसकी घोषणा वे जल्दी ही करने जा रहे हैं। उनका यह दबाव मेरी मजबूरी बन गया और उपन्यास का पहला ड्राफ़्ट पूरा करके–यानी उपन्यास को पूरी तरह अपनी मुट्ठी में करके–मैं घर लौटी। शुरू की चार क़िस्तों का तीसरा ड्राफ़्ट तैयार करके मैंने भारती जी के पास भेजा तो उनका एक लम्बा-सा तार मिला जिसका आशय था कि मैं राकेश से इस बारे में बात कर लूँ, कहीं वह आहत न हो...यह उसकी दुखती रग है...इसमें कोई सन्देह नहीं कि तीन बंटियों में से एक राकेशजी का ही बेटा था और उपन्यास का प्रस्थान-बिन्दु भी मुझे वहीं से मिला था पर आगे की कहानी तो बिलकुल भिन्न, क्योंकि न तो मैंने राकेशजी के बेटे को कभी देखा था, न ही उनकी पहली पत्नी शीलाजी को। पर शुरू की ये चार क़िस्तें...भारतीजी के मन में राकेशजी के आहत होने की आशंका...उनकी दुखती रग को कचोटनेवाली रचना को *धर्मयुग* में छापने की उनकी झिझक...सभी कुछ बहुत स्वाभाविक था। दूसरी ओर मुझसे बहुत आग्रह करके लिया हुआ उपन्यास...तीन-चार अंकों से जिसकी घोषणा भी हो रही थी...क्या कहकर रद्‌द करें ? अजीब द्वन्द्व था भारती जी के सामने और इसका एक ही निराकरण था कि मैं ख़ुद जाकर एक बार राकेशजी से बात कर लूँ। इस नज़रिए से तो मैंने कभी सोचा ही नहीं था पर अब जाना मुझे भी ज़रूरी लगने लगा, क्योंकि इस बिन्दु पर तो मैं भी राकेशजी को कभी आहत नहीं कर सकती थी।

राकेशजी से मिलने का निर्णय तो मैंने ले लिया पर गई तो रास्ते-भर मुझे न जाने कितने अगर-मगर मथते रहे...अगर राकेशजी नाराज़ हुए तो...अगर आहत हुए तो...अगर दुखी हुए तो...मिलने पर बड़े झिझकते हुए मैंने अपनी बात, कुछ सफ़ाई पेश करने के अन्दाज़ में उनके सामने रखी और प्रतिक्रिया जानने के लिए उनके चेहरे पर अपनी नज़रें गड़ा दीं। वे बोले–"मन्नू, जानती हो, इस तरह तुम एक लेखक का अपमान कर रही हो।" मैं तो धक्क् ! पर उन्होंने शायद मेरे धक्क् होने को देखा ही नहीं और बोलते रहे–"एक लेखक अपनी रचना के लिए सबसे अनुमति लेता फिरेगा...सफ़ाई पेश करता रहेगा ? हम अपनी रचना के लिए ज़िन्दगी से ही तो थीम उठाते हैं...अपनी ज़िन्दगी से, परिवारवालों और परिचितों की ज़िन्दगी से...मित्रों की ज़िन्दगी से–उसमें ग़लत या अनुचित क्या है ? हाँ ग़लत

होता है तब, जब कोई दुर्भावना से लिखे...मेलिशियसली लिखे और मैं तुम्हें अच्छी तरह जानता हूँ कि तुम ऐसी घटिया हरक़त कभी नहीं करोगी।" और फिर हँसकर बोले–"अब तो मैं भी तुम्हारे उपन्यास का इन्तज़ार करूँगा।" उनकी बात से भी ज़्यादा उनकी हँसी ने मेरे सारे अगर-मगर, द्वन्द्व-दुविधा धो-पोंछ दिए।

जैसे ही मैंने फ़ोन पर भारतीजी को अपने और राकेशजी के बीच होनेवाले संवाद की सारी बात बताई, वे भी एकदम निश्चिन्त हो गए। फिर तो उन्होंने अपनी घोषणा के अनुसार *धर्मयुग* में *आपका बंटी* की पहली क़िस्त छाप दी। धारावाहिक रूप से इसका छपना और उस पर मिलनेवाली प्रतिक्रियाएँ...विचित्र अनुभव था वह मेरे लिए। तीसरी-चौथी क़िस्त से प्रतिक्रियास्वरूप मिलनेवाले पत्रों का जो सिलसिला शुरू हुआ, क़िस्त-दर-क़िस्त उनकी संख्या बढ़ती ही चली गई। आठवीं-नौवीं क़िस्त तक आते-आते तो हाल यह हुआ कि एक दिन पोस्टमैन ऊपर आया और पूछने लगा–"क्या बात है जो रोज़-रोज़ इतने पत्र आते हैं...आपने घर में ही कोई ऑफ़िस खोल लिया है क्या ? या कुछ और..." उसे क्या बताती, मैं तो ख़ुद हैरान ! ऐसी-ऐसी जगहों से पत्र मिलते, जिनका मैंने कभी नाम तक नहीं सुना। इसमें एक पत्र का ज़िक्र ज़रूर करना चाहूँगी। बंटी को डॉक्टर साहब के घर से उसके अपने पिता के घर भेजने का प्रसंग चल रहा था शायद। तब इन्दौर से विमला धामाई नाम की किसी महिला का पत्र मिला। लिखा था–मैं यहाँ छोटे बच्चों के हॉस्टल की वॉर्डन हूँ। मेरे हॉस्टल में 90 बच्चे हैं। अपनी जड़ से उखड़ने के बाद बंटी जिस मानसिक यातना से गुज़र रहा है, वह अब मुझसे बर्दाश्त नहीं हो रही। मेहरबानी करके आप उसे मेरे पास भेज दीजिए–मैं उसे अपने हॉस्टल में रख लूँगी। भगवान के वास्ते अब आप उसे और इधर-उधर मत भटकाइए। प्रमुख बात तो काफ़ी कुछ वैसी ही याद है...बाकी, इसी भाव से मिलती-जुलती कुछ पंक्तियाँ और भी थीं।

कई पत्रों में तो मेरी प्रशंसा में भी ख़ूब क़सीदे काढ़े गए थे, पर नौ पत्रों में धिक्कार भरी अपनी भर्त्सना को भी मैं भूली नहीं हूँ। ऐसे पत्रों की संख्या नौ थी, यह तो आज भी मुझे अच्छी तरह याद है, पर किसी भी पत्र की पंक्तियाँ ठीक-ठीक याद नहीं। हाँ, सबका मिला-जुला भाव यह था कि–"एक स्त्री होकर भी आपने तो भारतीय मातृत्व को कलंकित ही किया है। हमारे यहाँ की स्त्री, अपने बच्चों

के लिए सब कुछ त्याग देती हैं...बिना चेहरे पर शिकन लाए अपना सब कुछ होम कर देती हैं। कैसा चित्रित किया है आपने शकुन को ?...कैसी माँ है यह शकुन, इसके लिए तो अपना सुख...अपना भविष्य ही सब कुछ है...'' और फिर शकुन की भर्त्सना ! आश्चर्य तो मुझे इस बात पर हुआ था कि ये सारे पत्र स्त्रियों ने ही लिखे थे। उस समय भी यह बात दिमाग़ में ज़रूर आई थी पर आज तो मैं इसे बड़ी शिद्दत के साथ महसूस करती हूँ कि कितनी गहरी जमी हुई हैं इन संस्कारों की जड़ें हमारे भीतर। त्याग, सेवा, अपने को होम कर देना, अपने को मिटा देना क्या यही हैं स्त्रीत्व के गुण...उसकी महानता की कसौटी ? क्यों नहीं किसी ने शकुन की तकलीफ़ को समझा...उसे महसूस किया ?

इन जड़ संस्कारों से बँधी महिलाओं की बात तो छोड़ ही दीजिए, आश्चर्य तो मुझे इस बात का है कि धारावाहिक रूप से छपने पर आनेवाले पत्र हों या पुस्तक रूप में आने पर छपनेवाली समीक्षाएँ या फिर गोष्ठियों में होनेवाली चर्चाएँ, सब जगह बंटी ही छाया रहा ! शकुन तो एक तरह से हाशिए में जा पड़ी। उसे अपेक्षित महत्त्व मिला ही नहीं, जबकि मेरे हिसाब से वह भी उपन्यास का एक महत्त्वपूर्ण चरित्र है। इसलिए ज़रूरी लग रहा है कि इस अवसर पर एक आधुनिक स्त्री के सन्दर्भ में ही उसके चरित्र पर थोड़ा प्रकाश डालने की कोशिश करूँ !

हमसे पहलेवाली पीढ़ी की स्त्री का न तो कोई स्वतन्त्र व्यक्तित्व होता था...न ही कोई स्वतन्त्र पहचान, वह तो मात्र रिश्तों से ही पहचानी जाती थी। वह किसी की बेटी, पत्नी, माँ, बहिन, चाची-ताई, बुआ-भाभी ही होती थी। इन रिश्तों से परे भी उसका अपना कोई स्वतन्त्र व्यक्तित्व है...उसका अपना कोई नाम (अस्मिता) भी है, इस बात का उसे कोई बोध तक नहीं था...न उसे, न उसके परिवार के लोगों को बल्कि कहूँ कि समाज को। लेकिन समय के साथ-साथ शिक्षा, जागरूकता, आर्थिक स्वतन्त्रता और बाहरी दुनिया से बढ़ते रिश्तों ने उसके भीतर इस बोध को जगाया कि रिश्तों से परे भी उसकी अपनी एक स्वतन्त्र सत्ता है...अपनी अस्मिता है कि वह भी समाज की एक स्वतन्त्र जीवन्त इकाई है। पर इस बोध के जागते ही सबसे पहली टक्कर उसे रिश्तों से ही लेनी पड़ी जो अभी तक पूरी तरह उस पर क़ब्जा जमाए बैठे थे। आप सभी को याद होगा कि एक समय ऐसी कहानियों की कमी नहीं थी, जिनमें माँ-बाप ने बेटी से सिर्फ़ इसलिए

सम्बन्ध तोड़ लिया कि बेटी ने उनकी इच्छा के विरुद्ध शादी कर ली। बेटी की ज़िन्दगी के अहम-से-अहम फ़ैसले लेने का अधिकार पूरी तरह अपने में समेटे माँ-बाप के लिए यह बर्दाश्त कर पाना शायद सम्भव ही नहीं था कि उनके इस अधिकार को चुनौती देती हुई बेटी अपनी ज़िन्दगी के फ़ैसले खुद लेने लगे। बेटी ने यदि उनके इस अधिकार को नकार दिया तो उन्होंने बड़ी निर्ममता से ख़ून के सम्बन्ध को ही नकार दिया (मैंने ख़ुद भी तो पिता के इस क्रोध भरे नकार को झेला ही था।) 'दुनिया देखी है...ज़िन्दगी का अनुभव...धूप में बाल सफ़ेद नहीं किए' या कि 'बेटी है हमारी, हमसे ज़्यादा उसका हित और कौन देख सकता है...' जैसे फ़िकरे तो लोगों की सहानुभूति बटोरने के लिए उनका सबसे बड़ा सम्बल हुआ ही करते थे।

उसके कुछ समय बाद पति के वर्चस्व को, उसके 'पति परमेश्वरत्व' को चुनौती देते हुए पत्नी ने अपनी आवाज़ बुलन्द की तो इन सम्बन्धों में भी दरारें पड़ने का सिलसिला शुरू हुआ...टूटने का सिलसिला शुरू हुआ। ऐसा नहीं कि इस टूटने ने स्त्री को कहीं से नहीं तोड़ा। तोड़ा...बहुत टूटन भी झेली उसने और कई स्तरों पर झेली, लेकिन एक सीमा तक बर्दाश्त करने के बाद जब स्थिति असह्य हो गई तो आख़िर उसने स्टैंड लिया और अपने को मुक्त कर लिया। और यह भी सही है कि माँ-बाप से कहीं अधिक त्रासदायक होता था यह सम्बन्ध-विच्छेद, क्योंकि उस समय तो अपने मन-पसन्द जीवनसाथी के साथ एक सुनहरे भविष्य का नक़्शा सामने रहता था पर इस विच्छेद के बाद तो सामने अकेलेपन का सन्नाटा ही पसरा पड़ा रहता है। (हाँ, यदि अलगाव का कारण कोई नया साथी हो तो अवश्य स्थिति दूसरी होती है।) इसके बावजूद तलाक की संख्या दिनोंदिन बढ़ती ही जा रही है। मैंने तो इस विच्छेद व त्रासदी को भी झेला है...चाहे पूरे पैंतीस साल बाद ही सही। लेकिन सबसे नाजुक रिश्ता होता है माँ और बच्चे का। यहाँ बच्चे की उपेक्षा करके या कहूँ कि अपने मातृत्व की उपेक्षा करके किसी भी माँ के लिए अपने व्यक्तित्व की बात सोचना...अपनी ही आशा-आकांक्षाओं की बात सोचना, असम्भव चाहे न हो पर कठिन तो बहुत है ही। मातृत्व और व्यक्तित्व का यह द्वन्द्व ही शकुन के चरित्र की कुंजी है। जब उसका मातृत्व-पक्ष प्रबल होता है तो उसका अतृप्त-उपेक्षित व्यक्ति-पक्ष प्रश्नवाचक बनकर उसे मथने लगता है और जब उसका

व्यक्ति-पक्ष प्रबल होता है तो उसका मातृत्व तिलमिलाने लगता है। पर शकुन के जीवन की सबसे बड़ी त्रासदी तो यह है कि व्यक्तित्व और मातृत्व के इस द्वन्द्व में न वह पूरी तरह व्यक्ति (शकुन) बनकर जी सकी...न पूरी तरह माँ। और क्या यह केवल शकुन की ही त्रासदी है ? आज भी अपने व्यक्तित्व के दम पर अपने सम्बन्धों से टकरानेवाली हज़ार-हज़ार औरतों की त्रासदी क्या यही नहीं है ? अच्छा होता कि समीक्षाओं में शकुन के द्वन्द्व और उसके जीवन की त्रासदी को भी उसके पूरे सन्दर्भ के साथ समेटा जाता।

सन् 70 में ही बासु चटर्जी ने राजेन्द्र के *सारा आकाश* उपन्यास पर फ़िल्म बनाकर कलात्मक फ़िल्मों की दुनिया में मणि कौल और कुमार शाहनी से हटकर अपनी एक अलग पहचान बनाई। कलात्मकता के नाम पर दर्शकों को अपने से दूर छिटका देनेवाले इन प्रयोगों की जगह इसने दर्शकों को अपने साथ जोड़ा ही नहीं, अपनी संवेदना का सहभागी भी बनाया। इसकी सफलता ने राजेन्द्र को प्रसन्न और पुलकित किया तो बासुदा को नई योजनाओं से लैस। उन्होंने मुझसे मेरी 'यही सच है' कहानी को फ़िल्माने की बात की। इसमें कोई सन्देह नहीं कि फ़िल्म का प्रस्ताव मुझे भी रोमांचक तो बहुत लग रहा था पर संशय था तो केवल इतना कि निहायत आन्तरिक स्तर पर चलनेवाले एक लड़की के द्वन्द्व को (जिसे व्यक्त करने के लिए मुझे भी डायरी फ़ॉर्म का सहारा लेना पड़ा था) दृश्य-विधा में कैसे प्रस्तुत करेंगे ? जब मैंने अपनी आशंका बासुदा के सामने रखी तो उन्होंने कहा कि यह सब मैं उन पर छोड़ दूँ और अनुमति दे दूँ। अपनी कहानी को चित्रपट पर देखने की ललक ने मेरी शंकाओं को पीछे धकेल दिया और फ़िल्म बनी, पर दुर्भाग्य मेरा कि एक साल तक कोई डिस्ट्रीब्यूटर न मिलने की वजह से वह डिब्बों में ही बन्द पड़ी रही। मजबूरन मैंने तो समझ लिया और सन्तोष भी कर लिया कि कहानी काग़ज़ों में से निकलकर डिब्बों में चली गई पर अन्ततः ताराचन्द बड़जात्या ने उसे ख़रीदकर रिलीज़ किया तो फिर उसने केवल सिल्वर-जुबिली ही नहीं मनाई बल्कि फ़िल्मफ़ेयर के दोनों अवार्ड—क्रिटिक्स अवार्ड (जो अक्सर किसी कलात्मक फ़िल्म को ही मिलता था) और पब्लिक अवार्ड (जो किसी अच्छी कमर्शियल फ़िल्म को मिलता रहा है) भी प्राप्त किए।

फ़िल्मफ़ेयर में छपे एक लेख ने इस बात को भी उजागर किया कि यह हिन्दी की पहली फ़िल्म है जिसमें प्रेम का त्रिकोण तो है पर उसकी अनिवार्य परिणति—किसी खलपात्र की उपस्थिति—नदारद है। दर्शक की सहानुभूति या

लगाव तीनों पात्रों के साथ समान रूप से बना रहता है। मैं *फ़िल्मफ़ेयर* नहीं पढ़ती–हमारे यहाँ आता भी नहीं था सो जैसे ही किसी ने बताया कि अरे मँगवाकर पढ़ो तो सही कि तुम्हारी 'रजनीगन्धा' फ़िल्म की कैसी प्रशस्ति छपी है तो तुरन्त मँगवाकर पढ़ा। इसमें कोई सन्देह नहीं कि यह जानकर बहुत-बहुत अच्छा तो लगा ही था कि यह पहली ऐसी फ़िल्म है, जिसे दोनों अवार्ड एक साथ मिले हैं, उसके बाद भी शायद ही किसी फ़िल्म को ऐसा सुयोग मिला हो। त्रिकोणवाली बात पर भी मेरा तो ध्यान इसके पहले कभी गया ही नहीं। छपने के बाद यह कहानी (यही सच है) काफ़ी चर्चा में भी रही थी पर इस बात की ओर तो कभी किसी ने संकेत तक नहीं किया। आज तो मुझे उस लेखक का नाम तक याद नहीं जिसने इस बात को रेखांकित करते हुए ही एक पूरा लेख लिखा था। न ही मैंने *फ़िल्मफ़ेयर* का वह अंक सँभालकर रखा (इस मामले में तो आदत से लाचार)। जो भी हो, इसमें कोई सन्देह नहीं कि अपनी पहली ही फ़िल्म की ऐसी सफलता ने–चाहे लम्बी प्रतीक्षा के बाद ही सही–मुझे केवल आत्मविश्वास से ही नहीं भर दिया बल्कि इस दिशा की ओर उन्मुख भी कर दिया।

इसके कुछ वर्षों बाद ही बासुदा ने मुझे शरतचन्द्र की कहानी 'स्वामी' का पुनर्लेखन करने को कहा। हेमामालिनी की माँ के आग्रह पर उन्हें इस पर फ़िल्म बनानी थी पर कहानी के वर्तमान रूप से वे बिलकुल सन्तुष्ट नहीं थे। सुनते ही मैंने हाथ जोड़ दिए–'क्या बात करते हैं बासुदा। कहानी के मास्टर शरतचन्द्र की कहानी पर मैं क़लम चलाऊँ...ऐसा दुस्साहस, ऐसी धृष्टता करने के लिए तो मत कहिए मुझे।' लेकिन जब बासुदा के बहुत आग्रह करने पर वह कहानी मैंने पढ़ी (पढ़ी तो पहले भी ज़रूर होगी पर याद बिलकुल नहीं थी) तो यह ज़रूर लगा कि उसकी मूल थीम बहुत अच्छी होने के बावजूद उसके कथा-विन्यास में कहीं कोई गड़बड़ी है ज़रूर, और मेरे इतना कहते ही बासुदा ने तो घेर-घारकर और पूरी तरह से यह छूट देकर कि मैं इसमें जितना चाहूँ काटूँ-छाँटूँ...बढ़ाऊँ-घटाऊँ...मुझे इस काम में लपेट ही लिया।

इस दौरान बासुदा से कुछ ऐसे घरेलू से सम्बन्ध बन गए थे कि उनका आग्रह मेरे लिए आदेश बन जाया करता था—बशर्ते थीम मुझे पसन्द आए। 'स्वामी' की थीम मुझे अच्छी लगी थी। बेहद अनिच्छा से की गई शादी के कारण सम्बन्धों की शुरुआत होती है घनश्याम (पति) के प्रति मिनी (पत्नी) की उपेक्षा से, पर कैसे यही उपेक्षा सौतेली माँ और परिवार की ज़्यादतियों के कारण धीरे-धीरे पति की पक्षधरता में बदलती हुई पति के आचरण के कारण सम्मान में बदल जाती है...फिर स्नेह में और अन्त में श्रद्धा-विगलित विसर्जन में। कार्य-कारण शृंखला के साथ पति-पत्नी के सम्बन्धों का बदलता हुआ जो समीकरण प्रस्तुत किया गया है, वही इस कहानी का मूल आधार है...इस कहानी की खूबी। 'स्वामी' शीर्षक को सार्थक करता हुआ जो एक समानान्तर अर्थ और ध्वनित होता है, वह है—नास्तिकता से आस्तिकता की ओर जाना। फ़िल्म की सफलता का जितना श्रेय बासुदा के निर्देशन को जाता है उतना ही शबाना और गिरीश करनाड के अभिनय को। इस फ़िल्म ने भी केवल सिल्वर-जुबिली ही नहीं मनाई बल्कि कई अवार्ड भी जीते। बस, कष्ट मुझे रहा तो एक ही बात का कि फ़िल्म में अन्त बासुदा ने मेरी कहानी से हटकर कर दिया और स्टेशन पर ही मिनी को पति के चरणों में लिटा दिया।

इस बात पर मैं बासुदा से बहुत झगड़ी भी थी कि अन्त आपको यदि स्टेशन पर ही करना था तो कर देते क्योंकि उनके हिसाब से कहानी का क्लाइमेक्स वहीं आ गया था...पर वहाँ मिनी को घनश्याम के चरणों में लिटाने की क्या ज़रूरत थी ? वह उसकी बाँहों में भी तो समा सकती थी जैसा कि मैंने अपनी उपन्यासिका में दिखाया भी था। पहले तो बासुदा ने मेरे सारे विरोध और ग़ुस्से को परे सरकाने की कोशिश करते हुए अपने उसी मज़ाक़िया अन्दाज़ में कहा...

'अरे स्त्री को पति के चरणों में ही लेटना चाहिए...वहीं अच्छी लगती है वह' पर इससे मेरा ग़ुस्सा जब और भड़क उठा तो उन्होंने अपना तर्क रखा, 'यह मत भूलिए कि यह शरत की कहानी है और उस समय बंगाल में स्त्री की स्थिति थी ही क्या ? बात-बात पर पति के चरणों में ही तो लोटती रहती थी। सारा शरत-साहित्य ऐसे ही दृश्यों से भरा मिलेगा आपको।'

'नहीं बासुदा, बंगाल की स्त्री चाहे जो भी और जैसी भी रही हो उस समय,

पर मिनी का चरित्र इस कहानी में जिस तरह विकसित किया गया है, उसमें वह एक आत्म-सम्मान से भरी...हर अनुचित और अन्याय के ख़िलाफ़ आवाज़ उठाने का...स्टैंड लेने का साहस रखनेवाली स्त्री के रूप में उभरी है। ऐसी स्त्री को चरणों में लिटाकर आपने उस चरित्र के साथ न्याय नहीं किया है।' पर बासुदा तो अपनी बात पर अडिग। उनका अपना तर्क था—

'ठीक कह रही हैं आप। मिनी जैसी स्त्री ही, जो परिवारवालों से अपमानित होकर...पति के अविश्वास करने पर यदि घर से भागने का दुस्साहस कर सकती है तो अपनी ग़लती का अहसास होने पर...अपने इस संगीन अपराध के बावजूद पति की क्षमाशीलता...उसके बड़प्पन के आगे अपने को बेहद छोटा महसूस करते हुए, उसके चरणों में लोट भी सकती है।'

ख़ैर बासुदा का तर्क अपनी जगह था और मेरा विरोध और गुस्सा अपनी जगह। जो भी हो, फ़िल्म तो अब बन चुकी थी, प्रदर्शित भी हो चुकी थी और प्रशंसित भी, सो अब और कुछ तो हो ही नहीं सकता था। पर एक बात उन दिनों ज़रूर मेरे मन में घुमड़ती रही थी कि पहली बात बासुदा ने चाहे मज़ाक़ में ही कही हो पर क्या पुरुष मात्र का सामन्ती अहं इस बात से तुष्ट नहीं होता कि स्त्री उसके चरणों का स्पर्श करे...उसके चरणों में लोटे ?

हमारे यहाँ कुछ व्रत-उपवास ऐसे हैं, जिनको करने के बाद स्त्री अपने पति के पैर छूने जाती है और पति महाशय...गाँव-देहात के सामान्य-साधारण की बात तो छोड़ ही दीजिए, शहर के पढ़े-लिखे आधुनिकता का तमग़ा लटकाए, स्त्री-पुरुषों की बराबरी का ढोल पीटनेवाले लोग भी उस समय शुद्ध 'पति परमेश्वर' बने आराम से अपने पैर बाहर कर देते हैं। कभी कोई इनके इस आचरण पर टिप्पणी करे तो तुरुप के पत्ते की तरह यह तर्क तो हमेशा उनके हाथ में रहता ही है...अरे, हमें तो ख़ुद यह सब बिलकुल पसन्द नहीं पर क्या करें...पत्नी की ख़ुशी के लिए, उसके सन्तोष के लिए करना पड़ता है। पत्नी के सुख और सन्तोष की दावेदारी करनेवाले ऐसे ही लोगों में से दो-एक को तो मैंने अपनी पत्नी को मारते भी देखा है। कुछ पत्नियाँ शरीर पर प्रहार झेलती हैं तो कुछ अपनी भावनाओं पर—जैसे झेलना-भोगना तो पत्नियों की नियति ही हो ?

यों फ़िल्म तो बासुदा ने मेरी 'एखाने आकाश नॉई' पर भी बनाई थी पर न

वह अच्छी बनी...न चली। मेरी रचनाओं पर तीन फ़िल्में बनने तक मुझे स्क्रिप्ट लिखने का कोई अनुभव नहीं था। 'रजनीगन्धा' की स्क्रिप्ट बासुदा ने ही लिखी थी...'स्वामी' कहानी को भी बहुत कुछ बदल-बदलाकर मैंने तो एक उपन्यासिका लिख दी थी (भूमिका में सारी बात को स्पष्ट करते हुए, जिसे मैंने बाद में पुस्तक के रूप में भी छपवा दिया था), स्क्रिप्ट उसकी भी बासुदा ने ही लिखी थी। पर इस दिशा में रुचि ज़रूर मेरी जागृत हो गई थी और इसीलिए जब दूरदर्शन ने मेरी अपनी ही कहानी 'अकेली' पर टेलीफ़िल्म बनाने का प्रस्ताव रखा तो उसकी स्क्रिप्ट और संवाद लिखने की ज़िम्मेदारी मैंने ही सँभाली। टेलीफ़िल्म बनी और शायद अच्छी ही बनी क्योंकि तब से लेकर आज तक यह फ़िल्म कितनी ही बार दिखाई जा चुकी है।

एक समय में बेहद चर्चित 'रजनी' सीरियल की योजना भी बासुदा ने हमारे घर पर बैठकर ही बनाई थी। उनका कहना था कि हम ग़लत, अनुचित और अन्याय के विरुद्ध भुनभुनाते तो बहुत हैं...अपने-अपने ड्राइंग रूम में बैठकर विरोध भी करते हैं पर प्रतिरोध (प्रोटेस्ट) का यह स्वर बाहर नहीं ले जाते...उसकी अन्तिम परिणति तक उसके पीछे नहीं पड़े रहते। इस सीरियल में एक चरित्र के माध्यम से प्रतिरोध की इस आवाज़ को वे पूरी बुलन्दी के साथ उठाना चाहते थे। एक कोई शुरुआत करेगा तो फिर उसमें चार और जुड़ेंगे...फिर चार और जुड़ेंगे और इस तरह यह एक सामूहिक प्रतिरोध का स्वर बन जाएगा। आइडिया तो मुझे भी बहुत अच्छा लगा और मैं इसके साथ जुड़ना भी चाहती थी पर सारी कड़ियाँ लिखने की ज़िम्मेदारी लेना मेरे लिए सम्भव नहीं था क्योंकि उन दिनों मेरा अपना लिखना भी तो चालू था। हाँ, इतना सन्तोष ज़रूर है कि बासुदा की लिखी तीन-चार कड़ियों के बाद जिस कड़ी से रजनी की धूम मची, टैक्सीवाली वह कड़ी मैंने ही लिखी थी। यों भारतीय भाषाओं पर आधारित 'दर्पण' सीरियल की दस कहानियों की स्क्रिप्ट भी मैंने लिखी थी। इसमें स्क्रिप्ट लिखने से कहीं अधिक संकट कहानियों के चुनाव का था। चुनाव की मेरी सीमा अनूदित कहानियों तक ही थी और यह निर्णय करना मेरे लिए सम्भव ही नहीं था कि वे उस भाषा की श्रेष्ठ कहानियाँ थीं या नहीं। इसके बाद प्रेमचन्द के *निर्मला* उपन्यास की स्क्रिप्ट लिखने का काम भी मैंने ही किया।

प्रेमचन्दजी का यह उपन्यास मुझे बहुत पसन्द था, आज भी है और मैं इसे कॉलेज में पढ़ाती भी थी सो जैसे ही यह प्रस्ताव आया, मैंने स्वीकार कर लिया पर इसके साथ जैसी त्रासदी घटी (कम से कम मेरे सन्दर्भ में) उसने मुझे बहुत खिन्न किया। सारी बातें तय हो जाने के बाद निर्माता ने मुझे बताया कि मुझे इस उपन्यास को अठारह कड़ियों में पूरा करना है। मैंने उसी हिसाब से सारे कथानक को बाँटा और लिखना शुरू किया। कोई पाँच-छह कड़ियाँ प्रसारित हो जाने के बाद उन्होंने मुझे कहा कि इसे पन्द्रह कड़ियों में ही समाप्त करना है, इसलिए आप इसे थोड़ा संक्षिप्त कीजिए। मैंने जब अपनी आपत्ति दर्ज की कि एक बार अनुमति देने के बाद ऐसे कैसे बदल सकते हैं तो उनका उत्तर था कि यह तो दूरदर्शन का अधिकार है और वे चाहें तो इसे बन्द भी कर सकते हैं, हमारी तो बस तीन कड़ियाँ ही कटी हैं। मैं क्या कहती, दूरदर्शन में उसका प्रसारण चल रहा था और दूरदर्शन के आगे हम सब मजबूर थे। अगर प्रसारण शुरू न हुआ होता तो मैं सारी कहानी को नए सिरे से बाँटती पर अब तो सारी कटौती बाद के हिस्सों में ही करनी थी, जो मुझे काफ़ी कठिन लग रहा था, पर किया ! लेकिन जब ग्यारह कड़ियाँ प्रसारित होने के बाद निर्माता महोदय ने बड़े दुखी होकर बताया कि दो कड़ियाँ और काटनी होंगी क्योंकि दूरदर्शन इसे तेरह कड़ियों में ही समाप्त करना चाहता है तो मैं बुरी तरह भन्ना गई, यह क्या तमाशा मचा रखा है...पर वे विवश थे और उनकी विवशता-भरी परेशानी ने मुझे भी मजबूर कर दिया। पर अब अन्तिम चार कड़ियों की सामग्री को दो में समेटूँ भी कैसे ? क्लाइमेक्स ही किसी रचना की जान होता है और मुझे उसी के साथ खिलवाड़ करना पड़ रहा था और उसी को रचने में मैंने सबसे ज़्यादा मेहनत भी की थी लेकिन अब रचना से ज़्यादा यह सोचना था कि जो भी है उसे दो कड़ियों में कैसे समेटा जाए। कितना भी सँभालती, वह बात तो अब आ ही नहीं सकती थी वरना शुरू में इस हिस्से को लिखकर ही मुझे सबसे ज़्यादा सन्तोष मिला था। ख़ैर, जो भी, जैसा भी लिखा, वह प्रसारित तो हुआ और परिणाम भी जो होना था, वही हुआ—सीरियल किसी को पसन्द नहीं आया और मुझे अफ़सोस था कि *निर्मला* जैसे उपन्यास के साथ न्याय नहीं हुआ !

यह तो मुझे बहुत बाद में मालूम हुआ कि दूरदर्शन अठारह कड़ियाँ तो कभी

देता ही नहीं, या तो तेरह देता है या फिर छब्बीस। किसी ने यह भी बताया कि मिली तो उन्हें भी तेरह कड़ियाँ ही थीं पर वे बराबर कोशिश कर रहे थे अठारह कड़ियों के लिए और उन्हें शायद पूरी उम्मीद थी कि मिल जाएँगी...कुछ तो प्रेमचन्दजी के नाम की वजह से और कुछ शायद अपने पैसे की वजह से। उसी के चलते उन्होंने मुझे अठारह कड़ियाँ लिखने के लिए कह दिया...जब अठारह नहीं मिलीं तो वहाँ चक्कर लगा-लगाकर वे पन्द्रह के लिए कोशिश करने लगे पर दूरदर्शन का अपना नियम, सो वह अपनी बात पर अडिग रहा। मैं नहीं जानती असलियत क्या है ? यह तो ज़रूर समझ में आ गया कि किसी भी निर्माता को अपने हिसाब से कड़ियाँ माँगने-पाने का अधिकार तो है ही नहीं...हाँ, दूरदर्शन चाहे तो ज़रूर अपनी दी हुई कड़ियों में कटौती कर सकता है...चाहे तो सीरियल बीच में ही बन्द भी कर सकता है ! अब तो जो हुआ सो हुआ पर आज इस बात को लिखकर भी स्वीकार करने में मुझे कोई संकोच नहीं कि इस सीरियल के सभी पक्ष—स्क्रिप्ट, निर्देशक, अभिनेता (निर्माता भी) काफ़ी कमज़ोर रहे और यह तो टीम-वर्क है, सभी का मिला-जुला योगदान ही किसी सीरियल को सफल बना सकता है। इसकी असफलता में मेरा भी हाथ तो रहा ही, पर वह मेरी कितनी बड़ी मजबूरी थी, इसे भी मैंने स्पष्ट कर दिया।

इस लेखन को लेकर मुझ पर आरोप तो लगने ही थे, सो लगे। इधर-उधर से और जब-तब मुझे यह सुनाई देने लगा कि मन्नूजी तो आजकल बस व्यावसायिक लेखन में लगी हुई हैं। आरोप लगानेवालों से मुझे कोई शिकायत नहीं है...उनका कहना-सोचना अपनी जगह बिलकुल सही है क्योंकि जिस लेखन के साथ पैसा जुड़ा हुआ हो, वह व्यावसायिक तो लगेगा ही। उस समय तो मुझे अपनी सफ़ाई में कुछ भी कहना ज़रूरी नहीं लगा था...क्या कहूँ और क्यों कहूँ ? पर आज जब लिखने बैठी हूँ तो एक बात ज़रूर कहना चाहूँगी। इसे भी आरोपों के प्रतिवाद के रूप में न लेकर मेरे अपने मुखर चिन्तन के रूप में ही लिया जाए।

जब मैंने अपने उपन्यास *महाभोज* का नाट्य-रूपान्तरण किया तो किसी ने यह आरोप क्यों नहीं लगाया, क्या सिर्फ़ इसलिए कि वह केवल मंच पर ही खेला गया था ? अगर यही नाटक आज तेरह कड़ियों में बाँटकर दूरदर्शन पर प्रसारित कर दिया जाए तो क्या यह व्यावसायिक हो जाएगा ? अगर *महाभोज* का नाट्य-

रूपान्तरण व्यावसायिक नहीं है तो 'दर्पण' धारावाहिक में प्रसारित होनेवाली भारतीय भाषाओं की कहानियों का, प्रेमचन्द के *निर्मला* उपन्यास का और महादेवी वर्मा के *अतीत के चलचित्र* के तीन संस्मरणों का नाट्य-रूपान्तर व्यावसायिक कैसे हो गया ? क्या सिर्फ़ इसलिए कि ये दूरदर्शन से प्रसारित हुए थे और उसके साथ पैसा जुड़ा हुआ था ? पर व्यावसायिक दृष्टिकोण के चलते तो मैंने मूल रचना में कभी कोई ऐसा हेर-फेर किया ही नहीं जो रचना के साथ अन्याय होता या रचनाकार को आपत्तिजनक लगता। जो भी परिवर्तन किए थे वे केवल विधा की दृष्टि से ही किए थे। श्रव्य को दृश्य में बदलते समय परिवर्तन तो करने ही होते हैं क्योंकि दोनों विधाओं की अलग-अलग माँग होती है—अलग-अलग ज़रूरत। ऐसे परिवर्तन तो मैंने *महाभोज* में भी किए थे।

व्यावसायिकता के पक्ष में एक तर्क ज़रूर दिया जा सकता है और वह यह कि ये रचनाएँ स्वतःस्फूर्त नहीं हैं बल्कि किसी के अनुरोध-आग्रह पर लिखी गई हैं और जिसके बदले में आग्रह करनेवाला आपको कुछ देगा। अब पैसे के लिए लिखी गई रचना व्यावसायिक तो होगी ही। पर *महाभोज* का रूपान्तरण भी तो मैंने अमाल के कहने पर ही किया था और जब-जब जहाँ-जहाँ इसका प्रदर्शन हुआ (कलकत्ते की उषा गांगुली ने इसके सौ प्रदर्शन किए तो राष्ट्रीय नाट्य विद्यालय के रंगमंडल ने तीस प्रदर्शन दिल्ली में और कुछ बाहर। बम्बई के दिनेश ठाकुर की 'अंक' संस्था ने इसके सत्ताईस प्रदर्शन किए और अरविन्द देशपांडे ने मराठी में अनुवाद करके इसके नौ प्रदर्शन किए।) सबने थोड़ा बहुत पैसा तो दिया ही। तब ? मेरे ख्याल से क्योंकि दूरदर्शन है ही व्यावसायिक मीडिया इसलिए इसके साथ जुड़ते ही व्यावसायिकता का ठप्पा तो लगेगा ही। यदि यही बात है तो लोगों का आरोप सिर-माथे पर...हाँ अपने बचाव के लिए इस बात को तो मैं फिर रेखांकित करना चाहूँगी कि सारे व्यावसायिक लटकों-झटकों से मुक्त होकर ही मैंने इन साहित्यिक कृतियों के नाट्य-रूपान्तरण किए थे और मेरे ऊपर किसी भी निर्माता-निर्देशक का कभी भी किसी तरह का कोई दबाव नहीं रहा था।

हाँ, साहित्यिक कृतियों के बाहर जाकर कुछ लिखा तो केवल 'रजनी' सीरियल की मात्र छह कड़ियाँ। लेकिन जैसा कि मैंने पहले ही बताया था कि एक गहरे सामाजिक सरोकार से जुड़ा इसका आइडिया ही मुझे बहुत अच्छा लगा था,

इसीलिए इसके साथ जुड़ी भी। पर बाद में तो खींच-खींचकर उसका ऐसा कचूमर निकाला गया कि उस चरित्र ने अपनी धार ही खो दी। इस खींचने को आप ज़रूर व्यावसायिक कह सकते हैं—पर उसमें मैं कहीं नहीं हूँ। मेरी समझ में एक लेखक की और उसके लेखन की असली कसौटी है—उसकी संवेदना, उसके सामाजिक सरोकार और उसका अभिव्यक्ति-कौशल ! अगर इस पर कोई रचना खरी उतरती है तो मेरे लिए इस बात का कोई महत्त्व नहीं रह जाता कि वह पुस्तक में छपती है, मंच पर प्रदर्शित होती है या दूरदर्शन पर प्रसारित होती है। इसके बावजूद अगर कोई मेरे इस सारे लेखन को व्यावसायिक कहकर ख़ारिज करना चाहता है तो पूरी तरह स्वतन्त्र है वह। मेरे अपने सन्तोष के लिए तो इतना ही काफ़ी है कि मैंने जब भी, जो भी लिखा...इन विशेषताओं के प्रति पूरी तरह सजग होकर ही लिखा।

जब व्यावसायिकता की बात चली तो यहाँ एक बात का उल्लेख और करना चाहूँगी। कुछ वर्ष पहले दिनेश बब्बर नामक एक निर्देशक मेरे पास *बंटी* पर धारावाहिक बनाने का प्रस्ताव लेकर आए। उन्होंने टी.वी. के लिए काफ़ी काम किया था और उस समय भी उनका एक धारावाहिक प्रसारित हो रहा था। पर शिशिर मिश्रा ने बंटी पर जो फ़िल्म बनाई थी, उससे मैं वैसे ही इतनी त्रस्त बैठी थी...मुक़दमा करके उस फ़िल्म से अपना नाम और शिशिर मिश्रा को दिए सारे अधिकार वापस लेने के दौरान मैं जैसे मानसिक तनाव से गुज़र चुकी थी कि अब और किसी तरह का कोई रिस्क नहीं लेना चाहती थी। इसलिए छूटते ही मैंने मना कर दिया...पर दिनेश भी धैर्य का बड़ा धनी था। मेरे इस इंकार से वह ज़रा भी विचलित नहीं हुआ और एक-एक, दो-दो दिन छोड़कर वह तीन बार मुझसे मिला और तरह-तरह के तर्क देकर कि स्क्रिप्ट मैं ही लिखूँगी...फ़िल्म दिल्ली में ही बनेगी, सो मैं क़दम-क़दम पर उस पर नज़र रख सकूँगी। अनुबन्ध में सारी औपचारिक बातों के अतिरिक्त एक बात यह भी होगी कि यदि कभी भी कोई अंश मुझे आपत्तिजनक लगेगा तो उसे बदलवाने का अधिकार मेरा रहेगा। वैसे इस तरह का अधिकार आज तक कभी किसी अनुबन्ध में लेखक को नहीं दिया गया है (यह भी दे तो रहे थे, पता नहीं पालन करते या नहीं)। फिर उन्होंने विस्तार से यह भी बताया कि सारी कथा को किस रूप में रखा जाएगा। लगा काफ़ी होमवर्क भी किया

है इस पर, जो उनकी कल्पना-शक्ति और समझ को ही दर्शाता था। मैंने इस बात का ज़िक्र अर्चना से भी किया था और उसके द्वारा आयोजित कथा के प्रारूप को सुनकर उसने भी कहा था कि आदमी तो समझदार लगता है। आख़िर मैं तैयार हो गई, पर बात टूटी तो केवल इस पर कि वे बावन कड़ियों में बनाना चाहते थे और मैं केवल छब्बीस पर अड़ी हुई थी। ज़बरदस्ती बावन तक फैलाने में होता क्या कि उसकी संवेदना की तीव्रता और गहराई छितरा जाती और इसके लिए मैं बिलकुल तैयार नहीं थी। आख़िर उन्होंने अपने तरकश का आख़िरी तीर निकाला और बार-बार मेरे सामने पाँच लाख बीस हज़ार (प्रति कड़ी पाँच हजार कहानी और पाँच हजार स्क्रिप्ट के) का चुग्गा डालने लगे। पर मैं अपनी बात पर अडिग थी और अन्त तक अडिग ही रही। काफ़ी क्षुब्ध होकर ही वे लौटे थे और जाते-जाते यह और कह गए कि मैं चाहूँ तो थोड़ा समय और ले लूँ...ठंडे दिमाग़ से सोच लूँ और जैसे ही मन बने उन्हें फ़ोन कर दूँ। मन क्या बनता मैंने तो उनके जाते ही उस बात को मन से निकालकर बाहर कर दिया।

पैसे का संकट चाहे जितना रहा हो...ज़रूरत भी रही हो, पर पैसे का लालच तो आज तक कभी नहीं रहा। पैसे के लिए मैंने कभी भी किसी भी तरह के समझौते नहीं किए, न अपने लेखन में...न ही अपनी व्यक्तिगत ज़िन्दगी में। जितनी चादर थी, उतने ही पैर फैलाने की आदत शुरू से ही डाल ली थी, इसलिए कभी किसी से उधार तक नहीं माँगा...न घर बनवाते समय, न टिंकू की शादी के समय और न ही अपनी हारी-बीमारी के दौरान !

इस दौरान कहानियाँ तो मैं लिख ही रही थी, पर मुझे ख़ुद लगने लगा था कि एक ढर्रे की भावभीनी कहानियाँ तो बहुत लिख लीं, अब कुछ नई ज़मीन खोदी जाए। पर प्रयोगात्मक कहानियाँ लिखना मेरे बस की बात नहीं थी...डंडे मार-मारकर अपने बस के बाहर की बात करती तो न कहानी रहती...न प्रयोग। ग़नीमत यही है, बल्कि कहूँ कि सन्तोष की बात है कि मैं अपनी सीमा के प्रति हमेशा सचेत रही हूँ...कुछ ज़्यादा ही सचेत, सो अपनी सीमा और सामर्थ्य के बाहर जाकर कभी भी कुछ अनर्गल रचने की हिमाकत नहीं की मैंने। नए के नाम पर

अगर कुछ कर सकी तो केवल इतना कि भावना की जगह व्यंग्य का पुट देकर अपनी कहानियों की शैली को ज़रूर थोड़ा-सा बदल दिया। 'त्रिशंकु', 'तीसरा हिस्सा' और 'स्त्री सुबोधिनी' इसी शैली की कहानियाँ हैं जिन्हें पाठकों की सराहना तो मिली ही, मैं भी उनसे पूरी तरह सन्तुष्ट थी।

इधर देश इन्हीं दिनों भारी उथल-पुथल से गुज़र रहा था। जयप्रकाश नारायण और दिन-ब-दिन ज़ोर पकड़ता उनका सम्पूर्ण क्रान्ति का आन्दोलन इन्दिरा और संजय के लिए भारी संकट बनता जा रहा था। कई बड़े-बड़े लेखक-सम्पादक भी उसके समर्थन में खुलकर लिख-बोल रहे थे। उस पर आया सबको चकित कर देनेवाला इलाहाबाद हाईकोर्ट का फ़ैसला जिसने रायबरेली से इन्दिरा गांधी के चुनाव को ही रद्द कर दिया। इस पर सारी विरोधी पार्टियाँ एक स्वर में इन्दिरा गांधी से इस्तीफ़े की माँग करने लगीं। यह माँग और ज़ोर पकड़ेगी इसका अनुमान लगाकर संजय के सुझाव पर इन्दिरा गांधी ने 25 और 26 जून के बीच की रात को जयप्रकाश नारायण, मोरारजी देसाई, चन्द्रशेखर, अटलबिहारी वाजपेयी जैसे दिग्गज नेताओं के साथ-साथ विरोधी दल के न जाने कितने नेताओं और सदस्यों को गिरफ़्तार कर लिया और 26 जून को सवेरे ही आपात्काल की घोषणा कर दी। उस दिन फिर अख़बार भी नहीं निकले थे क्योंकि रात को ही प्रेस की बिजली काट दी गई थी। लोकतन्त्र में अभिव्यक्ति की स्वतन्त्रता ही तो जनता का सबसे बड़ा हथियार होता है पर उस पर तो सेंसर की ऐसी कैंची चली कि सबकी क़लम कुन्द...ज़बान बन्द। न कोई अपनी इच्छा से कुछ लिख सकता था...न ही कुछ बोल सकता था। हाँ, पहले दिन तो एक-दो अख़बारों ने जैसे-तैसे एक-एक पृष्ठ का सप्लीमेंट निकालकर उस दिन हुई गिरफ़्तारियों की सूचना ज़रूर लोगों तक पहुँचा दी थी...पर बाद में तो सब तरफ़ सन्नाटा। भारी संख्या में उस दिन की गिरफ़्तारियों की सूचना ने पता नहीं क्यों 9 अगस्त, 1942 की याद ताजा कर दी थी।

आज भी वह दिन मुझे अच्छी तरह याद है। उस दिन भी तो इसी तरह बड़ी संख्या में गिरफ़्तारियाँ हुई थीं। 9 अगस्त को ऐन सवेरे पुलिस की दो-तीन गाड़ियाँ हमारे मोहल्ले में आई थीं, कांग्रेस के कोई चार-पाँच सक्रिय नेताओं को गिरफ़्तार

करने के लिए। पर क्या माहौल था उस दिन का ! सारे लोग अपने-अपने घरों से सड़कों पर निकल आए थे और सारा मोहल्ला 'अंग्रेज़ो भारत छोड़ो... इन्क़लाब-ज़िन्दाबाद' के नारे से गूँज उठा था और नेताओं की गरदनें मालाओं से लद गई थीं। गाड़ियाँ चली गई थीं और उसके बाद भी यह माहौल बना रहा था। हम तो तब बच्चे थे पर इतने छोटे भी नहीं कि हाथ उठा-उठाकर नारों में भी साथ न दे सकें। और देखते-ही-देखते यह माहौल सारे देश में फैल गया क्योंकि दिन उगते-उगते सभी बड़े-बड़े नेताओं के साथ हज़ारों लोगों के गिरफ़्तार होने की सूचना सारे देश में फैल गई थी। उस माहौल को...लोगों के उस जोश-ख़रोश को कुचलने के लिए चला फिर सरकार का दमन-चक्र। जितना भयंकर दमन, जनता का भी उतना ही उग्र विरोध। एक बार तो सारे देश में विद्रोह की ऐसी मुखर लहर बही कि शायद ही कोई उससे अछूता बचा हो। पर इन गिरफ़्तारियों के बाद का माहौल ! या तो आपातकाल ने सबके पर ही कतर दिए थे या कि उस जमाने के लोगों जैसा हौसला ही नहीं रह गया था अब किसी में (इस 'किसी में' में हम सब भी तो सम्मिलित हैं)। हाँ, अगर कुछ मुखर था तो केवल दूरदर्शन ! उसमें दिखाए जानेवाले दृश्य भी दिखाई दे रहे थे और वहाँ की बातें भी सुनाई दे रही थीं।

क्या विडम्बना थी सारी स्थिति की कि इधर तो एक वर्ग-विशेष के लोग बड़ी संख्या में जेलों में ठूँसे जा रहे थे और उधर उसी वर्ग के लोगों का एक छोटा-सा जत्था इन्दिरा गांधी के समर्थन में अपना स्वर भी मिलाने के लिए उनके दरबार में हाज़िरी बजाने के लिए पहुँचा हुआ होता। हालाँकि ये हाज़िरियाँ विशुद्ध प्रायोजित होती थीं और श्रीकान्त वर्मा ने इनकी ज़िम्मेदारी ले रखी थी। वे ही लोगों को घेर-घेरकर वहाँ ले जाने का महत्त्वपूर्ण दायित्व निभा रहे थे। ये दृश्य तो सबको दिखाई भी देते थे और इन्दिरा जी के समर्थन में कहे उनके 'आप्त-वचन' सुनाई भी देते थे पर गिरफ़्तार लोगों की तो कोई सूचना तक किसी को नहीं मिलती थी। मिलती भी कैसे...अख़बारों पर तो सेंसर का शिकंजा कसा हुआ था ! इन्दिरा-दरबार में आज लेखक-सम्पादक लोग जा रहे हैं तो कल प्राध्यापक-प्रोफ़ेसर लोग। आज डॉक्टर-वकील जा रहे हैं तो कल वैज्ञानिक और व्यापारी। ग़नीमत है कि हमारे मित्रों में से कभी कोई वहाँ नहीं गया। नहीं जानती आज इन बातों को याद कर-करके मन में जैसी वितृष्णा जाग रही है, उस समय भी जागी थी या नहीं।

शायद नहीं। एक तो सूचना के अभाव में उस समय होनेवाले अन्याय, अत्याचार और गिरफ़्तारियों की कोई जानकारी मिलती ही नहीं थी, दूसरे सारा माहौल ऐसा प्रतिक्रिया-विहीन हो चला था (सिवाय गिरफ़्तार लोगों के परिवारवालों के) कि बस जो है उसे स्वीकार करते चलो।

इतना ही नहीं बल्कि कुछ बातों को लेकर तो प्रशंसा-भाव भी उभरने लगा था। गाड़ियाँ समय से चलने लगी थीं...दफ़्तरों में बाबू हों या अफ़सर काम के समय सब अपनी सीट पर हाज़िर...और तो और, हम लोग भी घंटी बजते ही रजिस्टर लेकर क्लास की ओर लपकते। वैसे महिलाएँ तो आपात्काल के बिना भी क्लास लेने के मामले में काफ़ी पाबन्द ही होती हैं...पर कई पुरुष प्राध्यापकों ने तो क्लास न लेने के रिकॉर्ड कायम कर रखे थे और कोई-कोई तो इसका ज़िक्र बड़े गर्व से करते थे। आपात्काल लगते ही वे लोग भी लाइन से लग गए। हड़तालें ख़त्म सो सब जगह काम सुचारु रूप से चलने लगा था। इन्हीं सब बातों को देखकर ही शायद विनोबा भावे ने इसे अनुशासन-पर्व की संज्ञा दे डाली थी। पर बाद में सारी जानकारियाँ मिलने पर यह प्रश्न तो उठता ही था कि क्या इसके लिए बिना चोरी, डकैती, हत्या का अपराध किए डेढ़-दो लाख लोगों को जेल में ठूँस देना ज़रूरी था ? (संख्या कम-ज़्यादा हो सकती है)...सबकी क़लम और ज़बान को कुन्द करके अपने लिए मनमाना आचरण करने की छूट ले लेना (नसबन्दी के कैसे-कैसे उदाहरण तो सामने आए थे) अनिवार्य था ? बहरहाल, यह सही है कि विरोधी स्वर सब जेलों में बन्द थे (बहुतों को तो विरोध के कारण नहीं बल्कि व्यक्तिगत दुश्मनियों के कारण ही भीतर कर दिया गया था) और सामान्य लोगों में एक स्वीकार-भाव घर करता जा रहा था।

हाँ दूरदर्शन में कुछ लेखकों-सम्पादकों के हाज़िरी बजाने के बरक्स यहाँ एक बात का उल्लेख ज़रूर करना चाहूँगी कि उसी समय राजेन्द्र को डिपार्टमेंट ऑफ़ कल्चर की ओर से पाँच साल के लिए तीन हज़ार रुपए महीने की फ़ैलोशिप मिली...सो भी दो साल पहले से यानी बहत्तर हज़ार रुपया वे अभी जाकर ले लें और फिर तीन हज़ार रुपए हर महीने लेते रहें। राजेन्द्र ने उसे अस्वीकार कर दिया। श्री बिशन टंडन उस समय इस विभाग में सचिव होकर आए थे...मित्रता के नाते उन्होंने राजेन्द्र को आगाह भी किया कि आज की स्थिति में यह अस्वीकार...ज़रा

ठंडे दिमाग़ से इसके परिणाम सोच लें, पर राजेन्द्र अपने निर्णय पर अटल रहे।

इसी तरह एक दिन मजिस्ट्रेट दिवाकर ने घर आकर सूचना दी कि मेरा नाम पद्मश्री के लिए चुना गया है और मेरी स्वीकृति चाहिए। उन दिनों यह नियम बन गया था कि घोषणा करने से पहले पानेवाले से स्वीकृति ले ली जाए। जब मैंने मना किया तो पहले तो उन्होंने आश्चर्य प्रकट किया कि लोग तो इन अलंकरणों को पाने के लिए क्या कुछ नहीं करते और आप...और फिर जैसे मेरे इंकार से प्रभावित होकर बड़े सद्भावनापूर्ण ढंग से समझाया कि इस समय इंकार करना...कहीं ऐसा न हो कि आप अपने लिए कोई दूसरा संकट मोल ले लें। स्थितियों को देखते हुए ख़तरा तो था पर इन्हीं स्थितियों में लेना भी तो सम्भव नहीं था ! मेरे पास यह प्रस्ताव लिखित रूप में तो आया नहीं था सो मुझे भी जवाब लिखकर तो देना नहीं था। अब मेरे इस मौखिक नकार के सारे नुकीले कोनों को घिस-घिसाकर उन्होंने किस रूप में प्रस्तुत किया मैं नहीं जानती। जानती हूँ तो केवल इतना कि सरकार की ओर से हम दोनों के ख़िलाफ़ प्रत्यक्ष या परोक्ष किसी भी तरह की न कोई कार्यवाही हुई...न ही कोई ज़्यादती।

इन्दिरा गांधी सोचती थीं कि घेर-घारकर उनके दरबार में लाए गए विभिन्न वर्ग के लोगों की इन प्रायोजित उपस्थितियों ने उनके समर्थन में माहौल तो बनाया ही है...चारों ओर फैले स्वीकार भाव में लिपटे उस प्रतिक्रिया-विहीन सन्नाटे के चलते भी उनका यह सोच धीरे-धीरे विश्वास में बदलने लगा था। और जब वे पूरी तरह आश्वस्त हो गईं कि जनता में तो न कोई विरोध है न विद्रोह...सब कुछ सहज स्वीकार्य है तो पूरे उन्नीस महीने बाद उन्होंने आपात्काल समाप्त करके, जनतन्त्र पर अपनी आस्था का ठप्पा लगाते हुए चुनाव भी घोषित कर दिए। बस, यहीं वे चूक गईं...अनुमान ही नहीं लगा पाईं कि यह सन्नाटा तो भारी उथल-पुथल के पहले का सन्नाटा था। चुनाव में इन्दिरा गांधी और संजय गांधी सारे कांग्रेसी नेताओं के साथ हार गए और आज़ादी के बाद से ही गहरी जड़ जमाए बैठी, एकछत्र राज्य करती कांग्रेस का तख़्ता पलट गया। मुझे आज भी याद है कि हमारे शक्तिनगर वाले घर के पीछेवाली गली में लोगों ने इन्दिरा गांधी की हार का समाचार आते ही सारी रात ढोल बजा-बजाकर जश्न मनाया था।

वैसे तो उन्नीस महीने के इस आपात्काल की अनन्त कथाएँ हैं, जिसकी

असली परतें इस सरकार के गिरने के बाद से जो खुलनी शुरू हुईं तो फिर खुलती ही चली गई थीं। असल में मैंने तो केवल उन दो बातों का ज़िक्र करने के लिए इस प्रसंग को उठाया था, जिन्होंने मुझे कुछ क्षुब्ध ही नहीं बहुत आहत भी किया था उस समय। पर एक बार जो यह प्रसंग शुरू हुआ तो थोड़े विस्तार में चली गई...जबकि अब तो ये सारी बातें सबकी जानी-पहचानी हैं। जिन दो बातों से मुझे उस समय धक्का-सा लगा था, उसमें एक थी हिन्दी के प्रतिष्ठित, पायेदार कवि-लेखक रघुवीर सहाय का सम्पादक की हैसियत से सरकार के सामने सबसे पहले घुटने टेकना। आपातकाल के लगते ही वे शायद इतने अधिक आतंकित हो गए कि उन्होंने तुरन्त *दिनमान* के सम्पादकीय में आपातकाल का समर्थन ही कर डाला। उन दिनों *दिनमान* हिन्दी की एक प्रतिष्ठित पत्रिका मात्र ही नहीं थी बल्कि अपने व्यवस्था-विरोधी तेवर के कारण पाठकों की प्रिय पत्रिका भी थी। उनके इन्दिरा-विरोधी और जे.पी. समर्थक रूप से सब परिचित थे। पाठकों के बीच इसके एकाएक बदले रूप की प्रतिक्रिया तो होनी ही थी सो हुई...इसकी साख को धक्का तो लगना ही था, सो लगा। मेरी परेशानी तो रघुवीर बाबू को लेकर थी। (हो सकता है कुछ और लोगों की भी रही हो)। विलक्षण काव्य-प्रतिभा के धनी...समाजवाद के समर्थन के चलते जो कहीं जे.पी. की सम्पूर्ण क्रान्ति के समर्थक भी थे... आपातकाल के भय ने एक झटके में उनके सारे विचार-विश्वास ही बदल दिए ? मेरे लिए तो विश्वास करना ही मुश्किल हो रहा था, क्योंकि आपातकाल का विरोध करने पर तो ज़रूर कैंची भी चल रही थी, उन्हें दंडित भी किया जा रहा था पर समर्थन में ही कुछ लिखा जाए, ऐसी बाध्यता तो नहीं ही थी। फिर ? मेरी बात पर राजेन्द्र कभी मेरा मज़ाक़ उड़ाते तो कभी फटकारते...'तुम तो परले सिरे की बेवकूफ़ हो...लोगों की क्या तुम्हें बिलकुल ही पहचान नहीं है ?' इन दो आरोपों को तो मैं ख़ुद शुरू से ही अपने ऊपर चस्पाँ करती आई हूँ सो कुछ भी बुरा नहीं लगा।...बस बुरा लग रहा था तो केवल...

दूसरी बात भारती जी की बेहद लोकप्रिय और प्रसिद्ध कविता *मुनादी* को लेकर है। आपातकाल लागू तो नहीं हुआ था पर देश में स्थितियाँ बिलकुल आपातकाल जैसी ही हो चली थीं...क्योंकि दिन-ब-दिन ज़ोर पकड़ता जे.पी. का सम्पूर्ण क्रान्ति का आन्दोलन इन्दिरा सरकार को और भी निरंकुशता की ओर धकेलता जा रहा

था। उस समय बिहार में तो बिलकुल आज़ादी के पहलेवाला माहौल बनता जा रहा था। बड़ी संख्या में छात्र पढ़ाई-लिखाई छोड़कर और युवा अपनी नौकरियाँ छोड़कर इस आन्दोलन में कूद पड़े थे।

पटना में जे.पी. ने एक रैली का आयोजन किया तो देश की जनता सारे सरकारी प्रतिबन्धों को तोड़कर जैसे-तैसे बड़ी संख्या में जा उपस्थित हुई। यह उपस्थिति प्रायोजित क़तई नहीं, शुद्ध स्वैच्छिक थी। जे.पी. उन दिनों इन्दिरा और संजय के लिए वैसे ही आतंक बने हुए थे सो ज़रूरी था कि उनको और उनके हर आयोजन को, जैसे भी हो...जहाँ भी हो पूरी तरह कुचल दिया जाए, सो इस रैली पर पुलिस का ऐसा बर्बर लाठीचार्ज हुआ कि हज़ारों लोग लहूलुहान हो गए। यहाँ तक कि जे.पी. भी बुरी तरह घायल हुए थे। उस समय औपचारिक आपात्काल तो था नहीं, सो इन सबके विस्तृत ब्यौरे छपे थे और लोगों के मन में इसकी प्रतिक्रियास्वरूप आक्रोश का ज्वार तो फूटना ही था, सो फूटा। जहाँ तक याद है, इसके कुछ दिनों बाद ही आई थी भारती जी की *मुनादी* कविता और आते ही जैसे लोगों के मनों में घर कर गई। उनको लगा जैसे उनके अपने मन में उफनते ग़ुस्से को इसने वाणी दे दी हो। मैं ख़ुद इस कविता की बड़ी प्रशंसक—कई बार पढ़ा था मैंने उस कविता को। वैसे भी कुछ दिनों से भारती जी का इन्दिरा-विरोधी और जे.पी. समर्थक स्वर काफ़ी मुखर ही रहा था और शायद उसी की अन्तिम परिणति थी यह कविता।

आश्चर्य तो मुझे तब हुआ जब जिस क़लम से लिखी इन्दिरा-संजय की तानाशाही का विरोध और जे.पी. का समर्थन करती *मुनादी* जैसी कविता पढ़ी हो...आपात्काल लगने के कुछ समय बाद उसी क़लम से लिखी *सूर्य के अंश* कविता पढ़ने को मिले। मुझे तो जैसे बिलकुल विश्वास ही नहीं हो पा रहा था...मैं बार-बार राजेन्द्र से अपनी परेशानी की बात कहती पर वे बिलकुल सहज...मानो जो कुछ भी हुआ, बड़ी ही सामान्य बात है यह तो, पर मैं थी कि उस समय...(वैसे अब इन तीस सालों में तो जो कुछ जाना...जैसे नज़ारे देखे उसके बाद तो अब यह क्या, इससे बड़ी-बड़ी बातें भी हो जाएँ, तब भी कुछ नहीं लगता...न आश्चर्य, न परेशानी...बल्कि ऐसा कुछ न हो तो परेशानी होने लगती है)। आज उस कविता का कोई अंश तो याद नहीं मुझे (वह तो *मुनादी* का भी

याद नहीं) पर वह इन्दिरा गांधी और संजय गांधी की प्रशंसा में लिखी गई थी। भाव कुछ इस प्रकार का था कि आज जब सारा देश भुखमरी, ग़रीबी, हड़तालों, प्रदर्शन, भ्रष्टाचार आदि के दलदल में फँसा हुआ है, *सूर्य के ये अंश* ही अपना प्रखर प्रकाश और तेज बिखेरती किरणों से इस दलदल को सुखाकर देश को अन्धकार से मुक्त करेंगे। कविता का शीर्षक *सूर्य का अंश* नहीं *के अंश* है...बहुवचन में यानी इन्दिरा और संजय। बेटे के मात्र सहयोग और सुझाव से ही नहीं बल्कि एक तरह से देश की बागडोर ही सँभाल लेने के कारण माँ इतनी गद्गद थीं कि भावी प्रधानमन्त्री के रूप में उन्हें ही प्रस्तुत करने लगी थीं। आपात्काल के दौरान अख़बारों के मुख-पृष्ठ पर संजय की तस्वीरें छपने लगी थीं। और शहर की सड़कों पर इन्दिरा जी के साथ-साथ संजय के बड़े-बड़े होर्डिंग भी लग गएं थे। इसलिए कविता में भी इन्दिरा के साथ-साथ संजय को भी आना ही था। यह तो मुझे अभी मालूम हुआ कि भारती जी ने यह कविता मूलतः तो भोपाल के मनोहर आशी की डॉक्यूमेन्टरी फ़िल्म *सूर्य के अंश* की काव्यमय कमेन्ट्री के रूप में लिखी थी। बहरहाल मैंने वह फ़िल्म कभी नहीं देखी...मैंने तो इसे कहीं पढ़ा ही था। अब जब लिखने ही बैठी तो लगा कि उस पत्रिका का नाम भी मालूम तो होना ही चाहिए क्योंकि ऐसी बातें पूरी प्रामाणिकता के साथ ही लिखनी चाहिए। कितने लोगों से मैंने पूछा पर आश्चर्य कि किसी को भी इस कविता के बारे में मालूम नहीं। आख़िर इस संकट से भी पंकज बिष्ट ने ही उबारा। *समयान्तर* में वे ख़ुद उसके बारे में लिख चुके थे और उन्होंने ही बताया कि *माया* के नवम्बर '77 के अंक में इस फ़िल्म और कविता का विस्तृत ब्योरा छपा है। हमने भी ज़रूर वहीं पढ़ा होगा क्योंकि तब *माया* का वह कहानी-पत्रिकावाला रूप बदल गया था और वह पूरी तरह राजनीति से जुड़ गई थी।

मैं नहीं जानती कि भारतीजी ने किसी के आग्रह, दबाव या किसी प्रलोभन के चलते यह कमेंट्री लिखी थी या अवसर और स्थिति की नज़ाक़त को देखते हुए, पर जहाँ तक मेरी जानकारी है, उन्होंने इसे अपनी एक स्वतन्त्र रचना के रूप में कहीं नहीं छपवाया...न किसी पत्रिका में, न ही अपने किसी काव्य-संकलन में इसे संकलित किया (शायद यही कारण है कि लोगों को इसके बारे में कोई जानकारी ही नहीं है)। हो सकता है कि इसे लेकर उस समय उन्हें भी कुछ संकोच रहा

हो...जो भी हो। मेरी परेशानी का कारण तो यह था कि हमारी क़लम से जो भी शब्द निकलते हैं, विशेषकर सृजन के सन्दर्भ में, उनके पीछे हमारे विचार, हमारे विश्वास, हमारी आस्था, हमारे मूल्य...कितना कुछ तो निहित रहता है...तब *मुनादी* जैसी कविता लिखनेवाली क़लम एकाएक कैसे यह कविता लिख पाई ?

सन् 77 में कांग्रेस की पराजय और उसका सत्ताच्युत होना और जनता पार्टी का सत्तासीन होना। कांग्रेस-विरोधी कुछ पार्टियों ने मिलकर ही जनता पार्टी बनाई थी और उसमें कांग्रेस के कई नेता भी आकर मिल गए थे। और तो और, जगजीवनराम जैसे दिग्गज नेता भी जनता पार्टी में आ मिले थे। जनता के लिए तो यह उत्सव जैसा माहौल था...सभी को लग रहा था कि अब उन्हें केवल इन्दिरा राज की तानाशाही से ही मुक्ति नहीं मिलेगी बल्कि अपने दैनन्दिन के संकटों से भी वे काफ़ी कुछ मुक्त हो जाएँगे। जिन्होंने आपात्‌काल के संकट झेले थे अब वे उसके पुरस्कार की उम्मीद भी लगाए बैठे थे। बेचारी जनता ! कैसे विश्वास कर लिया उसने...और क्यों कर लिया ? पार्टी का नाम ज़रूर बदल गया था पर उसमें लोग तो पुराने ही थे...जिनकी रग़ों में वही ख़ून तो दौड़ रहा था जिसमें महत्त्वाकांक्षा, स्वार्थ और सत्ता की लिप्सा का रंग (या कीचड़) घुला हुआ था। शुरुआत ही प्रधानमन्त्री के पद को लेकर होनेवाली कशमकश से हुई। अपने को इस पद का दावेदार समझनेवाले तीन-चार दावेदार तो थे ही, ख़ैर जैसे-तैसे इस मामले को जल्दी ही सुलटाकर उस समय तो इन्होंने जनता के सामने अपनी छवि बिगड़ने नहीं दी। पर आख़िर कब तक ? साल बीतते न बीतते लोगों में निराशा व्यापने लगी थी।

उसी साल मुझे 'भारतीय युवा वर्ग की समस्याएँ' पर केन्द्रित एक सेमिनार में भाग लेने के लिए पटना जाना पड़ा। सेमिनार में होनेवाली चर्चाओं की तो मुझे कुछ याद नहीं...याद है तो केवल आन्दोलन में भाग लेनेवाले युवाओं के निराशा में लिपटे उस आक्रोश की, जिसे खुलकर उन्होंने वहाँ प्रकट किया था। 'हमने अपनी पढ़ाई-लिखाई छोड़ी...अपना पूरा कैरियर चौपट किया...नौकरियाँ छोड़कर अपने और अपने परिवार का भविष्य मिट्टी में मिलाया...इन लोगों को सत्ता में

लाने के लिए हमने अपने को बर्बाद कर दिया और आज जब हम लोग अपनी कोई समस्या...अपनी कोई माँग लेकर जाते हैं तो इनके पास हमसे मिलने तक का समय नहीं है। और सत्ता पर बैठकर आज यह सरकार जो कर रही है क्या यही सब करने के लिए इन्हें सत्ता पर बिठाया था...' आदि-आदि। पटना प्रसंग का उल्लेख मैंने सिर्फ़ यह दर्शाने के लिए किया कि मात्र ढाई साल चली इस सरकार को लेकर यदि सामान्य लोगों के मन में धीरे-धीरे एक निराशा व्यापने लगी थी तो आन्दोलन में भाग लेनेवालों के मन में एक गहरा आक्रोश।

जनता सरकार के राज में घटी थी बेलछी की दिल दहला देनेवाली घटना। किसी पत्रिका में मैंने हरिजनों को पेड़ से बाँधकर ज़िन्दा जला देने की क्रूरता और गाँव में फैली उस दहशत का, जिसने सबके मुँह पर ताले जड़ दिए थे—रोम-रोम को द्रवित कर देनेवाला ऐसा वर्णन पढ़ा कि मैं ऊपर से नीचे तक थरथरा गई। दो दिन तक इस घटना के न जाने कितने चित्र मेरी आँखों के सामने बनते-बिगड़ते रहे...अपनी डायरी में कुछ आँका भी—आज तो लगता है कि उसमें विचार की जगह भावुकता का आवेग ही ज़्यादा था। पर कुछ दिनों बाद ही यह सारी घटना मुझे एक उपन्यास लिखने के लिए प्रेरित करने लगी हालाँकि उसका कोई स्पष्ट रूप मेरे सामने नहीं था...बस, एक आवेग मात्र था और एक विचारहीन आवेग से तो कोई सार्थक रचना रची नहीं जा सकती सो चुप लगाकर बैठ गई...पर कुछ समय बाद जब मुझे मालूम पड़ा कि हरिजनों को जलानेवाले व्यक्ति ने जेल से पैरोल पर छूटकर केवल चुनाव ही नहीं लड़ा बल्कि वह भारी बहुमत से जीत भी गया तो नज़र इस त्रासदी के साथ-साथ चुनाव-केन्द्रित राजनीति पर टिक गई...आज तो जिसका बीभत्सतम रूप देखने को मिलता है। राजनीति की शतरंज पर आम आदमी तो शुरू से ही मात्र एक मोहरा भर रहा है, जिसका नाम लेकर ये ख़ास आदमी शह और मात का यह घिनौना खेल खेलते आ रहे हैं। बड़ी निर्ममता और बेहयाई से ये इसकी ज़िन्दगी को भी भुनाते हैं तो इसकी मौत को भी। और यह बात दिमाग़ में आते ही भावुकता के उस आवेग में विचारों का एक पुट आ मिला और उपन्यास की कल्पना को एक ठोस आधार मिल गया।

संयोग की बात कि तभी एक दिन राधाकृष्ण प्रकाशन के ओमप्रकाश जी एक प्रस्ताव लेकर मेरे पास आए कि काफ़ी साल तक मैंने *आपका बंटी* उपन्यास अक्षर प्रकाशन के पास रखा, अब उन्हें दे दूँ और देखूँ कि वे इसे कहाँ-कहाँ तक फैला देते हैं। यह सम्भव नहीं था क्योंकि राजेन्द्र उसके लिए कभी तैयार नहीं होते सो मैंने ओमप्रकाश जी से कहा कि मैं एक नया उपन्यास लिखने की सोच रही

हूँ...लिखने पर वह आपको दूँगी, यह मेरा वायदा रहा। दूसरे दिन ही ओमजी ने अनुबन्ध पत्र के साथ दो हज़ार का एक चैक भिजवा दिया। फिर एक दबाव...पर इस बार यह दबाव पहले की तरह कारगर सिद्ध नहीं हुआ। कुछ महीने बीत गए पर मैं उपन्यास शुरू तक नहीं कर सकी। पता नहीं क्यों उनका दिया हुआ रुपया मुझ पर बोझ बना हुआ था सो एक दिन मैंने झोंक में आकर एक चैक ओमजी के नाम लिखा और एक चिट के साथ वापस भेज दिया–"मैं तो अभी तक उपन्यास शुरू भी नहीं कर सकी...लिख लूँ तब दीजिएगा। हाँ, अपने वायदे से नहीं मुकरूँगी, यह निश्चित है।" तुरन्त उनका जवाबी लिफ़ाफ़ा मिला, जिसमें मेरे भेजे हुए चैक के टुकड़ों के साथ एक चिट थी–जिस पर केवल एक पंक्ति लिखी थी–"मैंने आपसे कभी कुछ कहा क्या ?" लगा, दबाव और बढ़ गया–पर परिणाम कुछ नहीं। कुछ समय बाद सूचना मिली कि ओमप्रकाशजी को दूसरा हार्ट-अटैक हुआ है। हम लोग उन्हें देखने गए तो मेरे मन में बड़ा संकोच कि यह प्रसंग आएगा तो क्या जवाब दूँगी ? हमें देखकर वे प्रसन्न हुए...इधर-उधर की चर्चा की पर भूलकर भी उपन्यास की कोई बात नहीं की। जान-बूझकर ओढ़ी गई उनकी इस चुप्पी ने मेरे भीतर न जाने कैसी खलबली मचा दी। ...उनका वह हार्ट-अटैक लगा जैसे मेरी चेतना पर ही अटैक हुआ हो और मैंने संकल्प कर लिया कि बस, अब उपन्यास शुरू करना ही है।

संयोग ऐसा हुआ कि तभी डॉ. बच्चन सिंह ने, जो उस समय शिमला में हिन्दी-विभाग के अध्यक्ष थे, हम दोनों को आमन्त्रित किया। कार्यक्रम के बाद मैंने उनसे वैसे ही कहा कि यदि मुझे युनिवर्सिटी गेस्ट हाउस में कुछ दिन ठहरने के लिए मिल जाएँ तो मैं एक उपन्यास लिखना चाहती हूँ। ज़्यादा दिन रहने का नियम तो नहीं था, फिर भी उन्होंने मेरे लिए एक कमरे की व्यवस्था करवाई तो राजेन्द्र टिंकू को लेकर दिल्ली लौट गए और मैं गेस्ट हाउस के कमरे में। कमरे के एकान्त में लिखने के मेरे इरादे को संकल्प में बदलते देर नहीं लगी और लिखने के इस संकल्प के साथ ही कैसे एकाएक मेरी कल्पना प्रखर, दिमाग़ सक्रिय और संवेदना सजग हो उठी, मैं खुद नहीं जानती। एक बार उपन्यास जो शुरू हुआ तो बिना किसी अवरोध के लगातार बहता ही चला गया...जिस गति से यह लिखा गया उसे बहना ही कहूँगी। अपने कच्चे माल के गोदाम से एक सुखद आश्चर्य की तरह

उपन्यास के प्रमुख पात्र दा साहब की भूमिका अदा करने के लिए किशोरावस्था में निकट सम्पर्क में आए और ताज़िन्दगी राजस्थान की राजनीति की एक प्रमुख हस्ती के रूप में रहे असली दा साहब प्रकट हो गए...मिरांडा हाउस में मिले, भन्नाते हुए उस रिसर्च-स्कॉलर ने, जिसने अपनी फ़ैलोशिप पर इसलिए लात मार दी थी कि उसके नियमानुसार वह गाँव की स्थितियों का केवल अध्ययन-भर कर सकता था, उनसे जुड़ नहीं सकता था और गाँव की स्थितियाँ तो ऐसी थीं कि कोई युवा ख़ून उनसे जुड़े बिना रह नहीं सकता था—महेश का चरित्र खड़ा कर दिया। कई घटनाएँ भी इसी तरह चित्रित हुईं। वास्तविक को काल्पनिक और काल्पनिक को वास्तविक में गढ़ते चले जाने की विचित्र प्रक्रिया है यह—सृजन की अनिवार्यता।

उपन्यास के साथ मैं पूरी तरह जुड़ गई थी। हाँ, शाम ज़रूर मैं एक दिन डॉ. बच्चन सिंह के यहाँ गुज़ारती थी तो एक दिन डॉ. विजयमोहन सिंह के यहाँ। खाना-पीना भी वहाँ होता था। डॉ. विजयमोहन सिंह जी की पत्नी आशा उन दिनों छुट्टियों में शिमला आईं हुईं थीं और वे बड़े प्रेम से मुझे अच्छी-अच्छी चीज़ें बनाकर खिलाया करती थीं—रात में लौटकर फिर उपन्यास। पच्चीस दिन में मैंने उपन्यास पूरा ही नहीं किया बल्कि उसका दूसरा ड्राफ़्ट भी क़रीब-क़रीब तैयार कर लिया था। आज तो अपने सन्दर्भ में मुझे यह सब अकल्पनीय ही नहीं, अविश्वसनीय भी लगता है। दिल्ली आकर बिना ज़रा भी ढील दिए तीसरा-चौथा ड्राफ़्ट तैयार किया और पढ़ने के लिए राजेन्द्र के हाथों में सौंप दिया। यह पहला उपन्यास था, जिसकी पांडुलिपि मैंने छपने से पहले राजेन्द्र को पढ़ने को दी।

वैसे अपने पहले उपन्यास की पांडुलिपि भी दी तो राजेन्द्र को ही थी पर वह तो छपने से पहले ही *एक इंच मुस्कान* में बदल गई और फिर तो वह उपन्यास मेरा अपना रहा ही नहीं, हमारा हो गया था, इसलिए उसकी तो चर्चा करना भी बेकार है। *आपका बंटी* कड़ियों में ही लिखा गया और कड़ियों में ही *धर्मयुग* में छपता भी रहा। राजेन्द्र ने तो उसे छपने के बाद ही पढ़ा था। हाँ, कहानियाँ ज़रूर छपने से पहले मैं इन्हें पढ़वाती थी या सुनाती थी, पर याद नहीं पड़ता कि किसी भी कहानी में कभी कोई काट-छाँट या संशोधन किया हो...हाँ, कई कहानियों के

बड़े उपयुक्त और सटीक शीर्षक ज़रूर राजेन्द्र ने रखे। पर इस उपन्यास पर उनकी राय बहुत उत्साहवर्द्धक नहीं थी। इतना ही कहा–"ठीक है, पर बंटीवाली गहराई नहीं है।" आश्चर्य है कि इस निहायत ही ठंडी-सी प्रतिक्रिया के बावजूद मैं विशेष हताश नहीं हुई थी। अच्छी तरह जानती हूँ कि इसके मूल में आत्मविश्वास का आधिक्य नहीं बल्कि आलस्य ही रहा होगा क्योंकि तीन और किसी-किसी अंश के चार ड्राफ़्ट बनाने के बाद अब इस पर किसी भी तरह का और कोई काम करने का मेरा हौसला ही नहीं रह गया था...और यह भी हो सकता है कि मैं उपन्यास से पूरी तरह सन्तुष्ट थी इसीलिए मैंने राजेन्द्र से इस पर किसी तरह की कोई चर्चा भी नहीं की और न ही कोई सलाह-सुझाव माँगे।

दूसरे दिन शर्माजी के आने पर मैंने पांडुलिपि उन्हें दे दी। उनकी प्रतिक्रिया थोड़ी भिन्न थी। उन्होंने कहा–"मैंने शाम को उपन्यास पढ़ना शुरू किया था...शुरू में तो थोड़ा घसीटना पड़ा पर बाद में तो उसने ऐसा बाँधा कि मैं इसे देर रात में खतम करके ही सोया।" एक-दो प्रशंसात्मक टिप्पणियाँ और भी की थीं, जिन्हें सच समझकर मैं तो प्रसन्न हो ली और मैंने पांडुलिपि तुरन्त ओमप्रकाशजी को सौंप दी। पढ़कर उनका गद्‌गदाता स्वर...सचमुच उन्हें उपन्यास बहुत पसन्द आया था और वे बेहद प्रसन्न और पुलकित थे और उनकी यह प्रसन्नता यह पुलक मुझे एक दूसरे ही स्तर पर भी तुष्ट कर रही थी। जब मुझे कोई नहीं जानता था...पत्रिकाओं में थोड़ी-सी कहानियाँ छपने के कारण साहित्य के क्षेत्र में मेरी बड़ी नगण्य-सी स्थिति ज़रूर दर्ज़ हुई थी, पर मात्र उसके चलते बिना किसी परिचय के मेरी पहली पुस्तक...सो भी कहानी-संग्रह छापकर ओमजी ही मुझे साहित्य के क्षेत्र में लाए थे। यह बात मेरे मन में कहीं जमी हुई थी और इसीलिए उनकी पसन्द का उपन्यास उन्हें देकर लगा जैसे मैं ऋण-मुक्त हुई ! और फिर तो उन्होंने इस उपन्यास को जिस गहरे सरोकार और लगन से छापा, शायद ही कोई प्रकाशक छापता होगा। 26 अगस्त, 1979 की शाम को वे इसकी पहली प्रति राजेन्द्र के लिए लेकर आए और 28 अगस्त, 1979 को सवेरे-सवेरे मुझे उनकी मृत्यु का समाचार मिला–हार्ट फ़ेल्योर। तो क्या वे इसे छापने के लिए ही रुके हुए थे ? तो क्या यह उपन्यास उन्हीं का महाभोज हो गया !

इसकी समीक्षाएँ-चर्चाएँ पढ़-सुनकर ख़ुशी के साथ-साथ उन दिनों एक कचोट

सी ज़रूर मन में उठा करती थी—काश ओमजी यह सब देखते...ख़ासकर इसके मंचन की सफलता पर तो न जाने कितनी बार मुझे उनका ख़याल आया करता था।

महाभोज प्रकाशित होने के कोई डेढ़-दो साल बाद अरविन्द कुमार ने मुझे सूचना दी कि अमाल अल्लाना इसे मंच पर प्रस्तुत करना चाहती हैं और इस सिलसिले में उन्होंने मेरी और अमाल की एक मुलाक़ात भी तय कर दी। मुलाक़ात हुई तो मैंने एक ही शर्त रखी कि नाट्य-रूपान्तर मैं ख़ुद करूँगी। हाँ, मंच के तकनीकी पक्ष के सिलसिले में अमाल मुझे सहयोग देंगी। वे तो ख़ुद ही चाहती थीं कि नाट्य-रूपान्तर मैं ही करूँ, सो बात तय हो गई। पर काम कुछ दिनों बाद ही शुरू हो पाया था। स्थिति यह बनी कि अमाल निर्देशन करेंगी और मैं नाट्य-रूपान्तर; नेशनल स्कूल ऑफ़ ड्रामा का रंगमंडल इसे प्रस्तुत करेगा और उसके मँजे हुए कलाकार अभिनय करेंगे। उस समय रंगमंडल में अभिनेताओं की जो टीम थी उसमें मनोहर सिंह, उत्तरा बावकर, सुरेखा सीकरी, रघुवीर यादव, जोसलकर, विजय कश्यप, युवराज जैसे सधे हुए कलाकार सम्मिलित थे। मनोहर सिंह, उत्तरा, सुरेखा की प्रतिभा से तो सभी परिचित थे क्योंकि उन्होंने रंगमंडल की प्रसिद्ध प्रस्तुतियों में प्रमुख भूमिकाएँ निभाई थीं लेकिन रघुवीर यादव। उसने बिन्दा के बूढ़े बाप हीरा की भूमिका अदा की थी और अपने अभिनय से सबको हिला दिया था। जिसने उसे उछल-कूदवाली खिलंदड़ भूमिकाओं में अभिनय करते देखा है, वह क्या कभी विश्वास कर सकेगा कि तहक़ीक़ात वाले दृश्य में थरथराती टाँगों और आँसुओं भीगी काँपती आवाज़ वाला बूढ़ा हीरा भी यही रघुवीर यादव है ? यादव के अभिनय की रेंज...और बिलकुल विपरीत तरह की भूमिकाओं को भी समान कौशल से निभाने की उसकी प्रतिभा ! अब अभिनेताओं की ऐसी टीम *महाभोज* में काम करेगी, इससे अधिक सन्तोषजनक बल्कि कहूँ कि सुखद स्थिति की तो मैं कल्पना भी नहीं कर सकती थी !

स्क्रिप्ट तैयार करने का शुरू का काम तो मेरा था। उपन्यास के आधार पर अमाल ने शुरू में जो दृश्य-योजना बनाई उसमें मैंने कुछ परिवर्तन सुझाए और थोड़ी-सी बातचीत के बाद वे सब स्वीकृत भी कर लिए गए पर बस, अन्त तक

मतभेद रहा तो केवल सूत्रधार को लेकर। मैं सूत्रधार के पक्ष में थी ही नहीं क्योंकि मुझे उसकी कोई ज़रूरत ही महसूस नहीं हो रही थी, पर अमाल को उपन्यास में लेखक की ओर से लिखी गई शुरू की और बीच-बीच में आनेवाली पंक्तियों से कुछ ऐसा मोह था कि इन्हें बिना कहलवाए वह रह ही नहीं सकती थीं। और इन पंक्तियों को संवाद में ढालने की तो कोई गुंजाइश ही नहीं थी...सो उन्हें सूत्रधार ज़रूरी लग रहा था। अन्ततः मैंने उनकी यह बात मान ली। नाटक का आरम्भ सूत्रधार के संवाद से ही हुआ और बीच-बीच में भी स्थितियों पर टिप्पणी करने के लिए (उपन्यास में लेखक के द्वारा की गई हैं ये टिप्पणियाँ) वह प्रकट होता रहता है। पर अन्त के उस भव्य दृश्य में, जो एक साथ कई रंग-स्थलों पर चलता है—एक ओर दा साहब अपनी उसी सन्तई मुद्रा में सारे संकट टल जाने की खुशी में जमना बहन के हाथ से केसरिया सन्देश का भोग लगा रहे हैं तो दूसरी ओर अपने को पूरी तरह दा साहब के हाथों बेचकर आई.जी. बने डी.आई.जी. के घर इस प्रमोशन के उपलक्ष्य में शानदार पार्टी चल रही है...एक ओर जोरावर के यहाँ जीत की खुशी का जश्न मनाया जा रहा है तो दूसरी ओर प्रेस में सम्पादक दा साहब की नज़रों में फिर अपनी छवि सुधार लेने की ख़ुशी में मिठाई बाँट रहे हैं। और इन सब बेईमान और बिके हुए लोगों के बीच नाटक का सबसे ईमानदार पात्र बिन्दा थाने में रुई की तरह धुना जा रहा है...उस अपराध को क़बूलने के लिए जो उसने किया ही नहीं। शुरू में एक-एक रंग-स्थल को केन्द्र में रखकर यह दृश्य चलता रहता है और समाप्त होता है पुलिस की बर्बर धुनाई से पूरी तरह ध्वस्त हुए बिन्दा के उस मौन के साथ, जिसमें उसके अपराध न कबूलने का संकल्प निहित था। उसके बाद एक ईमानदार और निष्ठावान आदमी के जीवन की त्रासदी को पूरी भयावहता के साथ उजागर करने के लिए आमोद-प्रमोद, नाच-गाने और जश्न मनाते सारे रंगस्थल एक साथ आलोकित और सक्रिय हो उठते हैं। उपन्यास में तो न कोई ऐसा दृश्य है...न ही ऐसा अन्त (यह शुद्ध अमाल की कल्पना थी और इसमें कोई सन्देह नहीं कि अद्‌भुत कल्पना थी...जिसने नाटक के प्रभाव को कई गुना बढ़ा दिया था।) और लेखक की तो कोई टिप्पणी थी ही नहीं...सो अब सूत्रधार करे तो क्या करे ? फिर भी अन्त में सूत्रधार प्रकट तो होता है और थोड़ा-सा हाथ बढ़ाकर कुछ कहने के लिए मुँह भी खोलता है, पर बिना कुछ कहे उसे इसी स्थिति

में फ्रीज़ कर दिया जाता है। सूत्रधार का कुछ कहने के लिए खुला मुँह...बढ़ा हाथ और नाटक समाप्त हो जाता है। पीछे चलनेवाले उस भव्य दृश्य के परिप्रेक्ष्य में सूत्रधार की इस अदा पर एक बार तो मेरा मुँह भी खुला का खुला रह गया (अमाल ने इसकी जो व्याख्या की वह थी तो अद्‌भुत—उनका कहना था कि स्थितियाँ आज इतनी भयावह हो चली हैं कि अब बात कहने-सुनने के परे चली गई है—इनसे निपटने के लिए तो अब कुछ 'करना' चाहिए—एक्शन ! पर मेरी शंका थी कि सूत्रधार की इस अदा मात्र से तो यह बात लोगों तक पहुँचने से रही। मेरी शंका ही सही निकली...या तो लोगों ने सूत्रधार पर कोई ध्यान ही नहीं दिया या फिर पूछा कि जब कुछ कहना ही नहीं था तो सूत्रधार को लाया ही क्यों गया ? बहरहाल, इतना सब मैंने केवल अपने और अमाल के इकलौते मतभेद के सन्दर्भ में ही लिखा है।

सप्ताह में दो-तीन दिन मैं कॉलेज से सीधी नेशनल स्कूल ऑफ़ ड्रामा चली जाती...जो दृश्य मैंने लिख लिए होते उन्हें पढ़ा जाता। अमाल को मेरे संवाद अच्छे लग रहे थे और शायद उससे भी ज़्यादा मेरा यह रवैया कि अपने लेखकीय अहं को लेकर मैं अड़ नहीं जाती। अमाल ने सबको अपनी-अपनी भूमिकाएँ बाँट दीं और कुछ हिस्सा पूरा हो जाने पर उसका रिहर्सल भी करवाया...सभी को लगा कि नाटक अच्छा जा रहा है। इसके बाद मैं कुछ ज़्यादा ही जुड़ गई इसके साथ...मात्र लिखने से एक क़दम और आगे। फिर तो स्थिति यह बनी कि मैं लिखकर ले जाती तो अभिनेताओं में से भी कुछ लोग आकर जम जाते...कभी-कभी कुछ सुझाव भी देते। धीरे-धीरे इस काम ने एक टीम-वर्क का रूप ले लिया। जैसे-जैसे नाटक गति पकड़ता जा रहा था, मेरा आत्म-विश्वास भी बढ़ता जा रहा था और मेरे लिखने को धार भी मिलती जा रही थी। तहक़ीक़ातवाले दृश्य को देखकर तो मैं ख़ुद मुग्ध हो गई थी। फटाफट उसके बादवाला दृश्य लिखकर मैं अमाल को दे आई। पढ़ा तो वह भी सभी के सामने गया था पर तब तो किसी ने कोई प्रतिकूल प्रतिक्रिया नहीं की लेकिन दो दिन बाद जब मैं गई तो अमाल ने सूचना दी, 'नहीं मन्नू जी, रिहर्सल के दौरान महसूस हुआ कि इस दृश्य में तो नाटक बिलकुल लटक ही गया।' 'लटक गया'...नाटक के सन्दर्भ में यह उक्ति मैंने पहली बार सुनी थी। हाँ, यह सूचना देते समय अमाल का मुँह ज़रूर लटका हुआ था...प्रतिकूल प्रतिक्रिया सुनकर

मेरा मुँह भी ज़रूर लटक ही गया होगा...पर नाटक कैसे लटक गया ? वैसे तो मैंने उस दृश्य को बिलकुल उपन्यास के आधार पर ही लिखा था...फिर ? तब अमाल ने समझाया कि लगातार गतिमान घटनाओं के क्रमिक-विकास से क्लाइमेक्स की ओर जाता हुआ नाटक इस गतिहीन दृश्य के कारण ढीला पड़कर पीछे की ओर लौट आया। तहक़ीक़ात के बाद तो किसी गतिमान और धाँसू दृश्य की परिकल्पना होनी चाहिए।

अब उपन्यास में तो ऐसा कोई गतिमान दृश्य था नहीं सो सभी लोग अपने-अपने सुझाव देने लगे। लेकिन मुझे कोई भी सुझाव जम ही नहीं रहा था। इसलिए मैंने अमाल से कहा कि घर जाकर मुझे सोचने का समय चाहिए। आपकी बात और ज़रूरत मैं समझ गई हूँ...कोशिश करूँगी कि उसी के अनुकूल कोई दृश्य लिख लाऊँ। अमाल मेरी बात से पूरी तरह सहमत थी कि तभी विजय कश्यप ने एक सुझाव दिया। वह सुझाव मुझे एकदम क्लिक कर गया, फिर तो बिना ज़रा भी देर किए मैं सीधे घर के लिए चल पड़ी। रास्ते भर मैं उसके दिए सुझावों को दृश्यों में ढालती रही और जब लिखने बैठी तो उन दृश्यों और पात्रों के अनुकूल संवाद भी जैसे अपने आप निकलते चले गए। समाप्त करके जब उन दोनों दृश्यों को पढ़ा तो मैं ख़ुद परम-प्रसन्न ! उस दिन एकाएक महसूस किया कि आप रचना चाहे किसी भी विधा में कर रहे हों...उस रचना के साथ एक गहरा लगाव या कहूँ कि उस रचना के साथ एकमेक होते ही आधी मंज़िल तो आपकी यों ही पूरी हो जाती है। तभी तो *महाभोज* को जब उपन्यास के रूप में लिखा था तब भी वह ऐसी ही सहज गति से बढ़ता चला गया था।...अनायास, अनवरत!

नाट्य-रूपान्तर का काम पूरे आठ महीने तक चला और इसके बाद 82 में प्रदर्शन। ग्रैंड रिहर्सल होने के बाद अमाल ने कहा था—मन्नूजी, आपको जिस-जिसको भी बुलाना हो, पहले दिन ही बुलाकर दिखा दीजिए...कौन जाने, एक शो के बाद यह बैन ही कर दिया जाए ? पर ऐसा कुछ नहीं हुआ और हाउसफ़ुल के साथ यह नाटक कई दिनों तक चलता रहा। अख़बारों में आए रिव्यूज़, प्रतिक्रियाएँ और शहर में होनेवाली चर्चाओं ने इस पर सफलता का ठप्पा भी लगा दिया। इस सारे प्रसंग के जिस निचोड़ को मैं रेखांकित करना चाहती हूँ, वह है—उपन्यास का नाट्य-रूपान्तरण करते समय यदि लेखक और निर्देशक दोनों अपने-अपने अहं को

दरकिनार करके बैठें तो बहुत अच्छे परिणाम निकल सकते हैं।

इसके साथ ही मंचन से जुड़ी एक और पुरानी घटना का उल्लेख भी मुझे ज़रूरी लग रहा है। हमारे कॉलेज (मिरांडा हाउस) में प्रतिवर्ष एक नाटक का मंचन होता है–एक वर्ष अंग्रेज़ी का नाटक, एक वर्ष हिन्दी का। सन् 78 में हिन्दी का नाटक होना था और निर्देशन के लिए नेशनल स्कूल ऑफ़ ड्रामा के रामगोपाल बजाज (बज्जू भाई) आए थे। हर बार की तरह इस बार भी समस्या थी नाटक के चुनाव की और बज्जू भाई ने एकाएक घोषणा कर दी कि इस वर्ष वे मेरे नाटक *बिना दीवारों के घर* का मंचन करेंगे। मैंने लाख मना किया...तर्क भी दिया कि उसकी अनेक कमियों के कारण उसके पुनर्लेखन तक मैंने उसका प्रकाशन भी रोक रखा है। बज्जू भाई ने कहा कि बस, तब तो पुनर्लेखन का काम मैं तुरन्त शुरू कर दूँ क्योंकि नाटक तो वे यही करेंगे...मैं अनुमति नहीं दूँगी तो वे बिना अनुमति के ही करेंगे। अपने ही कॉलेज के ख़िलाफ़ मैं कोई एक्शन ले सकूँ तो लूँ। तब मैंने बज्जू भाई से अनुनय-विनय की कि क्यों वे मेरे नाटक और अपने प्रदर्शन की धज्जियाँ बिखेरने में लगे हैं। उन्होंने हँसकर इतना ही कहा कि अपने प्रदर्शन की तो उन्हें कोई चिन्ता नहीं; हाँ अपने नाटक को लेकर मैं अगर परेशान हूँ तो मुझे तुरन्त पुनर्लेखन शुरू कर देना चाहिए। स्पष्ट कर दिया कि वे तो अपनी बात पर अटल हैं। अब तो जो करना था मुझे ही करना था।

आगे सोचती हूँ तो हँसी आती है कि किस तरह मेरी अधिकतर रचनाएँ इस तरह के दबावों के चलते ही तो पूरी हुई। बरसों से इस नाटक के पुनर्लेखन को टालती आ रही थी...बज्जू भाई के निर्णय ने मुझे आख़िर इस दिशा की ओर मोड़ ही दिया।

कक्षाएँ समाप्त करके मैं कॉलेज में ही लिखने बैठ जाती...रात को घर पर भी लिखती और दूसरे दिन एक-दो दृश्य तो मैं बज्जू भाई को थमा ही देती। वे पात्रों को डिक्टेट करवा देते और उसका पाठ और रिहर्सल होने लगता। रोज़ लिखना और रोज़ रिहर्सल करवाना, यह सिलसिला अन्त तक चलता रहा। एक जुनून की हालत में ही मैं यह नाटक लिख रही थी और मुझे इतना भी होश नहीं था कि क्या रूप बन रहा है नाटक का। लेकिन बज्जू भाई, त्रिपुरारि शर्मा, रवि शर्मा मेरे लिखे को जिस तरह स्वीकारते जा रहे थे उससे आश्वस्त थी कि जो हो रहा है,

ठीक ही हो रहा है। अन्तिम दिन ग्रैंड रिहर्सल आधी रात तक चला था, सब लोग बहुत प्रसन्न थे और मुझे भी लगा कि कुल मिलाकर अच्छा ही बन गया है...काफ़ी अच्छा ! अर्चना वर्मा का एक रिमार्क आज भी याद है। उसने कहा था... "मन्नू जी, आप और सब लिखना छोड़कर केवल नाटक लिखिए...आपके चुस्त संवाद..." अर्चना के इस रिमार्क ने गद्गद तो बहुत किया था पर परिणाम...! सोचा था कि कुछ समय गुज़र जाने के बाद बहुत तटस्थ होकर इस प्रदर्शन में अभी भी जो कमियाँ लगी थीं, उनके मद्देनज़र इसका अन्तिम ड्राफ़्ट करूँगी और फिर उसी का प्रकाशन भी करवाऊँगी। अलग-अलग दृश्यों की वे पर्चियाँ मैं एक फ़ाइल में नत्थी करती जा रही थी...न तो मैंने उनको टाइप करवाया था, न फोटोस्टेट। लेकिन कुछ महीनों बाद अचानक एक दिन देखा कि अलमारी में रखी उस फ़ाइल को दीमक ने इतने प्रेम से अपना भोजन बनाया कि उन काग़ज़ों में से कुछ भी पढ़ पाना सम्भव नहीं रहा। अभिनय करनेवालों से भी सम्पर्क किया पर सब व्यर्थ। तब सोचा कि इसे आधार बनाकर अब एक बिलकुल नया नाटक ही लिखूँगी... पर वह दिन कभी आया ही नहीं और तब हारकर राजकमल प्रकाशन वालों ने 2002 में उसे अपने मूल रूप में ही पुनर्प्रकाशित कर दिया।

दीमक से छलनी बनी पांडुलिपि की चर्चा आज मैं कितने सहज भाव से कर रही हूँ मानो यह हादसा किसी और के साथ घटा हो, पर जिस दिन यह घटना घटी थी...कितना दुखी हुई थी मैं...कितना कोसा था अपनी लापरवाही और अपने लधड़पने को और मन ही मन कितने संकल्प लिए थे कि बस, आज से अपनी लिखी और अपने पर लिखी चीज़ों, समीक्षा, रिव्यूज़, अनुवाद आदि के प्रति सजग और व्यवस्थित रहूँगी मैं। अलग-अलग फ़ाइलें बनाकर बड़े क़ायदे-करीने से रखूँगी अब सब कुछ। न जाने कितने लेखक गुज़र गए आँखों के सामने से जिनके पास उन पर छपी एक पंक्ति भी सुरक्षित मिलेगी, अलबम की तस्वीरों की भाँति। पर कहाँ बिला जाते हैं ऐसे सारे संकल्प...क्यों नहीं मैं उन पर चार दिन भी अमल कर पाती ? मेरा आलस्य...मेरी लापरवाही या इन सबके प्रति मेरी एक ख़ास तरह की उदासीनता, मैं ख़ुद नहीं जानती !

सन् 82 का मेरा पूरा साल *महाभोज* को ही अर्पित हो गया। पहले महीनों चलनेवाला नाट्य-रूपान्तरण...फिर रंगमंडल की तीस प्रस्तुतियाँ और फिर उन पर आनेवाली प्रतिक्रियाएँ। पर सन् 83 ने तो मुझे एक बिलकुल ही दूसरी दुनिया में ला पटका। काग़ज़-क़लम की दुनिया से लोहे-लक्कड़, कील-काँटों की दुनिया में। हुआ यह कि सन् 79 में हमने डी.डी.ए. में एक फ़्लैट बुक किया था। किराये के मकान में रहने की सारी दिक़्क़तों के बावजूद डी.डी.ए. के मकान में मेरी कोई दिलचस्पी नहीं थी पर शर्माजी ने आग्रह करके जैसे-तैसे करवा ही दिया क्योंकि इतने बरसों के परिचय से वे इतना तो अच्छी तरह जान गए थे कि ज़मीन लेकर मकान बनवाना हमारे बस के बाहर की बात है। डी.डी.ए. ने एक नई योजना निकाली थी कि पैसा मकान ख़रीदनेवाला ख़ुद लगाएगा, वो तो सिर्फ़ उसे बनवाने की ज़िम्मेदारी लेंगे। पैसा भी पाँच क़िस्तों में देना था और शायद इसीलिए इसे ले पाना हमारे लिए सम्भव भी हो पाया। सन् 83 में सूचना मिली कि मकान तैयार है...अधिकार-पत्र (पज़ेशन-लेटर) लेने की जो औपचारिकताएँ हैं, उन्हें पूरा करके हम मकान का अधिकार ले लें। औपचारिकताएँ पूरी करने में डी.डी.ए. ऑफ़िस में आठ-दस दिन तक ऊपर-नीचे के चक्कर लगाते-लगाते मेरे पैरों में तो बस पानी ही पड़ गया था। आज तक तो मकान से सम्बन्धित जितने भी काम हुए थे, वे सब मेरे लिए भी शर्मा जी के पी.ए. ने ही निपटाए थे...पर इसके लिए तो मुझे ही वहाँ उपस्थित होना था क्योंकि मकान मेरे नाम से था। ऊपर-नीचे की यह परेड करवाने के पीछे एक ही कारण था कि सम्बन्धित बाबुओं को कुछ खिलाओ-पिलाओ। और ऐसे काम करने की असमर्थता के चलते ही मैं एक बार मकान-मालिक द्वारा चलाए गए मुक़दमे में हार भी गई थी। इस बार मैंने सोच लिया कि मैं अब सीधे 'कमिश्नर हाउसिंग' के पास जाऊँगी पर तभी क़िस्मत से एक साहित्य-प्रेमी मिल गया। नाम देखकर ही उसने पूछा कि क्या आप वही मन्नू भंडारी हैं, जो लिखती

हैं और फिर तो उसका सारा रवैया ही बदल गया। फिर तो मेरे काम की सारी ज़िम्मेदारी उसने ले ली, बदले में बस एक फ़र्माइश रखी...मुझे आप अपनी किताबों का एक सेट ज़रूर दीजिए क्योंकि ख़रीदना मेरे लिए सम्भव नहीं...और दूसरे लोगों के लिए बस मिठाई का डिब्बा लेती आइए और अपने हाथ से सबको खिला दीजिए। एक साहित्य-प्रेमी को किताबें देना और मकान मिलने की ख़ुशी में मिठाई खिला देना मुझे बिलकुल बुरा नहीं लगा—वरना नक़द रुपए की रिश्वत देना...। साहित्य से जुड़ा होना भी कभी-कभी कैसे संकटमोचक बन जाता है।

आख़िर मकान मिल गया। इसमें कोई सन्देह नहीं कि मन में उत्साह तो बहुत था...तरह-तरह की योजनाएँ भी थीं कि किस कमरे को कैसे सजाएँगे पर समस्या थी कि काम करवाएगा कौन ? महँगाई का हवाला देकर मकान की अन्तिम क़िस्त में पचास हज़ार रुपए का इज़ाफ़ा कर दिया गया था इसलिए बजट तो बेहद सीमित रह गया था। पर सबसे बड़ी कठिनाई थी शक्ति नगर में रहते हुए 22 किलोमीटर दूर बने मकान का काम करवाना। पर जैसा कि मैंने कहा, हर संकट में मदद करनेवाले हाथ मुझे हमेशा तैयार ही मिले। टिंकू ने घर में होनेवाले काम का नक़्शा तैयार किया और रंजन ने जून-जुलाई की भयंकर गर्मी में बिना पंखों के सवेरे दस बजे से शाम छह बजे तक वहाँ रहकर, मिस्त्रियों से सिर फोड़-फोड़कर सारा काम करवाया।

रंजन ! आश्चर्य है कि उसके बारे में मैंने कभी कुछ लिखा ही नहीं। हो सकता है कि पिछले कई बरसों से बहुत दूर रहने के कारण वह कहीं मन से भी दूर हो गया हो, वरना तीन-चार साल तक तो वह मेरा बेटा बनकर ही नहीं रहा था बल्कि उसने बेटा होने की सारी ज़िम्मेदारियाँ भी निभाई थीं ! इतना ही नहीं, एक समय तो ऐसा भी रहा कि मैं उसके साथ अपने और राजेन्द्र के सम्बन्धों की चर्चा भी खुलकर करती थी। वह भी अपना सब कुछ मेरे साथ शेयर करता था। सहभागिता के मेरे पिपासु मन को इससे कितना सन्तोष मिलता था ! यों साइंस का विद्यार्थी पर उसके बावजूद मेरी लिखी चीज़ें पढ़ता ही नहीं, उन पर कभी-कभी सुझाव भी देता था। उसी ने घर बनवाने की ज़िम्मेदारी लेकर मेरे इस बोझ को

भी हल्का कर दिया था। वह सेन्ट्रल-सर्विसेज़ में आ चुका था और सितम्बर में उसे ट्रेनिंग के लिए मसूरी जाना था। दो महीनों में घर का काम पूरा करके वह फिर एक महीने के लिए अपने माता-पिता के पास चला गया। उसके बाद तो उसकी अलग-अलग शहरों में पोस्टिंग...शादी, और हम दूर होते चले गए। घर में काम की योजनाएँ तो बहुत थीं पर पैसे के अभाव में कुछ काम अगली क़िस्त के लिए छोड़ दिए, पर जो कुछ भी बना वह हमारी जैसी औक़ातवालों के हिसाब से काफ़ी ठीक-ठाक ही था। अगस्त 83 में हम अपने इस नए घर में आ गए। शर्माजी ने आग्रह करके यह मकान बुक करवा दिया..क़िस्मत मेरी कि लाटरी में मुझे केवल हौज़खास जैसा बढ़िया एरिया ही नहीं मिला बल्कि ग्राउंड-फ़्लोर के साथ-साथ कार-गराज और सर्वेंट-क्वार्टर भी मिल गया...टिंकू की कल्पना और रंजन के अथक परिश्रम ने इसे एक आरामदायक घर का रूप भी दे दिया। इन लोगों की बदौलत ही आज मैं सिर पर छत होने का आश्वस्ति भाव लिये आराम से इस घर में रह रही हूँ।

पहलेवाला साल चाहे *महाभोज* के नाम अर्पित रहा फिर भी उसके चलते काग़ज़-क़लम के साथ थोड़ा-बहुत रिश्ता तो बना ही हुआ था मेरा। नया चाहे कुछ नहीं लिखा फिर भी पूरे उपन्यास को दृश्यों और संवादों में ढालते समय एक ख़ास तरह की रचनात्मकता का सुख तो ज़रूर मिलता रहा था मुझे। पर इस साल ! याद नहीं कि कॉलेज में छात्राओं की हाज़िरी लगाने के अलावा कभी क़लम भी उठाई हो। ख़ुशी-ख़ुशी नए घर में आ तो गए पर नए घर में जमने के सत्तर प्रपंच और सत्तर परेशानियाँ। सबसे बड़ी परेशानी तो कॉलेज और घर के बीच की 22 किलोमीटर की दूरी। बहुत सारा समय और शक्ति तो इसे पार करने में ही ख़र्च हो जाते थे...पर क्या ये सब मन को समझाने-सहलाने के बहाने मात्र नहीं थे। असलियत तो यह थी कि दिमाग़ ही एकदम रचना-शून्य हो चला था। अजीब विडम्बना ही है यह मेरे जीवन की कि घर के रोज़मर्रा के कामों में न मेरी कभी कोई दिलचस्पी रही, न नियमित रूप से मैंने उन्हें कभी किया (ग़नीमत इतनी ही है कि जानती सब हूँ) पर मानसिकता शायद मेरी बिलकुल घरेलू औरत की ही है। और मेरी यह असलियत मेरी शक्ल पर ही खुदी पड़ी है, तभी तो साक्षात्कार

लिए आई एक छात्रा ने कह ही दिया था, 'हाय, हम तो इतना डर रहे थे आपके पास आने में पर आपको देखकर—आपसे बात करके तो लगता ही नहीं कि हम किसी बड़ी लेखिका से मिल रहे हैं।' भयंकर पढ़ाकू तो कभी रही ही नहीं...हाँ लिखना ज़रूर थोड़ा-बहुत चलता रहता था...पर बस, थोड़ा बहुत ही, तभी तो अपने लेखन के खाते में बहुत ही कम जोड़ पाई। हाँ, इतना सन्तोष ज़रूर रहा कि जो भी, जैसा भी लिखती, वह क्लिक कर जाता और लोगों की सराहना मुझे मिल जाती...पर मुझे हमेशा अपना लिखा तुक्का ही लगता था। मैंने जब इस बात को बहुत ईमानदारी से स्वीकार भी किया तो लोगों ने इसे मेरी शालीनता के खाते में डालकर ख़ारिज कर दिया। पर तुक्केवाला यह सिलसिला आख़िर कब तक चलता ? इस पर तो एक दिन पूर्ण-विराम लगना ही था सो लग गया। वरना सन् 92 में अपना आत्मकथ्य लिखने का जो अनुबन्ध किया था वह आज तक (सन् 2006) घिसटता रहता ? कभी दो पन्ने लिख दिए तो कभी चार...

बस, एक लिखने को छोड़कर अगला साल सब तरह की हलचलों से भरा रहा—व्यक्तिगत जीवन से सम्बन्धित भी और देश से सम्बन्धित भी ! बिना हमें ज़रा भी परेशान किए...हमारी ज़रा-सी भी मदद लिये टिंकू ने अपनी ही पहल पर 'इन्स्टिट्यूट ऑफ़ मास कम्यूनिकेशन' में दाख़िला ले लिया और अच्छा रिज़ल्ट निकालकर चटपट क्लेरियन जैसी प्रतिष्ठित विज्ञापन-कम्पनी में नौकरी भी ले ली। हम तो उस समय दिल्ली में थे ही नहीं। लौटे तो इसने सूचना दी। बस एक आश्चर्यमिश्रित खुशी में उसकी पीठ थपथपाने का काम तो हमने भी ज़रूर किया। यह अहसास भी जागा कि टिंकू अब बड़ी हो गई है और अब उसकी शादी के मामले में हमें थोड़ा सक्रिय होना पड़ेगा। आज तक घर की और सारी ज़िम्मेदारियाँ तो मैं निभाती आ रही थी पर यह काम...और राजेन्द्र से तो उम्मीद करना ही बेकार था...इस दिशा में वे अपनी बहनों तक के लिए तो कुछ कर नहीं पाए थे। सो स्थिति यह थी कि हम जैसे नाकारा माँ-बाप उसके लिए एक सुयोग्य लड़का ढूँढ़ सकेंगे, दूर-दूर तक इसकी कोई सम्भावना नज़र नहीं आती थी। वैसे पिछले दो साल में मैं तो उससे मज़ाक़ में कहती ही रहती थी कि देख बेटा ! अपने लिए कोई ठीक-ठाक लड़का तू खुद ही ढूँढ़ लेना...और हाँ, भागना-भूगना मत...बता देना, हम शादी कर देंगे। हाँ, लड़का ढूँढ़ते समय आँखें खुली और दिमाग़ पूरी तरह चौकस

रखना। सो आख़िर लड़का भी उसने खुद ही ढूँढ़ लिया—दिनेश खन्ना। दिनेश बम्बई के क्लेरियन से तबादला होकर, दिल्ली में इसका बॉस बनकर आया था और कोई छह-आठ महीने में ही मामला केवल फ़िट ही नहीं हो गया बल्कि दिनेश ने तो तुरन्त शादी करने का प्रस्ताव भी रख दिया। मकान के कारण बिलकुल खस्ता हो आई अपनी आर्थिक स्थिति के चलते मैं थोड़ा समय चाहती थी पर दिनेश के आग्रह के कारण झुकना पड़ा और शादी के लिए 12 मई की तारीख़ तय हो गई।

हमेशा की तरह इस काम का सारा ज़िम्मा भी मित्रों ने ही सँभाला। निर्मला जी ने हलवाई से लेकर खाने-पीने की सारी व्यवस्था की (मेरे सीमित बजट में वे जो कुछ कर सकती थीं, किया)। डॉ. कृष्णा शर्मा ने अजित जी-स्नेहजी के साथ अपने को मात्र एक कमरे में समेटकर अपना सारा घर और आगे-पीछे के लॉन, सब मेरे हवाले कर दिए। क्या ख़ूबसूरत लॉन थे उनके घर के आगे-पीछे...मैं कितना भी पैसा ख़र्च करती तब भी संगीत और रिसेप्शन के लिए मुझे इतनी सुन्दर जगह उपलब्ध न होती। अजित जी ने सारा हिसाब-किताब सँभाला। अपनी वैन लेकर जयपुर से आए माधवीजी-जीजाजी (राजेन्द्र के बहन-बहनोई) ने घर के काम सँभाले तो उनकी वैन ने बाहर के। फेरे करवाने के लिए पंडितजी और उस समय की सारी सामग्री का जुगाड़ राजी सेठ ने किया। सुमनजी के साथ अल्पना बनाने और घड़े पेंट करने के लिए अर्चना मई की गर्मी में कॉलेज से चलकर यहाँ तक आई। किस-किसको गिनाऊँ और कहाँ-कहाँ तक गिनाऊँ...बस समझ लीजिए कि जिस तरह आज तक हमारे सारे महत्त्वपूर्ण काम मित्रों के भरोसे होते आए थे, यह भी हो गया और हम एक बहुत बड़ी ज़िम्मेदारी से मुक्त हुए।

दिनेश खन्ना आज एक नामी फ़ोटोग्राफ़र है और देश-विदेश में उसकी कई प्रदर्शनियाँ हो चुकी हैं। पेंगुइन से उसके फ़ोटोग्राफ़्ज़् की दो पुस्तकें *बाज़ार* और *द लिविंग फ़ेथ* प्रकाशित हो चुकी हैं। *द लिविंग फ़ेथ* हार्पर-कॉलिन्स से भी छपी है। आज तो वह नाम और नामा दोनों खूब कमा रहा है लेकिन सबसे बड़ी बात तो यह है कि टिंकू की छोटी-से-छोटी इच्छा पूरी करने को सदैव तत्पर...केवल तत्पर ही नहीं भरसक सहायक भी। कुछ समय पहले कत्थक सीखने के चक्कर में टिंकू अपनी छह साल और ढाई साल की दोनों बेटियों को दिल्ली छोड़कर एक महीने अहमदाबाद चली गई। मैं उस समय इन्दौर गई हुई थी—सुना तो धक्। तुरन्त

दिल्ली फ़ोन किया कि इतनी छोटी बच्ची को टिंकू छोड़ कैसे गई और तुमने उसे जाने क्यों दिया ? मेरे स्वर में थोड़ा गुस्सा था पर दिनेश ने बड़े सहज भाव से कहा, "क्यों, टिंकू बच्चियों को पाल सकती है तो क्या मैं नहीं पाल सकता ? और मुझे कहा सो कहा पर फ़ोन करके टिंकू को कुछ मत कह दीजिए वरना वह परेशान हो जाएगी। वह गई है तो उसे मन लगाकर सीखने दीजिए।" अब तो मैं अच्छी तरह जान गई हूँ कि वह बच्चियों को केवल पाल ही नहीं सकता...ज़रूरत पड़ने पर उनके लिए प्राण भी दे सकता है। टिंकू के लिए मैं इससे अधिक सुख की कल्पना तो कर ही नहीं सकती थी।

ये सब तो हुईं मेरे व्यक्तिगत जीवन से सम्बन्धित बातें। टिंकू मेरी ज़िन्दगी का अभिन्न हिस्सा है सो उसकी बात यानी मेरी बात।

31 अक्टूबर 1984

साहित्य अकादमी का कोई कार्यक्रम चल रहा था और हमें यह सूचना मिली कि इन्दिरा गांधी के अंगरक्षकों में से ही किसी ने उन पर गोलियाँ चलाईं और उन्हें तुरन्त मेडिकल इन्स्टिट्यूट ले जाया गया है। मृत्यु की सूचना तो शाम को मिली थी पर उस बीच दुख और आक्रोश में लिपटी तरह-तरह की अफ़वाहें...कितनी बार आगाह किया गया था कि ऑपरेशन ब्लू-स्टार के बाद माहौल अच्छा नहीं है...कम से कम पर्सनल सिक्यूरिटी में से तो सरदारों को हटा दीजिए पर उनका एक ही जवाब रहता था कि नहीं, न तो मैं किसी पर अविश्वास करूँगी, न ही इस तरह का कोई भेदभाव करूँगी, मिल गया विश्वास का फल ? राजनीति का खेल, जो न कराए सो थोड़ा...अपनी राजनीति का मोहरा बनाकर जिस भिंडरावाला को इन्दिरा गांधी ने खड़ा किया, उसी के लोगों ने उन्हें हमेशा के लिए लिटा दिया। तरह-तरह की टिप्पणियाँ...अफ़वाहें, आशंकाएँ। शाम को मृत्यु की सूचना मिलते ही आशंकाओं के हक़ीक़त में बदलते ही शुरू हुए दंगे, जिन्होंने दूसरे दिन तो भयंकर रूप धारण कर लिया। मारने-मरवानेवाले कोई, पर झेला तो न जाने कितने बेगुनाहों ने भी। अगले दिन शहर में कर्फ़्यू लग गया।

एक दिन बाद ही मेरी एक समाज-सेवी मित्र रेणुका मिश्रा का फ़ोन आया कि कुछ लोगों को और खाने का सामान जितना भी हो सके इकट्ठा करके तैयार रहिए, त्रिलोकपुरी जाना है। कर्फ़्यू-पास और कुछ डॉक्टरों का प्रबन्ध उन लोगों ने कर लिया है। त्रिलोकपुरी थाने के सामने बड़े से मैदान में सारी रात काँपते-थरथराते लोगों का हुजूम बैठा था...कल रात त्रिलोकपुरी में जो कुछ भी हुआ उस बर्बर कांड की गवाही देता-सा। ख़ून में सने घायल, अधजले लोगों को तो मैं देख भी नहीं सकती, सो हम तीन-चार लोगों ने ज़िम्मा लिया चाय बनाने का। थाने के पीछे कुछ

पत्थर जोड़कर चूल्हा बनाया, ढेर सारी लकड़ियाँ जलाईं और थाने से ही मिले एक बड़े से भगौने में पानी चढ़ा दिया। तभी ध्यान गया कि साथ आए सामान में चीनी और चाय की पत्ती तो है पर दूध के डिब्बे तो हैं ही नहीं—अब ? घायलों के लिए जैसे तुरन्त मेडिकल-एड ज़रूरी थी वैसे ही बचे हुए लोगों के लिए, जिन्होंने पूरी रात खुले मैदान में काटी थी, चाय ज़रूरी थी। पर दूध ? तभी थाने के ही किसी सिपाही ने बताया कि पास में ही एक खटाल (जहाँ गाय-भैंसें रखी जाती हैं, जिनको दुहकर सारे शहर में दूध भेजा जाता है) तो है, कर्फ़्यू की वजह से दूध भी सारा यहीं पड़ा होगा पर वे लोग देंगे नहीं क्योंकि मार-काट करनेवाले भी तो यही लोग थे। माँगने पर दूध की जगह डंडे न जमा दें दो-चार। अजीब विडम्बना थी...एक ओर दहशत-भरे चेहरे, भूख-प्यास से कुम्हलाए हुए और दूसरी ओर बर्बाद होते दूध की टंकियाँ। जो भी होगा देखा जाएगा, एक बार जाकर माँगने में क्या हर्ज़। तभी एक पुलिसवाले ने ही सुझाया कि आप लोग जाइए आपको शायद दे देंगे...औरतों को कुछ भी नहीं कहेंगे। सुनते ही मैं एक छात्रा के साथ गाड़ी लेकर वहाँ पहुँची। पहले गाड़ी में से झाँककर देखा...सामने एक तख़्त पर दूध की टंकियाँ जमी रखी थीं...कुछ दूर पर एक खटिया पर तीन लोग बैठे थे—शायद चुपचाप ही थे। हिम्मत करके हम दोनों उतरीं और अपनी माँग रख दी—"पाँच लीटर दूध मिलेगा ?"

ऊपर से नीचे तक हमें अपनी तीखी नज़रों से देखा, परखा फिर एक सूखा सा प्रश्न—"किसलिए ?" प्रश्न चाहे बेहद रुखाई से पूछा गया था पर उसमें ख़तरे जैसी कोई बात नहीं लगी तो मैंने साफ़-साफ़ बात कही। "आप भी जानते हैं कि किसलिए चाहिए...जो हुआ सो हुआ पर अब यह इंसानियत का तक़ाज़ा है कि इन लोगों की मदद की जाए।" कुछ क्षणों की चुप्पी, बिना शब्दों के आँखों ही आँखों में तीनों में कुछ वार्तालाप हो रहा था या कि बोलनेवाला अपनी किसी भीतरी दुविधा से उबर रहा था, समझ पाना मुश्किल था। बेहद ठंडे स्वर में उसने कहा—"ठीक है, ले जाइए।" स्वर में और चाहे जो हो, बर्बाद जाते दूध में से पाँच लीटर दूध बिक जाने की ख़ुशी क़तई नहीं थी। उठकर वह तख़्त की तरफ़ बढ़ा तो एकाएक हमें ध्यान आया कि दूध लेने के लिए हमारे पास कोई बर्तन तो है ही नहीं ! एक तो वहाँ कोई बर्तन था ही नहीं, दूसरे हड़बड़ाहट में हमें माँगने का भी ख़्याल नहीं रहा था। सो अपनी माँग को थोड़ा और आगे सरकाते हुए कहा—"थोड़ी

देर के लिए अपनी यह टंकी हमें दे दीजिए...इसके बदले में भी आप रुपया रख लीजिए...काम खत्म होते ही हम टंकी लौटा जाएँगे।"

उसके बढ़ते क़दम ठिठके...माथे पर तीन सलवटें उभर आईं। मुझे लगा इसी की आड़ में अब यह मना कर देगा पर नहीं, वह आगे बढ़ा और बिना नापे-तौले एक छोटी टंकी हमारी ओर बढ़ा थी।

"हमारा काम तो कुल पाँच लीटर से चल जाएगा।"

"ले जाइए, बच्चों-वच्चों के काम आ जाएगा।" इतना सुनते ही मेरे साथवाली लड़की तो टंकी लेकर गाड़ी की ओर लपक ली, मैं हिसाब करने के लिए पर्स खोलकर वहीं खड़ी थी। कुछ पूछती इसके पहले ही हाथ से नकार का इशारा करते हुए वह बोला—

"रहने दीजिए...रहने दीजिए। यह मत समझिए कि हम इंसान नहीं हैं। इंसान तो हम भी हैं, पर...।" अब अपने को रोक पाना मेरे लिए सम्भव नहीं रहा...इस 'पर' की डोर पकड़कर पूछ ही बैठी...

"अच्छा बताइए कि कल यहाँ हुआ क्या ? क्यों इतनी बर्बरता से..."

"मत पूछिए यह सब, वरना फिर अभी..." सारी उदारता और मानवीयता को दरकिनार कर एकाएक वह भड़क उठा। ग़ुस्से से उसकी आँखें सुलग उठीं—

"पूछिए इनसे कि क्या करते रहे ये लोग ? सारी रात भाँगड़े हुए हैं—शराबें उड़ी हैं, दीये जले हैं, आतिशबाजी होती रही। हमारी माँ को धोखे से मारकर ऐसा जश्न मनाया है इन लोगों ने तो साहब हमारी रगों में भी पानी तो नहीं ही बहता...बर्दाश्त से बाहर हो गई तो...आ गए गाँव से सारे लोग और ठिकाने लगा दिया। यही होना था इन लोगों के साथ।"

एकाएक ही उसके चेहरे पर क्रोध और घृणा से लिपटी अजीब बर्बरता फैल गई। मैं भी लौट पड़ी और गाड़ी के चलते ही वह चाहे पीछे छूट गया पर रंग और भाव बदलता उसका चेहरा...उसकी सुलगती हुई आँखें मेरी पीठ पर चिपकी चली आईं और जब तक पानी नहीं खौल गया, एक अजीब-सा द्वन्द्व मेरे मन में भी खौलता रहा। याद आई मृत्यु की सूचना मिलनेवाली रात ! कमलानगर से मेरी एक मित्र का फ़ोन आया—"मन्नू दी जानती हैं, मृत्यु की सूचना मिलने के दो-तीन घंटे बाद सरदारों के दो-तीन लड़के सड़क पर उछल-उछलकर चिल्ला रहे थे...'कुत्ती नूं

गड्डी ते चढ़ा दित्ता...कुत्ती नूं गड्डी ते...'

चाय से भरी बड़ी-सी एल्युमीनियम की केतली मेरे हाथ में थी और मेरे साथ एक लड़की ने अपनी चुन्नी में खाने की कुछ चीज़ें भर रखी थीं और हम एक-एक के पास जाकर बाँट रहे थे। थोड़ी देर में मैं एक बुज़ुर्ग से सरदार जी के सामने खड़ी थी। सिर के खुले सफ़ेद बाल, कुरते के खुले बटनों से झाँकते छाती के सफ़ेद बाल... बिलकुल भावहीन पथराया चेहरा। पास में तीन औरतें और कुछ छोटे-छोटे बच्चे !

"सरदार जी, कुछ बरतन हो तो दीजिए, मैं चाय दे देती हूँ।"

न कोई उत्तर, न चेहरे पर कोई भाव। मैंने अपनी बात दोहराई—

"चाय ले लीजिए सरदार जी...थोड़ा सुकून पहुँचेगा।"

"सुकून ? तुम चाय से सुकून देने आई हो बिब्बी ?...अरे, जिस बाप की आँखों के सामने उसके तीन-तीन जवान बेटों को साफ़ों से बाँधकर ज़िन्दा जला दिया गया हो, उसे तुम्हारी चाय सुकून देगी ?" चेहरे पर न कोई दहशत, न दुख का भाव। वही पथराया चेहरा। और उस पथराए चेहरे ने मुझे भी पत्थर का बना दिया...बिलकुल जड़। न चाय देते बन रहा था, न जवाब देते। जवाब तो इस बात का हो भी क्या सकता था ! ऐसी भयंकर त्रासदी...

"तुम्हीं बताओ बिब्बी...कितनी बार हम उजड़ेंगे और कितनी बार बसेंगे ? एक बार पंजाब से लुट-पिटकर आया था तब ये बच्चे छोटे-छोटे थे पर उस समय मेरी बाँहों में जोर था बिब्बी...खूब मेहनत-मजदूरी की...बच्चों को पढ़ाया-लिखाया, शादी-ब्याह किए...काम-धन्धे से लगाया पर अब ? आज इन तीन बेवाओं और उनके छोटे-छोटे बच्चों को कौन पालेगा...कैसे बड़े होंगे ये ? अब तो इन बाजुओं में भी ज़ोर नहीं रहा," और कोहनी मोड़कर उसने अपनी बाँह उठाई। लगा कभी बाँहें ज़रूर गठीली रही होंगी और इस तरह उठाने पर उनमें मछलियाँ उभर आती होंगी...आज तो वहाँ मांस झूल रहा था। पर न उसकी आँखों में कोई आँसू था...न चेहरे पर कोई दहशत, सिर्फ़ एक प्रश्न था और फिर तो लगा जैसे उसका पूरा वजूद ही एक प्रश्न में बदल गया है—कितनी बार उजड़ेंगे और कितनी बार बसेंगे...?

शाम को घर लौटते समय न और लोगों की बातें मेरे ज़ेहन में उतर रही थीं,

न वहाँ किए काम और हालात के ब्योरे। उस दिन सुना निहायत एक नया नारा–'हिन्दू-मुस्लिम भाई-भाई...सिक्खों की अब करो सफ़ाई' जिसने काफ़ी देर तक हम लोगों को चमत्कृत रखा था...धुँधला गया। बस मन में अगर कुछ अटककर रह गया था तो सरदारजी का वह पथराया हुआ चेहरा जिस पर एक अनुत्तरित प्रश्न टँगा हुआ था और कभी-कभी उस चेहरे को काटती हुई क्रोध में धधकती ग्वाले की सुर्ख़ आँखों से बरसता ये प्रश्न–धोखे से हमारी माँ को मारकर ऐसा जश्न मनाएँगे...ऐसा जश्न...? यदि दिल दहला देनेवाली यातना...उनका प्रश्न...उनका वह पथराया चेहरा मेरे मन में खुदा हुआ है, जिसे मैं शायद कभी भी नहीं भूल पाऊँगी तो क्यों ग्वाले का आक्रोश और सुलगती आँखें भी मुझे कभी-कभी याद आ ही जाती हैं !

नया तो मैं कुछ लिख नहीं पा रही थी इसलिए एक बार मैंने इस प्रसंग को ही *हंस* में छपने के लिए दे दिया–यह छपा और प्रतिक्रिया में आए दो पत्रों ने मेरी बड़ी लानत-मलामत भी की। पढ़ते ही लगा कि लो, बरसों बाद तो कुछ छपा सो भी पिटने के लिए। पाठकों को लगा था कि मैं जैसे परोक्ष रूप से दंगों का समर्थन ही कर रही हूँ। दंगों का समर्थन–सरदारों पर जैसे बर्बर अत्याचार हुए, उसका समर्थन ! आज लिखते समय जब यह प्रसंग आया तो प्रतिक्रिया में छपे वे पत्र भी दिमाग़ में कौंधे और लगा कि इस समय तो ज़रूर मुझे अपना पक्ष स्पष्ट कर देना चाहिए। उन दंगों में सरदारों के साथ जैसे-जैसे अमानवीय और दिल दहला देनेवाले अत्याचार हुए थे (एक का हवाला तो मैंने खुद ही दिया है) कोई भी संवेदनशील व्यक्ति उसका समर्थन कर सकता है भला ? बल्कि मैं तो यहाँ तक कहने को तैयार हूँ कि समर्थन करनेवाला व्यक्ति अपने को मनुष्य कहने का अधिकार भी रखता है क्या ? लेकिन इन सबके बावजूद इस सारी घटना को उसके पूरे परिप्रेक्ष्य में रखकर–उसके सारे सन्दर्भों के साथ समझना चाहती थी।

यह तो जगज़ाहिर है कि इन्दिरा गांधी की मृत्यु पर बहुत से सरदारों ने खुशियाँ मनाई थीं। टी.वी. में लोगों ने खालिस्तान के सूत्रधार जगजीत सिंह को शैम्पेन की बोतल खोलकर–मिठाइयाँ बाँटकर जश्न मनाते भी ज़रूर देखा होगा–मैंने ख़ुद इस

दृश्य को देखा था। उससे कुछ साल पहले पूरा पंजाब खालिस्तानी आतंकवादियों के ज़ोर-ज़ुल्म से किस तरह त्रस्त रहा था, हिन्दुओं के साथ कैसे-कैसे अत्याचार हुए—बस से लोगों को उतार और हिन्दुओं को अलग करके गोलियों से भून दिया...शाखा के इक्कीस लोगों को गोलियों से भून दिया। ये और ऐसी ही अनेक बातों का असर हिन्दुओं के मन में ज़रूर कहीं न कहीं रहा होगा, जिसने जश्न मनानेवाली ख़बरों और दृश्यों के साथ मिलकर इतना उग्र रूप धारण कर लिया। और फिर सरकार की शह...कांग्रेस तो खुद यह सब करवा रही थी। सरकार का काम तो होता है कि अमन और चैन के लिए सख़्त से सख़्त क़दम उठाए पर यहाँ तो कहीं-कहीं सरकार की ओर से ही मिट्टी के तेल के कनस्तर बाँटे जा रहे थे आग लगाने के लिए। तब ? इधर इन्दिरा को मारने के संकल्प के पीछे सरदारों का रोष...उनका पवित्र स्वर्ण-मन्दिर और उस पर इन्दिरा गांधी का ऑपरेशन ब्लू-स्टार उन्हें आहत और कुपित करने के लिए काफ़ी था। पर अब इन्दिरा गांधी भी करें तो क्या...उसी पवित्र मन्दिर में अपने पूरे असलाह के साथ भिंडरावाला अपना खालिस्तानी आन्दोलन चला रहा था। अब इस आन्दोलन को कुचलने के लिए इन्दिरा गांधी को कुछ तो करना ही था। पर प्रश्न तो यह उठता है कि भिंडरावाला को अकालियों के ख़िलाफ़ तैयार किसने किया था ? इन्दिरा जी ने ही तो। और यह सारा खेल तो राजनीति का है...कुछ लोग जिसके शिकार होते हैं और मारे जाते हैं हज़ारों-हज़ार निहायत निरीह, निर्दोष और बेगुनाह लोग। इसी तरह अफ़ग़ानिस्तान में रूस के ख़िलाफ़ अमरीका ने तालिबान को तैयार नहीं किया था ? पर शत्रु को परास्त करने के लिए चली राजनीति की यह चाल जब उल्टी पड़ जाती है तो उलटकर यह आपको ही धराशायी कर देती है। इन्दिरा गांधी और अमेरिका दोनों ही इसके जीते-जागते उदाहरण हैं। 11 सितम्बर की उस भयंकर त्रासदी को अमेरिकावाले कभी भूल पाएँगे क्या ? आज भी उन्हें उस या उससे भी भयंकर त्रासदी की पुनरावृत्ति की धमकियाँ जब-तब मिलती ही रहती हैं। कहना मैं सिर्फ़ यह चाहती हूँ कि ऐसी घटनाओं में कई बार कड़ियाँ एक-दूसरे से जुड़ी रहती हैं। एक कड़ी का ज़िक्र करते समय दूसरी कड़ी पर उँगली रख दी जाए तो उसे उसी सन्दर्भ में देखा-समझा जाना चाहिए।

84 नवम्बर में ही मुझे कोलोन (जर्मनी) से एक निमन्त्रण मिला, साउथ-ईस्ट एशिया की लेखिकाओं के सम्मेलन में शिरकत करने के लिए। मैं हैरान से ज़्यादा परेशान क्योंकि विदेश जाने का मुझे क़तई कोई शौक़ नहीं था, न ही आज है। पर राजेन्द्र ने हाँक-हूँककर मुझे भेजा और यह जानकर कि मीनाक्षी पुरी वहीं रेडियो में कार्यरत हैं और मुझे ख़ुशी-ख़ुशी अपने ही घर ठहराएँगी, अन्ततः मैं राजी भी हो गई। इतना ही नहीं, राजेन्द्र ने साहित्य अकादमी और आइ.सी.सी.आर. से लिखा-पढ़ी करके इस यात्रा में तीन-चार स्थान और जुड़वा दिए—वियेना, पेरिस और लन्दन। ब्रसल्स में नीरा और आनन्द थे ही सो मैंने अपनी यात्रा वहीं से शुरू की थी। स्थानों का चुनाव मैंने इसी आधार पर किया था कि वहाँ कोई न कोई ऐसा परिचित व्यक्ति रहता हो, जहाँ मैं सुविधा से ठहर सकूँ (वैसे तीनों ही जगह सांस्कृतिक, साहित्यिक दृष्टि से बहुत महत्त्वपूर्ण तो थीं ही) क्योंकि बाहर जाकर होटल में ठहरना तो मेरे लिए सम्भव ही नहीं था। कारण—भाषा की समस्या और मेरा शुद्ध शाकाहारी होना। घबराइए नहीं, यहाँ मैं अपना यात्रा-वृत्तान्त नहीं लिखने जा रही—जिसका आजकल बड़ा चलन है हमारे यहाँ—मैं तो सिर्फ़ उन दो-तीन बातों का उल्लेख करूँगी, जिन्होंने मुझे उस समय ज़रूर थोड़ा उद्वेलित किया था। पहली और सबसे प्रमुख बात तो यह कि दूसरे देशों में हमारे देश की छवि का इतना नकारात्मक पक्ष ही क्यों अंकित है ? मैं यहाँ से गई उसके काफ़ी पहले ही यहाँ के हिन्दू-सिख दंगों पर पूरी तरह नियन्त्रण कर लिया गया था (हाँ, सिखों के मनों में पड़ी दरारों को भरने में तो बहुत समय लगा था, जो बहुत ही स्वाभाविक भी था) पर आश्चर्य तो मुझे इस बात पर हुआ कि कोलोन के टी.वी. पर अभी भी वे दृश्य दिखाए जा रहे थे...जलती हुई ट्रकें, दुकानें, गुरुद्वारे। इतना ही नहीं बल्कि एक साक्षात्कार में मुझसे यह भी पूछा गया कि अहिंसा का पाठ पढ़ानेवाले देश में ऐसी बर्बर हिंसा ? इसमें तो कोई सन्देह नहीं कि बर्बर हिंसा हुई तो थी (हिंसा का बर्बरतम रूप हमेशा ऐसे दंगों में ही तो देखने को मिलता है) लेकिन इस बार वह एक घटना विशेष की प्रतिक्रिया के रूप में हुई थी। जो भी हो, जवाब तो मुझे देना ही था सो मैंने दिया और जहाँ तक याद है काफ़ी ठीक-ठाक ही दिया पर अन्त में एक प्रश्न मैंने भी अपनी ओर से जड़ दिया। कुछ हँसते हुए ही मैंने पूछा—जिस देश में नाज़ियों द्वारा लम्बे समय तक चलनेवाली गैस-चैम्बरों की

निहायत क्रूर, अमानवीय और बर्बर हिंसा का इतिहास दबा पड़ा हो, वहाँ मुझसे यह प्रश्न पूछा जा रहा है ? कहाँ दो हज़ार लोगों की हत्या और कहाँ साठ लाख लोगों को ज़िन्दा दफ़ना दिया जाना...कहाँ पाँच-सात दिन चलनेवाले दंगे और कहाँ दो-तीन साल तक चलनेवाला यह बर्बर नर-संहार। और दंगे समाप्त हो जाने के बाद दंगा-पीड़ितों की मदद के लिए जुटनेवाले लोग भी तो इसी देश के थे ! मेरा अभिप्राय न तो यहाँ जो कुछ हुआ उसका समर्थन करना था, न ही उसे ढकना लेकिन क्योंकि बात देश की छवि की थी तो उसे बचाने के लिए मेरे पास एक ही तरीक़ा बचा था कि उन्होंने आरोप की जो गेंद बड़े ताककर मुझ पर, मेरे देश पर उछाली थी, उसे दुगने वेग और दुगने प्रहार के साथ उन्हीं के पाले में उछाल दूँ और यही मैंने किया।

ठीक इसी तरह एक दिन शाम को निहायत अनौपचारिक बातचीत के बीच किसी लेखिका ने मुझसे पूछा (किस देश की थी सो तो याद नहीं) आप लिखती हैं पर उसे पढ़ता कौन होगा ? क्योंकि आपके यहाँ तो सब निरक्षर हैं ('इल्लिटरेट' शब्द का प्रयोग किया था उसने)। मैं तो अवाक्-सी उसका मुँह ही देखती रह गई। रात को खाने बैठे तो एक पूछने लगी—आर यू बमान...आर यू बमान ? मेरे तो क्या मेरे दुभाषिए के भी पल्ले नहीं पड़ रहा था उसका प्रश्न, पर उनसे थोड़ी-सी बातचीत के बाद उसने जब मुझे बताया कि ये पूछ रही हैं कि "आप ब्राह्मण हैं क्या ?" इस बार मैं सचमुच हँस पड़ी। अरे, यहाँ की स्त्रियों की स्थिति के बारे में पूछ लेतीं...उनके लेखन, उनकी समस्याओं के बारे में कोई बात नहीं...पूछी भी तो जाति ! इन लोगों के दिमाग़ में हमारे यहाँ की जाति-प्रथा बैठी है—यहाँ के पढ़े-लिखे, शहरी लोगों को जिससे मुक्त हुए अरसा हो गया। ख़ैर, उससे इस बारे में काफ़ी बातें हुईं और इस सिलसिले में मैंने यहाँ की स्थिति स्पष्ट भी की, पर रात को मैं सोई तो एक ही प्रश्न मुझे कचोट रहा था कि क्या यही छवि बनी हुई है हमारे देश की दूसरे देशों के बीच ? ऐसा नहीं कि मैं अपने देश की कमियों और ख़ामियों से परिचित नहीं हूँ (बीस सालों में तो उनमें भयंकर रूप से इज़ाफ़ा ही हुआ है), इसके बावजूद कुछ अच्छा पक्ष भी तो है हमारा...उसे क्यों नहीं उजागर किया जाता वहाँ ? क्या करते हैं हमारे राजदूत और दूतावास ? क्यों बाहर के देश हमारे यहाँ के नकारात्मक पक्ष से ही परिचित होते हैं और उसे ही बढ़ा-चढ़ाकर

पेश करते हैं ? उनका मीडिया इस बात को लेकर कितना सक्रिय रहता है, इस बात का उदाहरण तो तीन साल बाद फ्रैंकफ़र्ट में मुझे ख़ुद देखने को मिला।

उस साल फ्रैंकफ़र्ट में भारतीय साहित्य को केन्द्र में रखकर एक विशाल पुस्तक-मेले का आयोजन किया गया था। वहाँ हर साल एक देश के साहित्य को केन्द्र में रखकर इस तरह के पुस्तक-मेलों का आयोजन किया जाता है। भारतीय भाषाओं के पच्चीस लेखकों को भी आमन्त्रित किया गया था। हिन्दी के आठ और बंगला के जो छह लेखक आमन्त्रित थे उनमें महाश्वेताजी भी थीं। मैं उन्हें कलकत्ता से ही जानती थी...बहुत सम्मान है मेरे मन में उनके लिए, आदिवासियों के बीच किए जानेवाले उनके काम के लिए। वहाँ किसी एक दिन के कार्यक्रम में मीडिया के लिए तो वे हीरोइन बनी हुई थीं। कारण, बेहद निःस्वार्थ भाव से, निष्ठापूर्वक किया जानेवाला उनका काम नहीं बल्कि अपनी एक कहानी को केन्द्र में रखकर वे वहाँ बड़े नाटकीय ढंग से, कुछ-कुछ अभिनय की मुद्रा में भारतीय समाज की विकृतियों को पेश कर रही थीं और सारे मीडिया का फ़ोकस उन्हीं पर था। रात को खाने के समय मैंने उनसे कहा भी कि दीदी, आप अपने देश का केवल नकारात्मक पक्ष ही क्यों उजागर कर रही थीं तो वे एकदम भभक उठीं—क्यों कुछ ग़लत कहा मैंने...नहीं हैं ये सब दोष हमारे यहाँ ? "मैं भी जानती हूँ दीदी कि ये सब दोष हैं, विकृतियाँ हैं हमारे देश में, पर क्या कोई अच्छाई है ही नहीं हमारी संस्कृति में...हमारे समाज की बनावट में और यदि कुछ भी है तो उसे भी तो उजागर किया जाए कभी...ख़ासकर दूसरे देश के सामने !" मैं नहीं जानती कि मेरी इस धारणा का कोई तर्कसंगत आधार भी था या कि इस सबके पीछे उस समय उभर आई मेरी भावुकता भरी, छिछोरी देश-प्रेम की भावना-मात्र ही थी।

आज जब ठंडे दिमाग़ से उन सारी बातों पर सोचती हूँ तो लगता है कि निरक्षरता हो या जाति-प्रथा...उनके सोच की सीमा तो हो सकती है लेकिन उनकी ओर से आए ये आरोप बिलकुल निराधार तो नहीं ही हैं। सारे साक्षरता अभियानों के बावजूद...जिन पर पैसा भी कम नहीं बहाया गया—आज भी तीस-पैंतीस प्रतिशत निरक्षरता तो है ही (ये सरकारी आँकड़े हैं, असलियत शायद कुछ और ही हो)। सामाजिक सुधार के सारे आन्दोलनों के बावजूद हम जाति-प्रथा से कहाँ मुक्त हो पाए हैं ? बल्कि आज तो उसका विकटतम रूप देखने को मिल रहा है

क्योंकि सारी राजनीति उसी से संचालित हो रही है। वास्तविकता शायद यह है कि इस विशाल देश में जितनी विविधता है उसे ये छोटे-छोटे देश अपने पैमाने से नाप ही नहीं सकते। यहाँ अगर निरक्षर हैं तो साक्षर, मेधावी, बुद्धिजीवियों की भी कमी नहीं, गाँव-देहात के लोग यदि जाति-प्रथा के दायरे में बँधे हैं तो इस दायरे को तोड़, इससे पूरी तरह मुक्त हुए लोगों की संख्या में भी लगातार इज़ाफ़ा हो रहा है...अन्तर्जातीय-विवाहों की दिन-ब-दिन बढ़ती संख्या इसका प्रमाण है। मेरा आग्रह केवल इतना था कि हमें तो कम से कम अपने देश की छवि का एक सन्तुलित पक्ष रखना चाहिए। आज आश्चर्य की बात तो ये है कि पिछले आठ-दस सालों में अनेक स्तरों पर देश की स्थितियाँ चाहे बद से बदतर हुई हों, बाहर के देशों में भारत की छवि में बहुत निखार आया है। आज यहाँ के सॉफ़्टवेयर इंजीनियर्स, डॉक्टरों और टेलिकम्यूनिकेशन्स में हुई तरक़्क़ी ने धूम मचा रखी है बाहर के देशों में। इसके अतिरिक्त इस छवि-निखार के राजनैतिक-आर्थिक कारण भी कम नहीं, पर उन सबका विश्लेषण करना मेरा क्षेत्र नहीं है, मैं तो केवल कुछ सालों में आए इस छवि-निखार की बात भर कर रही हूँ।

हाँ, जब फ्रैंकफ़र्ट का प्रसंग आ ही गया तो एक बात और ज़रूर लिखना चाहूँगी। पुस्तक मेले के लिए जब मुझे निमन्त्रण मिला तो सचमुच मुझे आश्चर्य हुआ। कोलोन में तो चलिए महिला वाला मामला था, पर यहाँ ? अरे एक से एक दिग्गज लेखक धरे हुए थे...उनके रहते मैं ? पर बुलाया था तो मैं गई और क्योंकि पच्चीस लेखकों का साथ था सो इस बार न कोई डर था, न हिचक ! पर वहाँ जाते ही मैंने डॉ. लुत्से से यह बात पूछी ज़रूर ! उन्होंने कहा–"जब आप कोलोन आई थीं तो आप जहाँ-जहाँ और जब-जब बोलीं, हिन्दी में ही बोलीं थीं (वहाँ के मुख्य सम्मेलन में तो डॉ. लुत्से ने ही मेरे दुभाषिये की भूमिका अदा की थी) इसीलिए आपको बुलाने का निर्णय तो तभी ले लिया गया था क्योंकि भारत से तो जब भी कभी कोई लेखक आया अंग्रेज़ी झाड़ता ही आया।" जानकर राहत मिली कि जो हिन्दी मुझे अंग्रेज़ीदां लोगों के बीच चुप्पी साधने को मजबूर कर देती है, कम से कम यहाँ तो उसने मेरा भाव बढ़ा ही दिया !

भाषा की बात आई तो एक प्रसंग का उल्लेख और करना चाहूँगी। कभी अपने कॉलेज (मिरांडा हाउस) में एक जापानी लड़की हिन्दी पढ़ने आई थी–मिचिको

नकादा। क्लास में जाकर जब मैं उसे देखती तो मुझे लगता जैसे उसने अपने चेहरे पर ब्लॉटिंग पेपर चिपका रखा है...जो भी बोलूँगी, तुरन्त सब सोख लेगी। हिन्दी सीखने की उसकी यह लगन, यह निष्ठा, यह मेहनत देखकर एक दिन मैंने उसे अलग से बुलाकर कहा कि देखो, मैं कॉलेज के बहुत पास रहती हूँ। तुम्हें कभी भी कुछ पूछना हो या किसी तरह की भी मदद की ज़रूरत हो तो तुम ख़ुशी-ख़ुशी मेरे घर आ सकती हो। तुम इतनी दूर से हमारी भाषा सीखने आई हो तो हमारा भी फ़र्ज़ बनता है कि हम तुम्हारी अधिक से अधिक मदद करें। कुछ देर के लिए वह मेरा चेहरा देखती रही फिर मेरी बात का जवाब देने की बजाय उसने बहुत धीरे-धीरे...वाक्यों को तोड़-तोड़कर एक प्रश्न दागा..."आपके देश के लोग क्या अपनी भाषा नहीं बोलते ?...मैं छात्रावास में रहती हूँ, कॉलेज के बाद तो वहाँ मुझे एक भी शब्द हिन्दी का नहीं सुनाई पड़ता...(हॉस्टल में रहकर *बंटी* लिखने के दौरान मेरा भी यही अनुभव रहा था) ऐसे तो मुझे हिन्दी सीखने में बहुत समय लग जाएगा...पर ऐसा क्यों है कि लोग अपनी ही भाषा नहीं बोलते ?" एक क्षण को तो लगा जैसे यह प्रश्न नहीं, मेरे मुँह पर किसी ने तमाचा ही मारा हो। मेरे पास चाहे इस बात का कोई जवाब न हो पर उसके लिए तो यह बात उसकी सोच और समझ से परे थी। अब उसे हिन्दी की दुर्दशा के कारणों का विस्तृत ब्योरा तो क्या समझाती जैसे-तैसे प्रसंग बदलकर बात को फिर उसकी मदद पर ला टिकाया। पर यह अनुत्तरित प्रश्न आज भी केवल ज्यों का त्यों ही नहीं है बल्कि इतने वर्षों में तो यह विकट से विकटतर हो गया है। है कोई इस प्रश्न का समाधान...सिवाय इसके कि इस पर सोचना और कष्ट पाना ही छोड़ दिया जाए और जिस स्थिति को आप बदल नहीं सकते, उसे सहज भाव से (या मजबूरी में) स्वीकार ही कर लिया जाए...फिर, भी कई बार यह भी सोचती हूँ कि मेरे इस कष्ट पाने के मूल में कहीं मेरी अपनी असमर्थता ही तो नहीं ? हो सकता है कि हो...पर क्या सचमुच यह बात कष्ट पाने की है ही नहीं ?

अक्षर प्रकाशन से राजेन्द्र के सम्पादन में *हंस* का पहला अंक प्रकाशित हुआ अगस्त सन् 86 में। राजेन्द्र की चिर-प्रतीक्षित आकांक्षा ! न जाने कितने-कितने वर्षों से यह आकांक्षा उनके मन में पल रही थी...राजेन्द्र की डायरियों के न जाने कितने पन्नों में अलग-अलग समय में बने पत्रिका के बजट के आँकड़े अंकित हैं ! कितनी बार, कितने लोगों के साथ योजना बनी...कहीं-कहीं तो बात इतनी आगे भी बढ़ी कि लगा बस अब तो पत्रिका निकल ही जाएगी पर पता नहीं, ऐन मौके पर क्या कुछ होता कि योजना कार्यान्वित नहीं हो पाती और निराशा की एक परत और इनके मन पर चढ़ जाती। जहाँ तक मेरा ख़याल है ऐसी अन्तिम योजना श्री आर.के. मिश्रा के साथ बनी थी जो उस समय पैट्रियट हाउस में काफ़ी महत्त्वपूर्ण पद पर थे और वहाँ से निकलनेवाले दैनिक *पैट्रियट* और पत्रिका *लिंक* को देखते थे। उनकी योजना थी कि वहीं से एक हिन्दी पत्रिका भी निकाली जाए और इसी सिलसिले में वे शायद राजेन्द्र से मिले भी थे। कुछ ही मुलाक़ातों के बाद योजना ने आकार ग्रहण करना शुरू किया और मुझे लगा कि इस बार योजना ज़्यादा गम्भीर...ज़्यादा ठोस आधार पर बढ़ रही है, इसलिए अब तो शायद पत्रिका निकल ही जाएगी, पर पता नहीं, इस बार भी ऐन मौक़े पर बात कहाँ गड़बड़ाई कि वह सारी योजना भी ठप्प ! जहाँ तक मेरा ख़याल है कि ज़रूर राजेन्द्र का ऐसा आग्रह रहा होगा और जिसे इन्होंने सारी बात के अन्त में जैसे-तैसे प्रकट भी किया ही होगा कि सम्पादन में इन्हें पूरी स्वतन्त्रता चाहिए यानी कि उनके सम्पादन में किसी का कोई हस्तक्षेप नहीं रहेगा। अब कोई व्यक्ति या संस्था पैसा लगाएगी, पत्रिका छापेगी, बेचेगी—सारी व्यवस्था करेगी तो उससे बिलकुल तटस्थ और निरपेक्ष होकर तो बैठने से रही। हो सकता है कि बात राजेन्द्र के किसी ऐसे ही आग्रह पर टूटी हो। पर यह मेरा अनुमान मात्र है...लेकिन क्योंकि मैं राजेन्द्र के व्यक्तित्व से इतनी अच्छी तरह परिचित हूँ इसलिए कह सकती हूँ कि यह अनुमान बहुत निराधार नहीं

होगा। मैं जानती हूँ कि राजेन्द्र कहीं भी, किसी भी तरह का हस्तक्षेप तो बर्दाश्त ही नहीं कर सकते...न अपनी ज़िन्दगी में, न अपने काम में ! और शायद किसी की बॉसगिरी के तले ये काम भी नहीं कर सकते (इसीलिए तो नौकरी करने से हमेशा कतराते रहे) तो बात कैसे बनती ? उस समय भले ही बात टूटने का अफ़सोस हुआ हो, पर आज तो सोचती हूँ कि अच्छा ही हुआ कि योजना शुरू होने से पहले ही टूट गई...अगर शुरू हो जाती तो चार क़दम चलने के बाद ही उसका टूटना निश्चित था। हाँ, इतना ज़रूर कहूँगी कि मिश्राजी हिन्दी पत्रिका निकालने की अपनी योजना के बारे में पूरी तरह गम्भीर थे और कुछ समय बाद उन्होंने *गंगा* नाम की पत्रिका निकाली भी ! हालाँकि उसके निकलने से पहले ही गौतम नवलखा के सहयोग से राजेन्द्र *हंस* शुरू कर चुके थे और हिन्दी जगत में उसने केवल अपनी पहचान ही नहीं बना ली थी बल्कि इतने कम समय में थोड़ी ख्याति भी अर्जित कर ली थी।

गंगा के सम्पादक की जगह नियुक्ति हुई कमलेश्वर की। इससे मुझे क़तई कोई आश्चर्य नहीं हुआ...आश्चर्य तो हुआ इस बात पर कि एक समय के अभिन्न मित्र कमलेश्वरजी ने (कभी *तीन तिलंगे, तिकड़ी, नई कहानी के तीन स्तम्भ* के नामों से इनकी अभिन्नता ही प्रकट की जाती थी) कुछ अंकों के बाद ही इसी पत्रिका में अपनी क़लम से कीचड़ उछालने का सिलसिला शुरू किया। उनका प्रमुख लक्ष्य तो राजेन्द्र ही होते थे...कभी-कभी कुछ छींटे मुझ पर भी पड़े ज़रूर थे। राजेन्द्र भी इस कला (?) में कम माहिर तो नहीं। प्रसंग हो न हो...जब-तब एक दुलत्ती झाड़ना प्रिय शग़ल रहा है राजेन्द्र का भी...आज से नहीं, बरसों पहले से। कभी-कभी साहित्यकारों की इस वृत्ति पर गुस्सा भी आता है...दुख भी होता है, पर उपाय ? हाँ, किसी की कोई अक्षम्य हरक़त हो...कोई बेहद घटिया कर्म किसी के खाते में जुड़ा हो तो ज़रूर प्रहार करना चाहिए...सख़्त से सख़्त भाषा में करना चाहिए... दोटूक शब्दों में खोलकर रख देना चाहिए उसके कुकर्मों का ब्योरा लेकिन सख़्त भाषा का भी एक लेखकीय संयम होता है...होना चाहिए वरना गाली-गलौज की भाषा या 'खाल खींचकर भुस भरवा दूँगा' जैसी अशोभनीय बातें प्रहार कम और अनर्गल प्रलाप ज़्यादा लगने लगती हैं। और हाँ, यह भी ज़रूरी है कि आप जिस आरोप को लेकर सामनेवाले को ध्वस्त कर रहे हैं, उसकी बुनियाद सच पर टिकी

हो। साहित्यकारों की यह कीचड़-उछालू वृत्ति कभी-कभी मुझे इतना विचलित कर देती है कि मैं भी अपने पर संयम नहीं रख पाती। ख़ैर, अब इस सारे प्रसंग पर विराम लगाती हूँ सिर्फ़ इस तकलीफ़ भरे अहसास की अभिव्यक्ति के साथ कि जब तक *गंगा* निकली, कमलेश्वरजी ग्रीन-पार्क में ही रहे थे–हौज़खास के बिलकुल सामने है ग्रीन पार्क–चाहो तो पैदल ही चले जाओ पर उसके बावजूद हम लोगों का आना-जाना न के बराबर ही रहा। दो-तीन बार वे लोग आए तो दो-तीन बार ही हम लोग गए होंगे। तब कभी-कभी ज़रूर मुझे उन दिनों की याद आया करती थी जब दिल्ली आने के बाद हम लोग–राकेशजी, कमलेश्वरजी, राजेन्द्र और मैं–क़रीब-क़रीब रोज़ ही मिलते थे। मिलने के स्थान भले ही बदलते रहते थे–कभी कॉफ़ी-हाउस तो कभी एक-दूसरे के घर लेकिन मिलना तो तय ही रहता था। और आज ? कई बार मैं सोचती हूँ...खीजती भी हूँ कि क्यों मैं इन पुरानी बातों से मुक्त नहीं हो पाती ? शायद मेरे पास इन लोगों की तरह न भविष्य है–न भविष्य की योजनाएँ–न भविष्य के सपने और एक भविष्यहीन ज़िन्दगी अपने अतीत के उजले-धुँधले पक्षों के साथ ही तो लिपटती-चिपटती रहेगी !

हाँ तो लम्बे अरसे की जद्दोजहद के बाद आख़िर गौतम नवलखा के सहयोग से राजेन्द्र के सम्पादन में *हंस* का प्रकाशन शुरू हो ही गया। *हंस* निकला तो मैं भी बहुत ख़ुश। और इस ख़ुशी ने ही बरसों बाद मुझसे एक कहानी भी लिखवा ली ! राजेन्द्र ने बड़े आग्रह के साथ कहा था कि *हंस* के पहले अंक में तुम्हारी कहानी जानी ही चाहिए...समझ लो कि अनिवार्य है यह और बस, कुछ तो 'हंस' के निकलने की ख़ुशी के कारण और कुछ राजेन्द्र के आग्रह के कारण मैं भी संकल्प करके बैठ ही गई। परिणाम 'नायक, खलनायक, विदूषक' कहानी की रचना। बहुत डरते-डरते ही मैंने यह कहानी राजेन्द्र को पढ़ाई...डरते हुए इसलिए कि राजेन्द्र ही तो थे इसके मुख्य पात्र। पर राजेन्द्र ने ऐसी कोई भी प्रतिकूल प्रतिक्रिया नहीं दिखाई...न चेहरे से, न हाव-भाव से बल्कि उन्होंने तो कहानी की सराहना भी की। इतना ही नहीं, यह शीर्षक भी उन्हीं का दिया हुआ है।

पता नहीं क्यों लगने लगा कि *हंस* के साथ शायद मेरा लिखना भी शुरू हो जाए। और इस विचार के साथ ही मन-ही-मन मैंने यह निर्णय भी ले लिया कि अगर पत्रिका जम गई तो मैं भी नौकरी छोड़कर इसी के साथ जुड़ जाऊँगी। लेकिन

अपने सोच और अपनी ख़ुशी से ज़्यादा ख़ुशी तो मुझे इस बात की थी कि आख़िर अब जाकर राजेन्द्र को अपनी मनचाही ज़िन्दगी जीने का अवसर मिलेगा। इतने सालों से अक्षर चला तो ज़रूर रहे थे पर न उसमें इनकी रुचि थी, न गति ! हो सकता है कि मनचाहा काम करके, उससे मिलनेवाला सन्तोष और उससे भी ज़्यादा उससे मिलनेवाले यश से इनके व्यक्तित्व की बहुत सारी गाँठें खुलने लगेंगी—चाहे धीरे-धीरे ही सही—और ये एक अधिक सहज ज़िन्दगी जीने लगेंगे। ये सन्तुष्ट, सहज होंगे तो बहुत सम्भव है कि हमारे आपसी सम्बन्धों के बहुत सारे खम-पेंच भी ठीक होंगे वरना मेरी सहनशक्ति भी अब अपनी अन्तिम सीमा तक पहुँच चुकी थी। लेकिन सचमुच मूर्ख थी मैं जो यह सब समझे बैठी थी, या यह भी हो सकता है कि *हंस* के आरम्भ के तीन-चार साल भारी संकट के दिन थे। राजेन्द्र तो कभी कुछ बताते नहीं थे लेकिन इधर-उधर से जो कुछ भी जान पाती उससे कभी-कभी तो यह भी लगता कि *हंस* का अस्तित्व ही ख़तरे में है। अब संकट की ऐसी स्थिति में इनका व्यक्तित्व कैसे सहज होता भला ? मेरी यातना तो दोहरी थी ! भीतर से कोई सम्बन्ध नहीं, संवाद नहीं—राजेन्द्र अपने कमरे में, मैं अपने कमरे में। लेकिन बाहर सबके बीच बिलकुल सहज-सामान्य स्थिति का भ्रम बनाए रखने की मशक़्क़त। मित्रों, परिचितों और परिवारियों का खाना-पीना भी हो रहा है... साहित्यिक कार्यक्रमों में शिरकत भी हो रही है लेकिन राजेन्द्र ने मुझे कभी नहीं बताया कि अक्षर में जवाहरजी के साथ की भागीदारी के टूटने के मूल में क्या था...राकेशजी के साथ बेहद आत्मीयता और ऊष्मा से भरे सम्बन्ध क्यों और कैसे असह्य होने की स्थिति तक पहुँच गए और अब क्या हुआ गौतम के साथ कि *हंस* को कभी शीला सन्धू को देने की बात सुनाई पड़ रही है तो कभी प्रभा खेतान को ? मैंने तो जो भी, जितना भी जाना दूसरे लोगों के माध्यम से ही जाना !

ज़िन्दगी जीने की मेरी सारी खुशफ़हमी को ध्वस्त करते हुए फिर कुछ ऐसा घटा कि अन्ततः मुझे निर्णय लेना ही पड़ा कि बस, बहुत हुआ...अब साथ (?) चल पाना बिलकुल-बिलकुल सम्भव नहीं है। इससे कहीं बड़े-बड़े झटके मैंने झेले थे लेकिन उस समय मेरा लिखना बराबर चल रहा था और वही मुझे इन झटकों से

उबार लेता था। आज लेखन की शक्ति के बारे में सोचती हूँ तो आश्चर्य होता है। आदमी यदि निरन्तर लिखता रहे तो कितनी आपदाओं-विपदाओं को सहज ही दरकिनार कर सकता है। आप लिखते रहें और आपका लिखा बराबर स्वीकृत-चर्चित भी होता रहे तो कैसी ऊर्जा का संचार होता रहता है आपके भीतर, यह तो मैंने खुद अनुभव किया है वरना निष्क्रिय मन के चलते तो छोटी-छोटी बातें भी आपके लिए असह्य हो जाती हैं। तभी तो पुरानी घटनाओं के मुकाबले इस बार जो हुआ वह बहुत साधारण था लेकिन उसके बावजूद मैंने अलग रहने का निर्णय ले लिया और दोटूक शब्दों में राजेन्द्र को अपना निर्णय सुना भी दिया। या यह भी हो सकता है कि मेरे इस निर्णय के पीछे राजेन्द्र की ऐसी हरक़तों का एक अनवरत सिलसिला रहा हो, जिस पर विराम लगने की अब तो दूर-दूर तक कोई सम्भावना नहीं रह गई थी। बहरहाल, जो भी हो, मैंने बेहद ठंडे, निरावेग लेकिन दृढ़ शब्दों में कहा—राजेन्द्रजी, आप एक महीने में अपने लिए किसी मकान की व्यवस्था कर लीजिए क्योंकि अब मेरे लिए आपके साथ रहना सम्भव नहीं। अच्छा है, अलग रहेंगे तो आप भी ज़्यादा स्वतन्त्र रहेंगे और मैं भी ज़्यादा तनावमुक्त !

आज सहज ही कल्पना कर सकती हूँ कि मेरी इस बात से राजेन्द्र के अहं को कितनी ठेस लगी होगी...राजेन्द्र ही क्या, कोई भी पुरुष होता तो उसे भी लगती। पुरुषों को इस बात का अनुभव तो है कि वे अपनी पत्नियों को घर से निकाल बाहर करें या बहुत हुआ तो ऐसा निर्णय दोनों की सहमति से हो। केवल पत्नी अपनी इच्छा और पहल पर ऐसा निर्णय ले ले और पुरुष उसे सहज भाव से स्वीकार कर ले यह तो स्त्रियों की बराबरी का दावा करनेवाले...उनके अधिकारों का डंका पीटनेवालों के लिए भी सम्भव नहीं था। (यह बात मैं केवल अपनी पीढ़ी के पुरुषों के लिए लिख रही हूँ।)

काफ़ी साल पहले एक बार कमलेश्वरजी ने राजेन्द्र को लिखा था कि तुम यदि मन्नू से विच्छेद नहीं चाहते हो तो तुम्हें उन कारणों को तो दूर करना ही होगा जो मन्नू को बार-बार इस दिशा की ओर मोड़ते हैं। लेकिन राजेन्द्र ज़िन्दगी तो केवल अपनी शर्तों पर जीना चाहते थे, हाँ, मुझसे ज़रूर अपेक्षा करते थे कि मैं इनकी हर बात (या हरक़त !) को सहज भाव से स्वीकार करूँ। नहीं जानती, इसे अपना धैर्य कहूँ...बेशर्मी कहूँ या कौन जाने मेरे मन में राजेन्द्र के प्रति लगाव के कुछ ऐसे

सूत्र बचे हुए थे जो इतना सब बर्दाश्त करने के बाद भी टूटते नहीं थे और मैंने राजेन्द्र के साथ एक निहायत ही असन्तुलित ज़िन्दगी जीते हुए पूरे तीस साल गुज़ार दिए। और शायद इसी कारण राजेन्द्र को यह उम्मीद थी कि एक महीने की इस अवधि में हमेशा की तरह मैं फिर पिघल जाऊँगी और गाड़ी चल पड़ेगी। स्वाभाविक भी था, क्योंकि जब मैंने अपने सम्बन्धों को ही एक झटके से नकार देनेवाले झटकों को झेलकर भी ऐसा निर्णय नहीं लिया तो इनके मन में भी एक आश्वस्ति का भाव घर कर चुका था कि ये कुछ भी करें—मैं रोऊँगी-धोऊँगी, लड़ूँगी-झगड़ूँगी पर बस, इसके आगे कभी नहीं जाऊँगी। लेकिन इस बार एक महीना बीत जाने पर भी न मैंने अपना निर्णय बदला न अपना व्यवहार, सो अब राजेन्द्र के लिए जाना अनिवार्य हो गया था।

राजेन्द्र के सामने समस्या थी कि वे इस समय कई संकटों से घिरे हुए थे। *हंस* के अस्तित्व का संकट तो था ही पर उससे भी बड़ा संकट था आर्थिक। ये इस स्थिति में नहीं थे कि किराये का मकान लेकर उसे चला सकें सो अन्ततः ये अपने मित्र गिरीश अस्थाना के यहाँ पेइंग-गेस्ट की तरह रहने चले गए। इसमें कोई शक नहीं कि दोनों पति-पत्नी बड़े स्नेही स्वभाव के थे...बड़ी ख़ुशी से उन्होंने राजेन्द्र को रखा और इनका ख़याल भी पूरा रखते थे, इस सबके बावजूद उनकी अपनी सीमाएँ थीं...उस घर की भी सीमाएँ तो थीं ही। कोई दो महीने बाद ही एक दिन शाम को अचानक, बिना किसी सूचना के गिरिराज किशोर और बासुदा (बासु चटर्जी) प्रकट हुए। मैं थोड़ा चकित पर जल्दी ही उनके आने का राज़ खुला। दोनों ने एक स्वर में कहा—'बस, बहुत हुआ, अब हम राजेन्द्र का सामान लेकर आ रहे हैं...अस्थाना दम्पति के सारे स्नेह और देखभाल के बावजूद राजेन्द्र काफ़ी तक़लीफ़ में हैं वहाँ। एक अलग कमरे की व्यवस्था न होने से बरामदे में रहकर पढ़ना-लिखना कितना मुश्किल होता है, यह क्यों नहीं सोचती हैं आप ? अब अपना ग़ुस्सा थूकिए, *हंस* को लेकर वह वैसे ही संकट में है, ऊपर से रहने की प्रॉपर व्यवस्था नहीं...' और भी जाने क्या-क्या कहते समझाते रहे, वह सब मुझे याद नहीं, याद है तो केवल इतना कि मैंने बड़ी नम्रता पर दृढ़ता के साथ हाथ जोड़ लिये थे—"नहीं बासुदा, अब और नहीं। जब तक मैं साथ निभा सकती थी निभा दिया...जब तक मैं बर्दाश्त कर सकती थी कर लिया, लेकिन अब और नहीं।" ज़रूर ही कुछ रहा

होगा मेरे स्वर में...मेरी भंगिमा में कि फिर उन्होंने आग्रह नहीं किया। गिरिराजजी तो बहुत कुछ जानते भी थे...हमेशा राजेन्द्र को ग़लत भी कहते थे सो अब और अधिक आग्रह भी करते तो किस मुँह से ? आख़िर उन्होंने छह महीने के लिए राजेन्द्र को गेस्ट-राइटर की तरह आइ.आइ.टी. (कानपुर) में बुला लिया, जहाँ वे उन दिनों रजिस्ट्रार की तरह काम कर रहे थे।

राजेन्द्र कानपुर चले तो गए लेकिन *हंस* तो दिल्ली से निकल रहा था जिसका सम्पादन इन्हें करना था सो महीने-बीस दिन में एक चक्कर दिल्ली का लगाना इनके लिए अनिवार्य था। ये पहली बार आए तो टिंकू के यहाँ ठहरे ! टिंकू ने मुझे भी फ़ोन किया कि ममी, पप्पू आए हैं...शाम को तुम भी इधर ही क्यों नहीं आ जातीं...एक साथ खाना खाएँगे। नहीं जानती, इस बुलाने के पीछे टिंकू के मन में कोई इरादा रहा हो, हालाँकि उसने इस तरह की कोई बात कभी कही नहीं। मैं भी चली गई पर बस, खाना खाकर चुपचांप लौट आई। लेकिन दूसरी बार ये आए तो इन्होंने हौज़खास के घर की ही घंटी बजाई। दरवाज़ा मैंने ही खोला...देखा तो चकित पर जब आ ही गए तो भीतर तो आना ही था। और फिर तो हर बार यहीं आने का सिलसिला शुरू हो गया जो छह महीने बाद सारे सामान के साथ फिर यहीं आकर रहने लगने पर समाप्त हुआ।

आज मैं अच्छी तरह कल्पना कर सकती हूँ कि जो कुछ भी हुआ उसके बाद फिर से हौज़खास आकर रहने का निर्णय लेते समय राजेन्द्र को किस जद्दोजहद से गुज़रना पड़ा होगा...अपने अहं के साथ किस तरह का समझौता करना पड़ा होगा...या कहीं ऐसा तो नहीं कि ये अलग रहना ही नहीं चाहते हों (जैसा कि इन्होंने कभी कमलेश्वरजी से कहा भी था) और संकटपूर्ण स्थिति की आड़ लेकर ये फिर साथ रहने चले आए हों क्योंकि इतना तो ये अच्छी तरह जानते थे कि एक बार सामान लेकर आ खड़े होने के बाद न तो फिर मैं लौट जाने के लिए कह पाऊँगी और न ही भड़ाक से दरवाज़ा बन्द कर पाने की अभद्रता कर पाऊँगी। इनका अनुमान सही था...नहीं जानती कि यह मेरी कमज़ोरी थी या मेरा संस्कार या कहीं ऐसा तो नहीं कि मेरे भीतर भी यह उम्मीद जग गई हो (भयंकर भूल... महामूर्खतापूर्ण उम्मीद) कि इस घटना के बाद शायद इन्हें अपनी ग़लतियों का अहसास हुआ हो और अब ये...पर नहीं, ऐसा कुछ नहीं था। होता तो हमारे आपसी

व्यवहार में कुछ तो बदलाव आया होता। बेहद संकटपूर्ण स्थितियों में ही ये लौटकर फिर मेरे पास आने को मजबूर हुए थे और मैं भी लौटने पर इन्हें नकार नहीं पाई तो साथ रहने की स्थिति को खुले मन से स्वीकार भी नहीं पा रही थी। फिर वही अलगावपूर्ण साथ...संवादहीन सम्बन्ध और उसे निभाए चले जाने की मजबूरी।

इसके कुछ महीनों बाद ही यानी फरवरी 89 में मुझे अचानक न्यूरोलजिया का पहला अटैक हुआ। लम्बे समय से जैसी तनावपूर्ण स्थिति मैं झेल रही थी...हो सकता है उसी का परिणाम हो यह। हो सकता है कारण कुछ और भी रहे हों, मैंने तो कभी इस बीमारी का नाम तक नहीं सुना था। क्लास में पढ़ाते-पढ़ाते अचानक एक असह्य दर्द के मारे ज़मीन पर गिरकर मैं बुरी तरह चीखने लगी थी। लड़कियाँ हैरान-परेशान। कोई हवा करने लगी...कोई पानी लाया। किसी तरह पकड़कर मुझे डिपार्टमेंट तक लाईं। दर्द का वह दौर गुज़र चुका था पर मैं एकदम बेजान-सी हो गई थी। तभी किसी ने सुझाया कि तुमने अभी जो दाँत का काम करवाया, ज़रूर उसी समय तुम्हारी कोई नर्व डैमेज हुई है...तुम तुरन्त अपने डॉक्टर के पास जाओ ! (दर्द का यह करंट बाईं तरफ़ की नीचेवाली दाढ़ से शुरू होकर बाएँ चेहरे को झकझोरता हुआ निकल गया था) मैं सीधे अपने डॉक्टर के पास गई तो सारी बात सुनकर उसने दोनों हाथों से अपना सिर पकड़ लिया...ओफ्फ ! यह तो न्यूरोलजिया का अटैक है। दुनिया में आज तक तो इसका कोई इलाज नहीं निकला...हाँ, चारों ओर रिसर्च तो बहुत हो रही है। दर्द रोकने के लिए सिर्फ़ यह एक सेडेटिव है और उन्होंने शुरू के दो दिन छह-छह गोली खाने को लिख दीं (सामान्यतः न्यूरोलॉजिस्ट जिसे आधी गोली से शुरू करते हैं) चार गोली खाकर ही मेरी जो हालत हुई कि मैं बता नहीं सकती। शरीर का सन्तुलन तो ऐसा गड़बड़ाया कि अपने आप खड़े हो पाना सम्भव ही नहीं रहा...एक घूँट पानी भी पीती तो एक गिलास पानी निकल आता। बराबर लग रहा था कि मैं गई...बस, अब मैं गई ! यह तो ग़नीमत है कि उस समय सुशीला मेरे पास आई हुई थी, पर उसे दूसरे दिन ही लौटना था अपने ससुराल के किसी आयोजन में, जहाँ उसकी उपस्थिति अनिवार्य थी ! इधर राजेन्द्र को भी दूसरे ही दिन किसी गोष्ठी में भाग लेने के लिए श्रीनगर (हिमाचल प्रदेश) जाना था। सुशीला ने कहा कि 'राजेन्द्रजी, आप चले जाएँगे तो मन्नू को देखेगा कौन...उसकी हालत देख रहे हैं ?'

लेकिन राजेन्द्र के लिए गोष्ठी ज़्यादा ज़रूरी थी, वहीं गए...इतना ही नहीं, फ़ोन पर ये मीरा भाभी को (गिरिराज की पत्नी) आग्रह कर-करके कह रहे थे कि "अरे मन्नू नहीं जा रही है तो क्या हुआ (उस गोष्ठी में मैं भी आमन्त्रित थी और यह जानकर ही मीरा भाभी ने भी गिरिराजजी के साथ चलने का कार्यक्रम बना लिया था) मैं तो हूँ–देखिए तो क्या मौज करवाता हूँ–अरे ख़ूब मस्ती मारेंगे...आप अपना कार्यक्रम बिलकुल कैंसिल नहीं करेंगी..." ज़ोर-ज़ोर से बोले जा रहे ये शब्द मैं सुन रही थी बल्कि मेरे छटपटाते मन पर मौज करेंगे, मस्ती मारेंगे जैसे शब्द खुदते चले जा रहे थे और उससे उपजी तकलीफ़ आँसुओं में बहती चली जा रही थी। आज जब उन बातों को याद करती हूँ तो कभी-कभी यह भी लगता है कि कहीं यह उनके अहं पर की गई चोट का प्रतिकार ही तो नहीं था ! पर नहीं, बीमारी के मौके पर इनके ऐसे व्यवहार का यह कोई पहला मौक़ा तो था नहीं...अपने और टिंकू के सन्दर्भ में तो मैं पहले भी यह सब झेल चुकी थी। ख़ैर, सुशीला के किए हुए इंतज़ाम के बलबूते पर संकट की वह घड़ी तो गुज़र गई पर मन पर चोट का एक निशान ज़रूर रह गया। हाँ, इतना लिखा तो यह भी ज़रूर लिखूँगी कि मेरी इस तकलीफ़ की बात जानकर शर्माजी ने पंत हॉस्पिटल के न्यूरोसर्जन डॉ. ब्रह्मप्रकाश से मेरे लिए समय लिया तो वहाँ मुझे ज़रूर राजेन्द्र ही लेकर गए थे। इसके बाद जब-जब वहाँ जाना पड़ा, राजेन्द्र ही लेकर गए।

ज़िन्दगी फिर अपने पुराने ढर्रे पर चल पड़ी थी। राजेन्द्र जी-जान से *हंस* के अस्तित्व को बचाने और उसे जमाने में जुटे थे और मैं अपनी इस नई बीमारी से जूझ रही थी। सेडेटिव खाने के बाद भी जब-तब दर्द के करेंट गुज़रते तो मैं कुछ समय के लिए बेजान-सी हो जाती। डॉक्टर से जब इस दर्द की बात करती तो वे कह देते कि सेडेटिव की थोड़ी मात्रा और बढ़ा दीजिए क्योंकि इसकी मात्रा तो आपको खुद तय करनी होगी। जितनी गोलियों से दर्द पूरी तरह नियन्त्रण में आए उतनी गोलियाँ तो आपको लेनी ही होंगी...पर बढ़ाइए धीरे-धीरे, जिससे आपका शरीर इसका अभ्यस्त होता चला जाए और इसकी प्रतिकूल प्रतिक्रियाएँ न हों। यह बहुत ज़रूरी है। मेरे चेहरे पर फैली परेशानी को देखकर वे कहते–"अब

क्या किया जाए...इसका कोई इलाज तो आज तक निकला नहीं, यों बाहर रिसर्च तो बहुत हो रही है इस पर लेकिन...'' और वे हाथ झटक देते और मैं सोचती कि पता नहीं यह मेरे कौन से जन्मों का फल है कि (स्थितियों ने मुझे बहुत भाग्यवादी तो बना ही दिया है) सारे लाइलाज रोग मुझे ही झेलने-भोगने हैं। हाँ, डॉक्टर यह ज़रूर कहते बल्कि आगाह करते कि आप किसी तरह का भी कोई टेंशन मत पालिए क्योंकि इतना समझ लीजिए कि मानसिक तनाव से इस बीमारी का सीधा सम्बन्ध है। डॉक्टर से तो मैं कुछ नहीं कहती पर मन ही मन सोचती कि कैसे मुक्त होऊँ मैं इन तनावों से ? इसमें तो कोई सन्देह नहीं कि स्वभाव से ही मैं बहुत तनाव-ग्रस्त हूँ लेकिन यदि अनुकूल परिस्थितियाँ मिलतीं...अपनत्व भरा साथ मिलता तो निश्चित रूप से मेरे ये सारे तनाव ढीले ही नहीं होते बल्कि समाप्त ही हो जाते। पर मुझे जो साथ मिला उससे मुझे न कोई सहयोग मिला न स्नेह, अगर कुछ मिला तो केवल ज़िम्मेदारियों का अनवरत बोझ और असह्य यातनाएँ।

यह मैं अच्छी तरह जानती हूँ कि आज की हर स्त्री घर-परिवार के अतिरिक्त और भी न जाने कितनी ज़िम्मेदारियाँ निभाती है, उसमें अपनी ऊर्जा ख़र्च करती है लेकिन अपने साथी का सहयोग...प्यार भरा लगाव निरन्तर उस ऊर्जा की क्षतिपूर्ति भी करता रहता है...मेरे साथ क्या हुआ कि मैं सिर्फ़ ख़र्च ही करती रही और एक स्थिति ऐसी आई कि मैं बिलकुल ख़ाली-खोखली हो गई...रोग-ग्रस्त शरीर...निष्क्रिय-जीवन और खंडित आत्मविश्वास की किरचों में लिपटा व्यक्तित्व। यह तो मेरे मित्रों, परिवारियों, परिचितों का स्नेह ही मुझे थामे रहा...वरना कोई आश्चर्य नहीं कि मैं लगभग टूट ही जाती। ख़ैर, आत्मदया में लिपटी यह गाथा अब बिलकुल बन्द क्योंकि मुझे खुद इससे बड़ी चिढ़ है पर क्या करूँ, लाख कोशिशों के बावजूद जब-तब इसके दौरे पड़ ही जाते हैं।

ज़िन्दगी चल तो पड़ी थी लेकिन मेरा मन इस स्थिति से मुक्त होने के लिए अब बुरी तरह छटपटाने लगा था। लिखना तो बन्द हो ही गया था...घरों में होनेवाली गोष्ठियों की संख्या भी घटती जा रही थी। सबकी अपनी-अपनी परेशानियाँ...अपनी-अपनी समस्याएँ...अपनी-अपनी व्यस्तताएँ। फिर जब से सबने अपने-अपने घर बना लिए थे, घरों में दूरियाँ भी बहुत बढ़ गई थीं और घरों की ये बाहरी दूरियाँ जाने-अनजाने, चाहे-अनचाहे जैसे कहीं मनों में भी फैलती-पसरती

जा रही थीं। कॉलेज से भी मन उचटता जा रहा था पर सेवा-निवृत्ति में तो अभी भी दो साल बाक़ी थे। हाँ, यह मैंने तय कर लिया था कि इसके बाद कॉलेज से पाँच साल के लिए मिलनेवाला री-एम्प्लॉयमेंट मैं बिलकुल नहीं लूँगी। न तो अब मुझे इस घर के लिए कुछ करना है और न ही मुझे अब इस घर में रहना है। जब भी सोचती कि कहाँ जाकर रहूँगी तो कलकत्ता ही आँखों के आगे उभरता, शायद इसलिए कि उस समय मुझे एक गहरे लगाव...एक भावनात्मक सुरक्षा की ज़रूरत बड़ी शिद्दत के साथ महसूस हो रही थी और यह मुझे केवल अपने परिवारियों के बीच ही मिल सकती थी। परिवार के लोग तो यों इन्दौर में भी काफ़ी थे लेकिन अपनी मानसिकता के अनुकूल मुझे कलकत्ता ही लगता था ! वहाँ मेरे पुराने मित्र-परिचित लोग ही नहीं मेरी अनेक परम-प्रिय छात्राएँ भी थीं, जिनके मन में आज भी मेरे लिए वही स्नेह भरा सम्मान था। कहा तो मैंने किसी से नहीं पर मन ही मन सोच रखा था कि कोई दो कमरे का मकान या बरसाती जैसी जगह सुशीला के आस-पास कहीं ले लूँगी। वहाँ दिल्ली जैसी दूरियाँ तो हैं नहीं, सो सभी भाई-बहनों का स्नेह-सहयोग मिलता रहेगा लेकिन ख़ुदा को तो कुछ और ही मंज़ूर था !

91 में मैं सेवा-निवृत्त हुई और कुछ महीनों बाद ही मेरे पास श्री विष्णुकान्त शास्त्री का प्रस्ताव आया। कलकत्ता में शास्त्रीजी से हमारे बहुत अच्छे सम्बन्ध थे। उस समय वे कलकत्ता विश्वविद्यालय के हिन्दी विभाग में थे और मैं रानी बिड़ला कॉलेज में। कई बातों पर बड़ी बहसें होती थीं मेरी उनसे...कुछ समय तक तो हम लोगों ने 'अनामिका' में भी साथ-साथ काम किया था। पर उनकी जिन दो बातों की छाप मेरे मन में छपी हुई है उनमें से एक है उनका कविता सुनाने का ढंग। बस, एक बार शुरू हो जाएँ...फिर तो हिन्दी और बंगला कविताओं की ऐसी अजस्र धारा बह चलती थी उनके मुँह से कि सुननेवाला सराबोर हो जाए ! दूसरे उनके उन्मुक्त छतफोड़ ठहाके। उनके बाद वैसे ठहाके मैंने केवल राकेशजी के मुँह से ही सुने। ये सब तब की बातें हैं, जब शास्त्रीजी राजनीति में सक्रिय नहीं हुए थे, हालाँकि उनका कविता प्रेम तो तब भी बराबर बना रहा। ख़ैर, तो उन्हीं शास्त्रीजी का फ़ोन मिला मुझे और आश्चर्य यह कि फ़ोन भी अपने घर में नहीं, शैल के घर में मिला क्योंकि उस समय मैं शैल के यहाँ गई हुई थी। उन्होंने जैसे-तैसे वहाँ का

नम्बर जुगाड़ कर मुझसे वहीं सम्पर्क साधा—

"मन्नूजी, मेरे कहने से अब आपको उज्जैन जाना होगा।"

"उज्जैन ! पर क्यों...क्या है वहाँ ?" मैंने कुछ हैरानी से पूछा।

"प्रेमचन्द सृजनपीठ के निदेशक के पद पर...और आप मना बिलकुल नहीं करेंगी।" नहीं जानती यह उनका आदेश था या आग्रह, पर जो भी था वे अपनी बात पर बहुत दृढ़-से लग रहे थे।

"कल होनेवाली मीटिंग में मैं आपका नाम प्रस्तावित कर रहा हूँ, इस आश्वस्ति के साथ कि आपकी स्वीकृति मेरे साथ है।" लगा वे बहुत हड़बड़ी में हैं और तुरन्त उत्तर चाहते हैं और मेरी मुसीबत यह कि समझ ही नहीं आ रहा था कि क्या जवाब दूँ ? एक तरफ़ तो लग रहा था कि भगवान ने मेरे सामने थाली परोसकर रख दी...मेरी मनोकामना ही पूरी कर दी लेकिन दूसरी तरफ़ डर ! मैंने तो यह शहर कभी देखा ही नहीं...। कैसा होगा शहर...कैसी होगी रहने की व्यवस्था...क्या करना होगा मुझे वहाँ जाकर आदि-आदि ! संयोग से तीन-चार दिन बाद का ही इन्दौर का टिकिट था मेरे पास सो मैंने तुरन्त उत्तर दिया—

"शास्त्रीजी, काम तो मैं भी कुछ न कुछ करना ही चाहती हूँ। ख़ाली बैठे-बैठे तो मेरे लिए भी समय काटना मुश्किल हो जाएगा लेकिन अन्तिम स्वीकृति देने से पहले मैं सिर्फ़ एक बार उज्जैन शहर और वह घर देख लेना चाहती हूँ। आप तो जानते ही हैं कि इस उमर में, वह भी बीमारी की हालत में लम्बे समय तक बहुत असुविधाजनक स्थिति में रहना मुश्किल होगा मेरे लिए।"

"ठीक है, आप देख आइए और सुविधा आदि तो सब जुटा दी जाएगी... लेकिन अभी तो मैं आपका नाम प्रस्तावित कर ही रहा हूँ। आप अन्तिम स्वीकृति देंगी तो निश्चिन्त रहिए, यह प्रस्ताव नहीं, निर्णय ही होगा !" और उन्होंने फ़ोन काट दिया। वे सचमुच जल्दी में ही थे। पता नहीं क्यों यह लिखते हुए आज अचानक मेरे दिमाग़ में यह बात आई कि हो सकता है कि शास्त्रीजी को मेरे व्यक्तिगत जीवन की परेशानियों का आभास हो (कलकत्ता में मेरे निकट के लोग तो जानते ही थे, सो बात उन तक भी पहुँची हो तो आश्चर्य नहीं) और इसी के चलते उन्होंने मेरे लिए यह अवसर सुलभ करवाया हो। ख़ैर, जो भी हो, इससे कोई अन्तर नहीं पड़ता ! मध्यप्रदेश में बी.जे.पी. की सरकार थी और शास्त्रीजी उस

समय बी.जे.पी. में किसी ऊँचे पद पर पहुँच चुके थे (क्या थे सो तो मुझे न तब मालूम था, न अब और न ही मैंने कभी जानने की कोशिश की) सो यह तो निश्चित ही था कि उनका प्रस्ताव निर्णय ही होगा।

इन्दौर पहुँचकर मुझे कलेक्टर का फ़ोन मिला कि आपको जब भी उज्जैन जाना हो मुझे सूचित कर दीजिएगा, मैं टैक्सी भेज दूँगा। श्री प्रभाकर श्रोत्रिय उन दिनों भोपाल से निकलनेवाली पत्रिका *साक्षात्कार* के सम्पादक तो थे ही, मध्यप्रदेश साहित्य परिषद् के सचिव भी थे और उस नाते अब यह सारी ज़िम्मेदारी उनकी थी। उन्होंने ही कलेक्टर को भी फ़ोन किया था और इसकी सूचना मुझे भी दे दी थी। तारीख़ तय करने पर जब टैक्सी आई तो मेरे साथ बहिनजी और जीजाजी भी चले। सुविधा के लिए घर में क्या कुछ व्यवस्था और करवानी होगी, इस सबकी जानकारी देने का ज़िम्मा बहनजी ने ले लिया क्योंकि वे जानती थीं कि ऐसी बातों के लिए मन्नू से मुँह ही नहीं खोला जाएगा। पहले हम कालिदास अकादमी पहुँचे...बड़ी ख़ूबसूरत बिल्डिंग और वैसा ही चारों ओर का परिवेश। तबीयत खुश हो गई। वहाँ रथ साहब और यादव साहब से मुलाक़ात हुई। रथ साहब ही हम लोगों को लेकर सृजनपीठ तक आए। पिछले कुछ वर्षों से वहाँ निदेशक के पद पर श्री नरेश मेहता आसीन थे पर अब वे लौट रहे थे और उस रिक्त स्थान को भरने के लिए मुझे वहाँ जाना था। उस समय महिमाजी उन्हें सामान सहित बटोरकर ले जाने के लिए वहाँ आई हुई थीं। उन लोगों से मिलकर अच्छा लगा और नरेशजी ने भी मुझे इस बात के लिए प्रेरित किया कि मुझे यहाँ आ ही जाना चाहिए ! हालाँकि अकादमी को देखकर मन जितना प्रसन्न हुआ था...इस घर की हालत देखकर कुछ बुझ-सा ज़रूर गया। घर काफ़ी ख़स्ता हाल में था लेकिन अकादमी लौटकर बहिनजी की बातों के आधार पर जब रथ साहब ने आश्वासन दिया कि घर की मरम्मत, रंगाई-पुताई, पेंट आदि सब करवा दिया जाएगा...फ्रिज की व्यवस्था भी करवा दी जाएगी और यह आग्रह भी किया कि मैं अब ज़्यादा सोचूँ नहीं, बस आ जाऊँ। अन्ततः मैंने निर्णय ले ही लिया कि मुझे उज्जैन आना ही है ! लौटते समय भोपाल में श्रोत्रियजी से मुलाक़ात हुई ! मैंने उन्हें अपनी स्वीकृति दे दी... सुनकर वे प्रसन्न ही हुए और उन्होंने भी मुझे पूरी तरह आश्वस्त किया।

रात दस बजे स्टेशन पर राजेन्द्र को देखकर मुझे बहुत ज़्यादा आश्चर्य नहीं

हुआ क्योंकि अजीब बात है कि दिल्ली के बाहर जाते ही मेरे प्रति इनका व्यवहार बिलकुल ही बदल जाया करता है। बाहरी दूरी उन्हें कहीं मेरे बहुत निकट ले आती है। लेकिन फिर भी इस बार मैं जिन हालात में दिल्ली छोड़कर आई थी, उसके बाद मुझे उम्मीद नहीं थी कि ये स्टेशन आएँगे। पर गाड़ी में बैठते ही जब उन्होंने पूछा—"यह क्या, तुम प्रेमचन्द सृजनपीठ पर जा रही हो...अभी-अभी चलने से पहले टी.वी. समाचार में सुना मैंने !" मैं तो भौंचक ! इस बात की तो मैं कल्पना तक नहीं कर सकती थी कि श्रोत्रियजी इस साधारण-सी बात को समाचार के रूप में प्रसारित करवा देंगे। पर आश्चर्य की इस भावना को पूरी तरह ज़ब्त करके मैंने सर्द आवाज़ में केवल इतना ही कहा, "हाँ, जा रही हूँ।"

"पर कब हुई यह सारी बात...तुमने तो पहले कभी कुछ बताया ही नहीं।" राजेन्द्र के स्वर में आश्चर्य से ज़्यादा आहत होने का भाव था। जो मन्नू अपनी हर बात, चाहे कहने लायक़ हो या नहीं और केवल बात ही नहीं, अपना लिखा, सोचा सब कुछ तो बिना किसी संकोच, झिझक के मेरे सामने उँडेलती आई है...मैं चाहे अपना कुछ शेयर करूँ या न करूँ...वही मन्नू इतनी बड़ी बात पचा गई।

"इसमें बताने जैसा था ही क्या ?" संक्षिप्त-सा उत्तर देकर मैं फिर चुप हो गई।

"पर यह भी सोचा है कि इतने लम्बे समय के लिए तुम चली जाओगी तो पीछे यहाँ क्या होगा, कौन देखेगा इस घर को ?"

"आप तो शुरू से ही जाने कब-कब, कहाँ-कहाँ जाते रहे हैं तब मैं सँभाला करती थी या नहीं...अब आप सँभालिए ?"

अँधेरे में मुझे इनका चेहरा तो नहीं दिख रहा था...पर इनके स्वर में ऐसी मायूसी मैंने शायद पहली बार ही देखी। अवसर भी तो पहली बार ही आया था। पर न अब मुझे इनका आहत होना परेशान कर रहा था न ही इनकी मायूसी विचलित, बल्कि ईमानदारी की बात तो यह है कि मुझे उस समय बड़ा सन्तोष मिल रहा था...आनन्द आ रहा था...समझ लो कि बिना कुछ कहे-बताए, मनमाने ढंग से अपने निर्णय लेने का अधिकार केवल तुम्हें ही नहीं है।

घर ठीक होने की सूचना मिलते ही मैं उज्जैन के लिए रवाना हो गई !

उज्जैन ! कालिदास की नगरी...मन्दिरों की नगरी...भारत की प्राचीन साहित्यिक, सांस्कृतिक विरासत को समेटे शिप्रा के तट पर बसी नगरी।

मैं नास्तिक नहीं हूँ—गहरी आस्था है मेरी भगवान में, पर उसके बावजूद मन्दिरों या तीर्थ-स्थानों में जाने में मेरी न कभी कोई रुचि रही, न संस्कार। इसलिए बार-बार के आग्रह के बाद भी मैंने जब महाकालेश्वर के मन्दिर जाने की कोई उत्सुकता नहीं दिखाई तो उन लोगों को निराशा से ज़्यादा आश्चर्य हो रहा था। जिस मन्दिर के दर्शन के लिए लोग दूर-दर से आते हैं, यहाँ रहकर भी इनकी ऐसी उदासीनता ! बाद में तो मैं भी दो बार उसके दर्शन करने गई पर उस समय तो मेरा सारा ध्यान इसी बात पर केन्द्रित था कि घर के उस तनावपूर्ण वातावरण से दूर आकर मुझे तो बस अब जैसे भी हो, लेखन में आए इस गतिरोध को तोड़ना है ! घर व्यवस्थित होने में मुश्किल से दो दिन लगे और वहाँ जो सबसे पहला काम मैंने किया वह था प्रेमचन्द की 'सवा सेर गेहूँ' कहानी का प्रौढ़-शिक्षा के लिए पुनर्लेखन।

उज्जैन आने से कोई दस-बारह दिन पहले ही नेशनल बुक ट्रस्ट में अरविन्द कुमार ने लेखकों की एक मीटिंग रखी थी। उद्देश्य था—बच्चों और प्रौढ़ों के लिए उपयुक्त और अनुकूल रचनाओं का सृजन। उन्होंने कहा कि प्रौढ़ लोगों को शिक्षित करने की प्रक्रिया में हमें जिस तरह की रचनाएँ चाहिए, उनकी भाषा तो बेहद सरल, सहज, छोटे-छोटे वाक्योंवाली हो पर उनका कन्टेंट उनकी ज़िन्दगी से...उनकी समस्याओं और ज़रूरतों से जुड़ा हुआ हो। कई बार इस योजना के अन्तर्गत बच्चों की कहानियाँ छाप दी जाती हैं—ऐसा बिलकुल न हो। आप चाहें तो उनके जीवन से (ख़ासकर गाँववालों के) जुड़ी समस्याओं या स्थितियों पर आधारित दूसरों की कहानियों का पुनर्लेखन भी कर सकते हैं और तब मैंने ही प्रेमचन्द की 'सवा सेर

गेहूँ' कहानी का सुझाव दिया था जो तुरन्त ही मान लिया गया और मुझे ही यह काम सौंप भी दिया। जब लिखने बैठी तो सोचा कि इसमें करना ही क्या है ? सारी कहानी को संक्षिप्त करके छोटे-छोटे वाक्यों वाली संयुक्ताक्षर-विहीन भाषा में ही तो लिखना है। पर शुरू करते ही लगा कि इतना आसान तो नहीं है यह काम...बिना एक भी संयुक्ताक्षर के लिखना परेशानी पैदा कर रहा था और इसीलिए दो की जगह चार दिन लग गए। पर यह कोई मेरा अपना लेखन तो था नहीं, पुनर्लेखन था, जिससे न कोई सन्तोष मिल सकता था न यह अहसास कि मेरा गतिरोध टूट रहा है। हाँ, आज अगर सन्तोष कर सकती हूँ तो केवल इस बात से कि सारी भारतीय भाषाओं में इसका अनुवाद हुआ और हिन्दी का तो कोई पन्द्रहवाँ संस्करण आया है। वैसे मोटे-मोटे अक्षरों और तस्वीरों से भरी 20-22 पन्नों की इस किताब ने पैसा भी बहुत दिया...मैं तो कभी इसकी कल्पना भी नहीं कर सकती थी ! पर पैसे से ही सन्तोष पाना होता तो पान की दुकान खोलकर न बैठ जाती ! कहाँ रखा है पैसे में वह सन्तोष...वह सुखद अनुभूति जो कुछ भी रचते समय अपने भीतर जागती है।...नहीं जानती कि यह न लिख पाने की पीड़ा...न रच पाने का घाव क्यों हर बात, हर प्रसंग के साथ टीसने लगता है।

श्री शिवमंगल सिंह सुमन—वैसे तो उनसे पुराना परिचय था लेकिन मेरे वहाँ जाते ही उन्होंने मेरे बड़े भाई की भूमिका सँभाल ली। मेरी सुख-सुविधा का ध्यान रखते थे। वे दस साल तक विक्रम विश्वविद्यालय के उपकुलपति रहे थे और उज्जैनवासियों के मन में उनके लिए बड़ा सम्मान था बल्कि कहूँ कि श्रद्धा थी, जिसे देखते हुए ही एक बार मैंने उनसे कहा था कि आप तो उज्जैन के बेताज बादशाह हैं। वे हँसे पर उनकी इस हँसी में बड़ा गद्‌गद भाव भी (आप चाहें तो इसे स्वीकार भाव भी कह सकते हैं) मिला हुआ था। हम लोग मिलते तो बहुत कम थे लेकिन मिलने पर कभी-कभी वे अपने पथ के साथियों—दिनकर, बच्चन, अज्ञेय, जैनेन्द्र के व्यक्तिगत जीवन के पन्ने खोलना शुरू करते तो खोलते ही चलते। कैसे उन्हें इतनी बातें याद थीं...मैं तो इसी बात से चकित थी। इस उम्र में भी ऐसी याददाश्त !

'राम की शक्तिपूजा' उन्हें पूरी कंठस्थ थी और वे विभोर होकर सुनाते। कभी मानस पर चालू हो जाते, चौपाइयों पर चौपाइयाँ सुनाते चलते। अद्‌भुत स्मरणशक्ति के धनी थे सुमनजी...ऊपर से उनका सुनाने का लहजा। उनसे सुनते

हुए मुझे अकसर विष्णुकान्त शास्त्री की याद आ जाती। पर मेरी सबसे ज़्यादा दिलचस्पी थी उनके संस्मरणों में। मैं हमेशा उनसे कहती कि इन सब बातों को आप लिखकर जाइए...बिना लिखे ही चले गए तो कोई कैसे जानेगा यह सब और हमारे प्रमुख लेखकों के व्यक्तिगत जीवन का कितना कुछ अनजाना ही रह जाएगा। अब यदि आपके लिए लिखना सम्भव न हो तो कम से कम टेप ही करवा लीजिए। हमारे यहाँ बहुत ईमानदारी से लेखकों के व्यक्तिगत जीवन का लेखा-जोखा प्रस्तुत करने का प्रचलन ही नहीं है...और न ही लेखक खुद ही बहुत ईमानदारी से वह सब लिख पाते हैं। (लेखकों की इतनी आत्मकथाएँ आने के बावजूद मैं यह लिख रही हूँ...मैं ख़ुद ही अपनी इस कहानी में कहाँ खोलकर सारी बातें कह पाई ?)। लेखक ज़िन्दा है तो यह संकोच कि वह क्या सोचेगा...इस लिखे पर कहीं मित्रता ही समाप्त न हो जाए ! जब अधिकतर लेखक अपनी रचनाओं की ज़रा-सी प्रतिकूल समीक्षाएँ तक बर्दाश्त नहीं कर पाते तो व्यक्तिगत जीवन के दबे-ढके, धुँधले पक्षों का अनावरण बर्दाश्त कर सकेंगे भला ? और शायद इसीलिए हमारे यहाँ यह सिलसिला सही ढंग से शुरू हो ही नहीं पाया !

एक सहज सामान्य सी बात भी हम शायद स्वीकार नहीं कर पाते कि लेखक की सारी महानता-प्रतिष्ठा...उसके सारे यश-सम्मान के नीचे ही उसकी कमज़ोरियों, घटिया हरक़तों के भी न जाने कितने प्रसंग जुड़े रहते हैं और वे सब भी उसके जीवन के...उसके व्यक्तित्व के अभिन्न हिस्से ही तो हैं। लेखक भी आख़िर है तो मनुष्य ही और यदि उसकी ज़िन्दगी का श्वेत पक्ष औरों की अपेक्षा अधिक प्रबल है तो उसका श्याम पक्ष भी तो उतना ही प्रबल हो सकता है—होता है। जहाँ तक पर-स्त्री और सेक्स से सम्बन्धित प्रसंगों की बात है, वहाँ संकट पैदा होता है हमारे समाज में प्रचलित नैतिक मान्यताओं के कारण और लाख लीक छोड़ने और तोड़ने की बात करने के बावजूद लेखक भी कहीं बँधा तो इन्हीं मान्यताओं से होता है...तभी तो उसकी कसौटी पर अपने कर्मों (या कुकर्मों) को ग़लत तो मानता ही है, इसीलिए तो उन्हें छिपाता फिरता है...वरना जो काम आप कर सकते हैं—करते हैं, उन्हें कहने में कैसा संकोच...कैसी झिझक ! हो सकता है कि नैतिकता का यही प्रतिबन्ध सुमनजी के लिए भी अवरोध बना रहा हो और वे उन सारे प्रसंगों को क़लमबद्ध कर ही नहीं पाए ! वैसे स्त्री-सम्बन्धों के अतिरिक्त टुच्चेपन के कई और

प्रसंग भी हो सकते हैं...होते हैं पर वे भी उनके अपने बनाए, घोषित किए हुए मूल्यों की कसौटी पर खरे नहीं उतरते इसलिए छिपाना तो उन्हें भी पड़ता ही है।

मेरा घर यूनिवर्सिटी कैंपस में था और वहाँ चार परिवारों से मेरी निकटता हुई या कहूँ उन परिवारों से मुझे बराबर स्नेह और सहयोग मिलता रहा। सामने प्रो. टंडन और प्रो. छजलानी थे...बग़ल में प्रो. अमृतफले और ऊपर मिस्टर शुक्ला। मेरा आना-जाना सबसे ज़्यादा टंडन साहब के यहाँ ही होता था। वे अंग्रेज़ी विभाग में थे और उनकी बड़ी बेटी भी अंग्रेज़ी में एम.ए. कर रही थी। उनकी दोनों बेटियाँ बड़ी मेधावी थीं...पत्नी भी शिक्षित, सुरुचिपूर्ण। आश्चर्य तो मुझे इस बात पर होता था कि सब अंग्रेज़ी वाले पर उनके यहाँ बातचीत के दौरान कभी अंग्रेज़ी सुनाई ही नहीं देती। तब मेरी आँखों के आगे दिल्ली के परिवार घूम जाते जहाँ युवावर्ग के मुँह से हिन्दी तो मुश्किल से ही निकलती है। टंडन साहब के यहाँ मेरा खाना-पीना भी काफ़ी चलता रहता था। यों श्रीमती अमृतफले भी जब-तब बने अपने यहाँ के मराठी व्यंजन मेरे लिए भेजती रहतीं। एक बार बीमारी की हालत में उन्होंने मुझे अकेले नहीं सोने दिया और मेरे लाख मना करने के बावजूद अपनी बड़ी लड़की को मेरे साथ सुलाया ! जब तक मेरे यहाँ फ़ोन नहीं लगा तब तक हर इतवार को राजेन्द्र का फ़ोन शुक्ला साहब के यहाँ आता, और वे मुझे बुलाते। श्रीमती छजलानी कभी-कभी मेरे यहाँ आतीं...वे कुछ लिखने का शौक़ रखती थीं और इसी सिलसिले में वे अपने लिखे पर मेरी राय, कुछ सुझाव लेने आती थीं।

कैम्पस के बाहर के भी एक-दो परिवारों से मेरी निकटता हुई थी जिसमें एक कश्मीरी परिवार था। बेहद सात्विक जीवन-शैली और आध्यात्मिक विचारोंवाले। एक बार मेरे पैर में ऐसी तकलीफ़ हुई कि चलना तक मुश्किल हो गया, तब वे ही मुझे अपनी गाड़ी में डालकर इन्दौर ले गए थे। दिल्ली आने से पहले उन्होंने मुझे मौनी बाबा से भी मिलवाया था। कहाँ तो मौनी बाबा किसी को एक मिनट का समय भी बड़ी मुश्किल से देते हैं और कहाँ वे मुझसे अपनी स्लेट और इशारों के माध्यम से देर तक बातें करते रहे। अद्‌भुत क्षमता है उनके पास बिना बोले भी बातचीत करने की ! वहीं पता चला कि विमल रॉय का पूरा परिवार उनका परम भक्त रहा है बरसों से और अभी कुछ दिन पहले ही रिंकी भट्टाचार्य (विमल रॉय की पुत्री) दो दिन उनके पास रहकर गई है !

पर जिनसे एक स्थायी सम्बन्ध बना वे हैं हिन्दी के प्राध्यापक प्रमोद त्रिवेदी। उन्होंने कुछ समय बाद आना शुरू किया था—कारण और कुछ नहीं, उनका संकोच...उनकी झिझक ! पर एक बार वह झिझक मिटी तो फिर बातचीत का नियमित सिलसिला उन्हीं के साथ जमा ! यों कभी-कभी डॉ. पवनकुमार मिश्र भी आते थे पर साप्ताहिक आगमन प्रमोदजी का ही होता था। प्रमोदजी ख़ुद रचनाकार हैं और साहित्य की सभी विधाओं कविता, कहानी, उपन्यास, नाटक पर उन्होंने दख़ल कर रखा है इसलिए उनसे बातचीत का एक सिलसिला बन सका और चलता रहा ! और आश्चर्य तो मुझे तब हुआ जब काफ़ी समय बाद उन्होंने हमारी बातचीत को एक साक्षात्कार का रूप दे दिया ! उनका तैयार किया एक लम्बा साक्षात्कार मेरे पास सुरक्षित रखा है, जिसे पहले तो मैंने कभी सोचा था कि अपने इस आत्मकथ्य के साथ ही नत्थी करूँगी...पर अब उसे किसी दूसरी पुस्तक के लिए रख छोड़ा है। उज्जैन छोड़ने के बाद भी उनसे सम्पर्क बना रहा। वे पत्र लिखकर वहाँ के समाचार देते रहते हैं। एक बार इन्दौर जाते समय मैं उज्जैन उतरकर दो दिन उनके पास रही भी थी। वैसे इन्दौर जाने पर मुझसे मिलने वे वहाँ तो आते ही हैं। इन्दौर जाने पर मैं सूचना दे देती हूँ तो वे पत्नी वसुमती के साथ नाश्ता लेकर मुझसे मिलने स्टेशन ज़रूर आ जाते हैं !

तीन लोगों की बात किए बिना मेरे उज्जैन के सम्पर्क-सम्बन्धों की बात अधूरी रह जाएगी ! मेरा टाइपिस्ट शैलेन्द्र जो ख़ुद भी कविताएँ लिखने का शौक़ रखता था...पर कविता में न मेरी रुचि, न गति सो मैं उसकी कोई मदद नहीं कर सकी ! हाँ, उसकी बदौलत मेरी निहायत अस्त-व्यस्त ज़िन्दगी कम से कम दो सालों के लिए तो बहुत व्यवस्थित हो गई। दिल्ली लौटकर बहुत इच्छा होती थी कि एक टाइपिस्ट की व्यवस्था मैं यहाँ भी कर लूँ अपने लिए...चाहे सप्ताह में दो दिन के लिए ही आए पर यहाँ तो अब टाइपराइटर का प्रचलन रहा ही नहीं...सब जगह कम्प्यूटर, सो बात ही टल गई ! दूसरी बाई...मेरी अन्नपूर्णा ! वह मुझे केवल खाना बनाकर ही नहीं खिलाती थी बल्कि मेरी और घर की पूरी देखभाल की ज़िम्मेदारी भी उसी की थी, जिसे वह बड़ी तत्परता से निभाती थी। तीसरी थी सुमन जो मेरे बाज़ार के काम करती और कभी-कभी बाई की अनुपस्थिति में खाना बनाकर भी खिलाती थी। उसका भी बहुत सहयोग मिला था मुझे।

अब एक बेहद साधारण-सा प्रसंग। जानती हूँ, कई लोगों को यह बहुत ही महत्त्वहीन लगेगा पर पता नहीं क्यों मुझे ऐसी बातें बहुत महत्त्वपूर्ण लगने लगती हैं। हो सकता है कि इसके मूल में मेरा अपना महत्त्वहीन व्यक्तित्व ही हो...जिसका ऐसी साधारण बातों से सहज ही तादात्म्य बैठ जाता है। बग़ल में प्रो. अमृतफले के परिवार में उनकी पत्नी और दो बेटियों के साथ उनकी बुज़ुर्ग माँ भी रहती थीं। बाहर आते-जाते समय मुझे अकसर उनके कमरे की खिड़की से टेबिल पर टिका उनका धड़ दिखाई देता रहता था—वे शायद कुछ लिखती रहती थीं और मैं सोचती कि क्या लिखती हैं ये सारे दिन ? एक दिन वे मेरे पास आईं, बड़े संकोच से कहा कि मैं अनुवाद करती हूँ...पर हिन्दी तो मुझे उतनी अच्छी आती नहीं सो आप देखकर थोड़ा ठीकठाक कर देंगी ?

मैं दुविधा में, इतना ही कहा, "मुझे तो मराठी बिलकुल नहीं आती...अनुवाद मैं कैसे तो देख पाऊँगी और कैसे ठीक कर सकूँगी ?" लेकिन जल्दी ही उन्होंने बात स्पष्ट कर दी—"नहीं-नहीं, आप अनुवाद नहीं, सिर्फ़ हिन्दी भाषा को देख लीजिए और उसे सुधार दीजिए ! आप मेरी इतनी मदद कर देंगी तो आपकी बड़ी कृपा होगी।"

"आप कृपावाली भाषा तो बोलिए मत...बस, यह कॉपी छोड़ जाइए, मैं देख दूँगी।" वे चुपचाप चली गईं। मैंने खोलकर देखा तो लम्बी साइज़ की पूरी कॉपी भरी हुई थी। एक पेज पढ़ा तो यह तो साफ़ हो गया कि हिन्दी उन्हें बिलकुल नहीं आती...उसे सुधारना यानी फिर से लिखना। और यह तो मेरे लिए सम्भव ही नहीं था। तभी ख़याल आया कि ये कहीं इसे छपवाने के चक्कर में तो नहीं ? कौन जाने अगला आग्रह यही हो कि थोड़ा ठीक-ठाक करके इसे कहीं छपवा दीजिए। ऐसी हालत में मैं क्या करूँगी ? ऐसा तो कई बार देखा कि चार पन्ने काले किए नहीं और छपास छूटने लगती है। अब न तो इसे ठीक कर पाना मेरे बस की बात है और छपवाने का तो प्रश्न ही नहीं उठता। बुरा तो उन्हें ज़रूर लगेगा पर अब साफ़-साफ़ बात करनी ही पड़ेगी। बुज़ुर्ग महिला हैं...मेहनत भी बहुत की है बेचारी ने, सो मैं आहत तो नहीं करना चाहती थी पर किसी भ्रम में भी नहीं रखना चाहती थी। शाम को उन्होंने पहले बच्ची को भेजकर पुछवाया, फिर खुद आईं ! इस बीच मैंने भी अपने को पूरी तरह तैयार कर लिया और उनके बैठते ही साफ़ ही

पूछा—"आप ये अनुवाद कर क्यों रही हैं...कहीं छपवाना चाहती हैं ?"

"नहीं-नहीं, मेरा लिखा कौन छापेगा...मैं क्या जानती नहीं कि छपवाने जैसा तो मुझे लिखना ही नहीं आता।"

"तब फिर क्यों कर रही हैं इतनी मेहनत ? आते-जाते मैं आपको हमेशा लिखते हुए ही देखती हूँ ! लिखकर आपको सन्तोष मिलता है...या समय गुज़ारने के लिए ?"

"अब क्या बताऊँ आपको ?" कुछ देर चुप रहीं—मानो बताने में संकोच हो रहा हो, फिर बोलीं—"मेरी ये जो दोनों पोतियाँ हैं न, मराठी पढ़ना ही नहीं जानतीं...हिन्दी जानती हैं या अंग्रेज़ी सो यही सोचती हूँ कि ये कैसे पढ़ेंगी मराठी के इन उपन्यासों को जिन पर आज हर मराठी-भाषी को गर्व है। सो मैंने सोचा कि ख़ाली बैठे-बैठे क्या करूँ...इन्हें हिन्दी में लिख दूँ। कम से कम बड़ी होकर इसे तो पढ़ लेंगी और जान तो सकेंगी कि हमारे मराठी साहित्य में कैसी-कैसी रचनाएँ हैं। बच्चियों को देने के लिए और तो मेरे पास कुछ है नहीं, न कोई ज़मीन-जायदाद, न धन-दौलत, कम से कम उनके लिए इतना तो छोड़कर जाऊँ !" मैं तो आज साफ़-साफ़ बात करने के इरादे से कुछ तनकर बैठी हुई थी पर उनका उत्तर सुनकर एकाएक नतमस्तक हो गई उनके सामने। साहित्य के प्रति ऐसी आस्था...अपनी भाषा के क्लासिक्स के प्रति ऐसा सम्मान...अपनी पोतियों को उन्हें पढ़ाने की ऐसी ललक ! मैंने तो आज तक किसी बुज़ुर्ग महिला के मुँह से ऐसी बात तक कभी सुनी नहीं...न किसी के मन में कभी ऐसी भावना देखी...और पोतियों के लिए छोड़ी जानेवाली अमूल्य विरासत की यह कल्पना ! आज यह सब लिखते समय एकाएक ख़याल आ रहा है कि अपनी पचास कहानियों के संग्रह को अपनी नतनियों को समर्पित करने के मूल में ज़रूर कहीं यही बात रही होगी, बल्कि अब तो निश्चित रूप से कह सकती हूँ कि यहीं से प्रेरणा मिली थी मुझे भी इसकी !

मैंने सोचा था कि उज्जैन जाकर, जैसे भी हो लिखने के इस टूटे क्रम को जोड़ना ही है। इससे अधिक अनुकूल अवसर अब और कहाँ मिलेगा ? मुझसे जो भी कोई मिलने आता मैं अपनी न लिख पाने की व्यथा का ज़िक्र किए बिना रह ही न पाती और घूम-फिरकर सबका एक ही जवाब—चिन्ता मत कीजिए और देखिए कि अब आपकी क़लम कैसे चलना शुरू होती है—सारी निष्क्रियता दूर हो

जाएगी आपकी यहाँ। अरे यह कालिदास की भूमि है, साहित्य के लिए उर्वर भूमि ! पर उर्वर भूमि की इस धारणा को पहला झटका तब लगा जब मालूम हुआ कि पूरे उज्जैन में एक भी दुकान ऐसी नहीं, जहाँ कोई साहित्यिक पुस्तक मिल जाए...पुस्तक की बात तो छोड़िए, कोई साहित्यिक पत्रिका तक उपलब्ध नहीं। दो साल के दौरान न तो मैंने साहित्यिक गतिविधियों का कोई सिलसिला देखा, न कोई स्तरीय कार्यक्रम। यह सब मैं 1992 से 94 तक की बातें लिख रही हूँ, हो सकता है कि बाद में इन स्थितियों में कोई परिवर्तन आया हो। इस सारी स्थिति को देखते हुए एक बार मैंने सुमनजी से पूछा—"सुमनजी, दस साल तक आप यहाँ उपकुलपति रहे...बादशाहत तो आपकी यहाँ है ही, फिर आपके रहते यहाँ साहित्य के क्षेत्र में ऐसा सन्नाटा क्यों ? न कोई साहित्यिक पत्रिका मिलती है न कोई साहित्यिक पुस्तक। क्या करते रहे आप ?" बड़े खेद में लिपटी उनकी स्वीकारोक्ति—'हाँ भई मन्नू, यह तो बहुत बड़ी कमी रह गई !'

बाद में मुझे इतना तो ज़रूर मालूम पड़ा कि सुमनजी जब माधव कॉलेज के प्राचार्य थे तो वे बराबर वहाँ साहित्यिक आयोजन करवाते रहते थे। हिन्दी के सभी दिग्गज लेखक, कवि, कथाकार उनके निमन्त्रण पर यहाँ आ चुके हैं और श्रोताओं की अच्छी-ख़ासी भीड़ के बीच उनके कार्यक्रम हुए हैं। पर सुमनजी के उपकुलपति बनते ही उस पद की ज़िम्मेदारियों ने सुमनजी के पास न समय रहने दिया, न सुविधाएँ। और एक समय साहित्यिक गतिविधियों का जो सिलसिला उन्होंने शुरू किया था, वह एक परम्परा बनने से पहले ही समाप्त हो गया। अब यहाँ कोई ऐसा मंच भी तो नहीं है, जहाँ से इन गतिविधियों को अंजाम दिया जा सके। हाँ, कालिदास अकादमी है और हर साल बड़े भव्य स्तर पर कालिदास समारोह करती भी है, पर उसकी गतिविधियों में आधुनिक साहित्य के लिए कोई गुंजाइश नहीं है।

आरोप तो लगा दिया पर आज आरोप के उसी घेरे में खड़ी मैं अपने आप से पूछती हूँ कि मैंने ही दो साल रहकर क्या किया वहाँ ? अपने न लिख पाने के पीछे अनेक कारण हो सकते हैं...थे भी, पर एक-दो साहित्यिक आयोजन तो कर ही सकती थी। मैं पहल करती...योजना बनाकर देती तो बाक़ी व्यवस्था तो वे लोग सहर्ष कर देते। दो साल में बड़े स्तर पर एक कथा-समारोह ज़रूर हुआ...काफ़ी संख्या में हिन्दी के प्रमुख कथाकारों ने उसमें शिरकत भी की पर

उसका सारा श्रेय तो श्रोत्रियजी को जाता है। उन्होंने ही योजना बनाई और उन्होंने ही उसे कार्यान्वित भी किया। उन्होंने तो उज्जैन के बाहर भी एक-दो जगह आयोजन किए...मैं तो उनमें ठीक से बोल भी नहीं पाई। पर ख़ैर, मेरी असमर्थता का प्रसंग अलग है, उज्जैन की इस स्थिति से उसका कोई लेना-देना नहीं !

सोचा तो यही था कि बस एक बार दिल्ली के उस तनावपूर्ण वातावरण से बाहर निकलने का अवसर मिल जाए तो कम से कम मैं अपनी इस जड़ता से तो उबर सकूँगी...लिखने के इस टूटे क्रम को फिर से जोड़ सकूँगी। आज तक लेखन ही तो मुझे सहेजता-सँवारता आया है...पर जाने कैसी जड़ता व्यापी हुई थी कि लिखने का वह सिलसिला पहले वाली गति से शुरू ही नहीं हो पा रहा था। यों वहाँ रहकर छुट-पुट काम ज़रूर किए, जैसे तीन-चार कहानियाँ लिखीं पर फाइनल ड्राफ़्ट किसी का भी नहीं बना पाई। एक कहानी को तो तीन बार लिखा—एक बार माँ के एंगिल से—एक बार बेटे के एंगिल से, पर दोनों ही रूप नहीं जमे तो कुछ दिनों बाद लेखक के एंगिल से उसी कहानी को फिर लिखा पर अभी भी पूरी तरह सन्तुष्ट नहीं हूँ।

निष्क्रियता की अपनी इस स्थिति को देखकर मुझे आजकल हमेशा यही लगता है कि शायद मेरे भीतर का आलोचक, सर्जक से कहीं अधिक सक्रिय बन बैठा है। उपस्थित तो पहले भी दोनों रहते ही थे (हर लेखक के भीतर रहते हैं) पर सर्जक यदि केन्द्र में तो आलोचक परिधि पर और यही सही स्थिति भी है दोनों की ! आप रचना करिए और परिधि पर बैठा आलोचक निरन्तर उसका परिमार्जन करता रहे। लेकिन यदि स्थिति उलट गई तो रचना ही स्थगित होती चलेगी—जो मेरे साथ हो रहा था और आज भी हो रहा है। लिखती बाद में हूँ और रिजेक्शन का सिलसिला पहले शुरू हो जाता है और इसके मूल में और कुछ नहीं, है तो केवल खंडित आत्मविश्वास या फिर मेरे भीतर जड़ जमाकर बैठी हीनभाव की पुरानी ग्रन्थि ! ख़ैर, दिल्ली आने के बाद इन कहानियों में से एक का फाइनल ड्राफ़्ट बनाकर 'नमक' नाम से उसे *इंडिया टुडे* की वार्षिकी में छपने को दिया।

रिंकी भट्टाचार्य (विमल रॉय की पुत्री) ने एक पुस्तक की योजना बनाई, जिसमें छह-सात महिलाओं को उम्र के इस पड़ाव पर आकर पीछे मुड़कर नए सिरे से अपने पिता का मूल्यांकन करना था। रिंकी तो इसमें विमल रॉय पर लिख ही

रही थीं, उनका बहुत आग्रह था कि मैं भी उसमें लिखूँ। हो सकता है कि बासु भट्टाचार्य से शादी करने के कारण विमल रॉय का उनसे सम्बन्ध तोड़ना और मेरे पिताजी का राजेन्द्र से शादी करने के कारण मुझसे सम्बन्ध तोड़ना ही वह सामान्य बात हो जिसके चलते रिंकी ने मुझसे यह आग्रह किया हो। पिताजी पर...उनके अन्तर्विरोधों पर, उनकी ख़ूबियों और ख़ामियों पर लिखने की कब से इच्छा थी मेरे मन में...रिंकी के आग्रह पर इच्छा फिर कुलबुलाने लगी और एक बार जो लिखना शुरू किया तो बहुत संक्षेप करने के बावजूद मैं थोड़ा विस्तार में चली गई। पर उनकी तो शब्द-सीमा थी सो उनके पास भेजने के लिए तो काफ़ी काट-छाँट करनी पड़ी। अंग्रेज़ी में अनुवाद करके उन्होंने तो उसे अपनी पुस्तक में छाप भी दिया। अच्छा लगा देखकर कि मीनाक्षी मुखर्जी ने इस पुस्तक की समीक्षा में इस योजना की तो प्रशंसा की ही पर सम्मिलित आलेखों में सबसे अधिक और प्रशंसात्मक उल्लेख मेरे लेख का ही था। उसका बचा हुआ प्रारूप थोड़े और विस्तार के साथ पूरा होने की प्रतीक्षा में आज भी मेरे पास पड़ा है।

हंस के लिए अपना 'आत्मतर्पण' ज़रूर पूरा करके भेजा था और वह तभी छप भी गया। इस आत्मकथ्य के लिए अनुबन्ध करते समय तो बात हुई थी कि अपने व्यक्तिगत जीवन के सन्दर्भों को स्पर्श करते हुए अपनी एक संक्षिप्त-सी लेखकीय यात्रा का विवरण दे दूँ, जिसे पचास कहानियों की भूमिका के रूप में छापा जा सके। लेकिन शुरू करते ही लगा कि यह तो थोड़े विस्तार में चल पड़ा है तो रोक दिया। काट-छाँट करके इसे संक्षिप्त करने की बजाय सोचा कि मुख्यतः लेखन को केन्द्र में रखकर क्यों न एक विस्तृत आत्मकथ्य ही लिख दिया जाए और तब भविष्य में कभी पूरा करने के लिए इसे भी वहीं रोक दिया।

इधर कुछ दिनों से एक उपन्यास की थीम ज़रूर मन में कुलबुला रही थी...पर समझ नहीं आ रहा था कि यह कुछ रूप ले भी पाएगी या नहीं...कि मैं इसे सँभाल भी पाऊँगी या नहीं। फिर भी शुरू तो कर दिया पर हर चीज़ की तरह वह भी अधूरा। पचास-साठ पृष्ठ लिखे और उसकी गाड़ी भी वहीं अटक गई... पर जितना लिखा उससे मैं पूरी तरह सन्तुष्ट थी। बहुत-बहुत दिनों बाद पहली बार अपने लिखे पर सन्तोष हो रहा था। पर लिखने का पहले जैसा प्रवाह तो रहा ही नहीं। आज भी याद है कि जब *आपका बंटी* और *महाभोज* लिखने बैठी थी तो

एक बार शुरू करने के बाद फिर पृष्ठ-दर-पृष्ठ जैसे क़लम से झरते चले गए थे ! पर यह जो अटका तो अटककर ही रह गया। दिल्ली लौटकर अर्चना को मैंने इसके बारे में बताया भी था...याद नहीं कि लिखा हुआ हिस्सा पढ़कर सुनाया था या वैसे ही इसके बारे में बताया था और उसने कहा था कि इसे तो आपको पूरा करना ही होगा...बिना पूरा किए तो मैं आपको मरने नहीं दूँगी (उन दिनों न्यूरोलजिया की तकलीफ़ बहुत बढ़ी हुई थी और मुझे बारह सौ मिलिग्राम तक सेडेटिव लेना पड़ता था) सो मैं मरी तो नहीं, इस उपन्यास को पूरा जो करना है। बस, आजकल एक ही इच्छा है, जो धीरे-धीरे संकल्प बनती जा रही है कि इन अधूरी चीज़ों को पूरा करना है...लिखने के अपने इस संकल्प को किसी भी हालत में शिथिल नहीं होने देना है।

ऐसा तो नहीं कि उज्जैन में रहते हुए मैंने पन्ने काले नहीं किए। पन्ने तो बहुत काले किए पर सन्तोष देने जैसी एक भी रचना पूरी तो नहीं कर सकी...जो भी लिखा, जितना भी लिखा सब आधा-अधूरा। उन दिनों यही एक प्रश्न मुझे परेशान करता कि दिल्ली की उन तनावपूर्ण स्थितियों और राजेन्द्र के साथ निहायत संवादहीन और अलगावपूर्ण सम्बन्धों से (कानपुर से लौटने के बाद यह स्थिति जितनी विकट हुई, पहले वैसी नहीं थी) पूरी तरह मुक्त होने के बाद...सारी सुविधाएँ उपलब्ध होने के बाद भी मैं क्यों नहीं पहले की तरह जमकर लिख पा रही हूँ ? आज उन स्थितियों से मानसिक रूप से पूरी तरह उबर जाने के बाद मुझे उस समय की अपनी मूर्खता पर हँसी ही आती है। उस समय क्यों नहीं मैं इतनी मोटी बात भी समझ पाई कि आत्मीय सम्बन्धों (?) से उपजे इन तनावों का सम्बन्ध बाहरी परिवेश से उतना था ही नहीं, जितना ये मेरे मन में रचे-बसे थे। बाहरी परिवेश तो ज़रूर छूट गया था पर मन तो मेरे साथ ही आया था और मन आया तो उसके साथ बँधे-बँधे वे तनाव भी चले आए थे। दिन-भर तो लोगों के साथ बातचीत, मिलने-जुलने में मैं इतनी सामान्य रहती (इस कला में तो मैंने बरसों से महारत हासिल कर रखी थी) कि कोई सपने में भी इस बात का अनुमान तक नहीं लगा सकता था कि मेरे और राजेन्द्र के सम्बन्ध बिगड़ते-बिगड़ते अब टूटने की कगार तक पहुँच चुके हैं...बल्कि टूट ही चुके हैं...कि कैसी मानसिक स्थिति में मैं यहाँ आई हूँ। लेकिन रात में जब मैं बिलकुल अकेली लेटती तो लाख कोशिशों

के बावजूद आँखों के आगे अतीत की वे ही घटनाएँ...वे ही स्थितियाँ, वे ही बातें गुजरने लगतीं और क्या लिखना है, कैसे लिखना है, वह सब उसी में डूब जाता यानी कि अतीत फिर हावी हो जाता और लिखना स्थगित।

उज्जैन आते ही राजेन्द्र ने तो अपना वही पुराना सिलसिला फिर चालू कर दिया था ! यों इनके व्यवहार में परिवर्तन तो मेरे उज्जैन आने का निर्णय लेने के बाद से ही शुरू हो गया था पर यहाँ आने के बाद हर इतवार को फ़ोन का जो सिलसिला शुरू किया, इस बार उसमें आत्मीयता और अपनत्व का एक गहरा पुट और आ मिला। तबीयत का हाल पूछते तो उसमें एक गहरे सरोकार की गन्ध होती 'क्या लिख रही हो...बस, जमकर लिखो' में प्रोत्साहन की ! और जब इस सबकी तुलना मैं राजेन्द्र के कानपुर से लौटने के बाद वाले व्यवहार से करती तो हैरान रह जाती। कहाँ तो उपेक्षा, अलगाव और असंवाद की स्थिति में गुज़ारे वे साढ़े तीन साल और कहाँ एकाएक उभर आई यह आत्मीयता ! इतने दिनों और इतनी घटनाओं के बाद यह तो मैं अच्छी तरह समझ गई थी कि न तो राजेन्द्र यह घर छोड़ना चाहते हैं और न ही यह सम्बन्ध तोड़ना ! आश्चर्य होता था मुझे कभी-कभी इनकी कथनी और करनी के इस भेद पर। सारी ज़िन्दगी दमघोंटू कह-कहकर ये जिस घर की भर्त्सना करते रहे...जिन्हें यह सम्बन्ध बेहद नकली, उबाऊ और अपनी प्रतिभा का हनन करनेवाला लगता रहा अब क्यों उसी घर और सम्बन्ध से ये चिपककर रहना चाहते हैं ? मैं नहीं जानती कि इनकी बातें इनकी ज़िन्दगी की सच्चाई हैं या इनका यह व्यवहार ! अपने इस व्यवहार की पुष्टि करने के लिए मेरे दो साल के प्रवास में तीन बार राजेन्द्र स्वयं उज्जैन भी आए। एक बार तो मेरे जन्म-दिन पर बिना सूचना दिए टिंकू और दिनेश के साथ प्रकट हो गए। मैं हैरान...हैरान ही नहीं, आत्मीयता का भूखा मेरा मन सचमुच विभोर हो गया था उस दिन ! उस दिन टंडन साहब ने ही हम सबको अपने यहाँ खाना खिलाया था तो शाम उन्होंने हमारे घर आकर गुज़ारी। ख़बर मिलते ही दूसरे दिन सुमनजी आ गए थे और फिर अपनी कविताओं...अपने उन्हीं संस्मरणों को सुनाते हुए पूरी शाम गुलज़ार रखी। इनके आने पर बाई इनकी विशेष खातिर करने में जुटी रहती तो शैलेन्द्र इनकी हर छोटी-बड़ी ज़रूरत पूरी करने को तत्पर। हमारा आपसी व्यवहार भी इतना सहज-सामान्य रहता कि उसमें किसी तरह के तनाव या दरार की बात

तो कोई सोच भी नहीं सकता था।

कोई और तो नहीं सोच सकता था पर मैं...? नहीं जानती इसे अपने जीवन की विडम्बना कहूँ या त्रासदी...दुर्बलता कहूँ या मूर्खता ! कोई चौंतीस सालों के अपने अनुभव...एक स्वच्छन्द और मनमाने ढंग से जीवन जीने की इनकी ज़िद, जिसमें सारे प्रयत्नों के बावजूद मैं ज़रा-सा भी परिवर्तन नहीं ला सकी थी...अपने हर दुराग्रह को सही सिद्ध करने और हमेशा मुझे ही कठघरे में खड़ा करने के लिए गढ़े इनके तर्क, इनका फ़लसफ़ा...इन सबको अच्छी तरह जानने, भोगने के बाद ही तो मैंने अलग होने का निर्णय लिया था...दृढ़ संकल्प के साथ उसे कार्यान्वित भी किया पर अन्ततः उस पर टिक क्यों नहीं सकी ? अपनत्व और आत्मीयता में लिपटे इनके हाथ बढ़े नहीं कि फिर लौट पड़ी। पर क्यों ? क्यों नहीं अपने पुराने अनुभवों ने मुझे वहाँ रोक दिया। रुकना तो दूर, अब क्या कहूँ आदमी की उस फ़ितरत को जो अपनी हर कमज़ोरी...अपने किए हर सही-ग़लत को सही सिद्ध करने के लिए तर्क भी गढ़ लेता है...कारणों का एक पूरा सिलसिला भी ढूँढ़ निकालता है। मैं भी सोचती कि *हंस* की सफलता ने शायद राजेन्द्र के व्यक्तित्व को अब पूरी तरह बदल दिया है। उससे मिलनेवाले यश, सम्मान, प्रतिष्ठा ने (जो शुरू से ही इनका काम्य रहा था) ज़रूर इनका कायाकल्प कर दिया है। सुधर गई आर्थिक स्थिति ने इन्हें न जाने कितनी हीनता-जनित ग्रन्थियों से मुक्त कर दिया है और अब ये शायद ख़ुद एक अधिक सहज...एक अधिक सामान्य जीवन जीना चाहते हैं। यह भी हो सकता है कि उम्र के इस पड़ाव पर आकर इन्हें भी अब हर क़ीमत पर घर और पत्नी की आवश्यकता महसूस हो रही हो।

उम्र की इस बात के दिमाग़ में आते ही एकाएक मेरी आँखों के सामने दो घटनाओं के पन्ने खुल पड़े ! कुछ साल पहले की ही तो बात थी, मेरे अपने ही एक लेखक-मित्र ख़म ठोक-ठोककर कह रहे थे—"मन्नू, इसमें कोई शक नहीं कि मैं कई औरतों के साथ सोया हूँ, पर आज ? आज तो बस मेरे लिए जो भी है मेरी पत्नी ही है (उन्होंने नाम लिया था) आज तो यही मेरी मित्र है, प्रेमिका है, प्रेयसी है।" और उन्होंने पास बैठी पत्नी को बाँह में भर लिया। पत्नी निहाल ! और मैं सोच रही थी कि जो पत्नी आज आपको अपनी सब कुछ दिखाई दे रही है...कभी सोचा भी था कि जब आप अपनी प्रेमिकाओं के साथ मस्ती भरी रातें

गुज़ारा करते थे...उसकी रातें कैसे आँसुओं में डूबी गुज़रती होंगी ? नहीं, उस समय आपको ऐसी असुविधाजनक बातें भला क्यों याद आतीं...उस समय तो आपके लिए पत्नी का कोई अस्तित्व ही नहीं रहा होगा। पर आज...उम्र के इस पड़ाव पर आपको उसकी ज़रूरत है तो केवल अपनी देखभाल के लिए...अपनी सेवा-सुश्रूषा के लिए, क्योंकि आप बीमार रहने लगे हैं, अचानक वह आपकी सब कुछ हो गई।

इसी सिलसिले में जैनेन्द्रजी की एक बात भी याद आई। सोचा तो था कि अपनी किसी रचना में इसका उपयोग करूँगी पर अब जब सन्दर्भ आ ही गया तो उसे भी लिख देती हूँ। जैनेन्द्रजी की पत्नी की मृत्यु की सारी औपचारिकताएँ निभाने के कोई बीस-पच्चीस दिन बाद हम लोग फिर उनके पास गए। वे चुपचाप बैठे थे...इशारे से हमें भी बैठने को कहा। फिर चुप्पी ! समझ नहीं आ रहा था कि कैसे बात शुरू की जाए सो तबीयत का हालचाल ही पूछा। वे चुप, फिर थोड़ी देर बाद अपने उसी अन्दाज़ में बोले—"जानती हो मन्नू, वो जब थी तो कभी ध्यान ही नहीं दिया कि वह भी है...बस है तो है...ध्यान देने की ज़रूरत तो कभी महसूस ही नहीं हुई पर जब से वह चली गई, उठते-बैठते, सोते-जागते वही तो दिखाई देती है... उसके सिवाय कुछ सूझता ही नहीं।" फिर चुप। पर उन्हें लगा कि जैसे बात स्पष्ट नहीं हुई तो फिर समझाया—"अब जैसे हवा है...उसी से तो हम साँस लेते हैं, ज़िन्दा रहते हैं पर उसके बारे में कभी सोचते हैं क्या ? बस, हवा है तो है...वह चलती रहती है, हम साँस लेते रहते हैं, हम ज़िन्दा रहते हैं पर अब उसके बारे में सोचने को क्या रखा है जो कोई सोचे ? पर एक घंटे के लिए भी हवा बन्द हो जाए...साँस लेने को न मिले...दम घुटने लगे हमारा तो जानेंगे कि हवा क्या होती है...बस, ऐसे ही..." उनका स्वर भीग आया और वे चुप हो गए ! अपनी पत्नी की उपेक्षा और एक उम्र के बाद उसकी अनिवार्यता को इससे ज़्यादा बेहतर, ज़्यादा सार्थक तरीक़े से शायद ही कोई समझा सके। घर लौटते हुए मुझे पता नहीं क्यों *धर्मयुग* की एक परिचर्चा में छपे जैनेन्द्रजी के उस लेख की याद हो आई, उन्होंने जिसका शीर्षक दिया था—'लेखक के लिए प्रेयसी अनिवार्य है।' इस खुली स्वीकारोक्ति के बाद यह तो सहज ही अनुमान लगाया जा सकता है कि ज़िन्दगी में प्रेयसियाँ रही भी होंगी। आज वे ही प्रेयसियाँ क्यों नहीं आ जातीं देखभाल करने के लिए, ज़िन्दगी को उसी गति से चलाने के लिए...पत्नी के अभाव में आए

ख़ालीपन को भरने के लिए ! बाद में दो साल तक वे लक़वा-ग्रस्त रहे तो निश्चय ही जितने त्रस्त वे अपनी स्थिति से रहे होंगे, उससे कहीं-कहीं अधिक त्रस्त वे पत्नी की अनुपस्थिति से रहे होंगे। ऐसे ही तो समय होते हैं ज़िन्दगी में जब किसी बहुत-बहुत अपने की ज़रूरत महसूस होती है...ऐसे अपने की जहाँ अपनत्व के साथ अधिकार भी जुड़ा हो।

नहीं जानती इसे पत्नियों के जीवन की विडम्बना कहूँ या लेखकों के जीवन की...पर है यह इतनी बड़ी सच्चाई जिसे झेलने-भोगने के लिए हर लेखक-पत्नी तो अभिशप्त है ही (इसमें कई अपवाद होंगे और मेरी जानकारी में कुछ हैं भी पर हैं वे अपवाद ही) पर साठ साल की उम्र पार करते ही ये चिर उपेक्षित पत्नियाँ एकाएक उनकी ज़िन्दगी की अनिवार्यता बन जाती हैं। जब भी मैं ऐसी बातें सुनती, देखती या ख़ुद उनसे गुज़रती तो एक प्रश्न ज़रूर मुझे परेशान करता। लेखक तो बड़ा संवेदनशील प्राणी होता है...दुखी, त्रस्त लोगों की वेदना, उनकी यातना उसे किस हद तक विचलित कर देती है कि वह उन पर अपनी सारी करुणा उँडेल देता है पर अपनी पत्नियों की व्यथा-वेदना तक आते-आते उसकी संवेदना सूख क्यों जाती है ? उसे महसूस करना तो दूर, वे तो बड़ी निर्ममता से उसका कारण बने रहते हैं। पर क्यों...क्या पत्नी उन्हें हाड़-मांस का प्राणी ही नहीं लगती या कि काल्पनिक पात्रों के गढ़े हुए सुख-दुख पर ही अपनी सारी संवेदना उँडेलकर वे इतने ख़ाली-खोखले और करुणा-विहीन हो जाते हैं कि जीवित पत्नी के लिए उनके पास कुछ बचता ही नहीं ?

नहीं जानती इतना सब जानने, सोचने, समझने के बावजूद मैं फिर जिस दिशा की ओर मुड़ चली थी, उसे क्या कहूँ ? अपनी मूर्खता या हमारी पीढ़ी की भारतीय पत्नी की नियति ? (ग़नीमत है कि हमसे बाद वाली कई पत्नियों ने संस्कारों का यह चोला उतार फेंका है) आर्थिक रूप से परतन्त्र पत्नियों के लिए तो हर स्थिति में साथ रहना उनकी मजबूरी था...आज भी है, पर मेरी क्या मजबूरी थी ? क्यों मैंने अलग रहने का अपना निर्णय बदल दिया ? क्यों मैं सोचने लगी कि जब प्रतिकूल परिस्थितियों में भी मैंने पैंतीस साल गुज़ार दिए तो अब तो स्थितियाँ भी कुछ अनुकूल हो चली हैं...अब इस उम्र में अलगाव ? सो भी इस लाइलाज रोग के साथ ! मन को विश्वास दिलाती कि अपने बदले व्यक्तित्व के साथ अब ज़रूर

राजेन्द्र तकलीफ़ में मेरा ख़याल रखेंगे, जिसकी मुझे ज़रूरत भी थी। उज्जैन में जमकर तो कुछ काम हो भी नहीं रहा था...न्यूरोलजिया का दर्द भी काफ़ी बढ़ गया था सो मैंने दो साल पूरे करते ही दिल्ली लौटने का निर्णय ले लिया। निर्णय ले तो लिया पर मन के किसी कोने में थोड़ी-सी आशंका ज़रूर थी। लेकिन जून में मेरी भतीजी की शादी में इन्दौर आकर राजेन्द्र ने अपने व्यवहार और अपनी बातों से उसे बिलकुल निर्मूल कर दिया। लौटने की बात सुनते ही प्रसन्न होकर बोले—"बस, बहुत हुआ...अब आ जाओ...अपनी अधूरी चीज़ों को वहीं बैठकर पूरा करना !" और तीन महीने बाद जब दिल्ली लौटी तो उसी तरह स्वागत की मुद्रा में ये स्टेशन पर खड़े थे। घर आई तो साफ़-सफ़ाई, साज-सज्जा सब चुस्त-दुरुस्त यानी ये अब घर में भी दिलचस्पी लेने लगे हैं। दो साल तक मेरी अनुपस्थिति में घर के स्वामित्व-बोध ने इन्हें घर से भी जोड़ दिया, अब यही घर इन्हें अपना लगने लगा ! स्वामित्व-बोध पर तो पहले भी कभी किसी ने प्रश्नचिह्न नहीं लगाया था पर यह इनकी अपनी ही ग्रन्थि थी ! अब अगर इन्हें घर और मैं सब अपने लगने लगे हैं तो फिर मेरे लिए समस्या ही क्या थी ? इसमें कोई सन्देह नहीं कि मैं तो इनसे बहुत जुड़ी हुई थी ही और बदले में वैसा जुड़ाव ही तो चाहती थी। दिल्ली लौटकर सप्ताह, दस दिन तक हम लोग मित्र-परिचितों के यहाँ मिलने जाते रहे। कभी-कभी यह भी सुनने को मिला कि अच्छा किया, आ गई। तुम्हारे बिना राजेन्द्र बहुत उखड़े-उखड़े रहते थे। सुना तो अच्छा ही लगा—आनेवाले जीवन के लिए एक उम्मीद बँधी। उज्जैन जाने से पहले और उज्जैन जाते समय जिन्होंने मेरी मानसिक दशा को देखा था...जाना था, वे अब की मानसिकता को देखकर आश्वस्त ही हुए...चलो देर आए, दुरुस्त आए।

मैं भी सोचती कि सामान्य जीवन में तो उम्र के इस बिन्दु पर आकर ज़िन्दगी की उठा-पटक, जद्दोजहद और संघर्षों से थका-हारा मन सुस्ताने का सिलसिला शुरू करता है क्योंकि सम्बन्धों के सारे कोने घिसघिसाकर ऐसे फ़िट हो जाते हैं कि तरह-तरह के जतनों का तेल डाले बिना भी गाड़ी चलती रहती है—सहज, अनायास। मैंने भी सम्बन्धों की उठापटक तो बहुत झेल ली ज़िन्दगी में, बस अब तो एक सहज, सामान्य और सकारात्मक जीवन की दिशा में ही बढ़ना है और अब यह सम्भव भी होगा क्योंकि राजेन्द्र ने भी इस दिशा में क़दम ही नहीं बढ़ाया बल्कि

प्रयत्नशील भी हैं ! पर फिर वही मूर्खता मेरी, जो इस तरह का भ्रम पाल लिया। क्यों मैं राजेन्द्र को एक 'सामान्य जीवन' के चौखटे में फ़िट करके कुछ अनहोनी की उम्मीद लगा बैठी ? राजेन्द्र और 'सामान्य' ! क्यों भूल गई कि सामान्य का सम्बन्ध उम्र से नहीं, किसी के व्यक्तित्व की बनावट से होता है ? और जो राजेन्द्र अपने हर काम, हर सोच और अपनी हर बात से अपने 'विशिष्ट' व्यक्तित्व का डंका-चोट ऐलान करते रहे वे किसी 'सामान्य' के चौखटे में फ़िट हो सकते थे भला ? और शायद यही कारण था कि उम्र के इस बिन्दु पर आकर भी उनके व्यक्तित्व के कील-काँटे घिसे नहीं थे–हाँ, ऐसा भ्रम ज़रूर पैदा कर दिया या कहूँ कि मैंने ऐसा भ्रम पाल लिया था। पर इस बार जब वे चुभे तो मुझे केवल लहूलुहान ही नहीं किया बल्कि मन वितृष्णा के साथ-साथ एक गहरी नफ़रत से भी भर गया और मैं अपने पुराने निर्णय पर ही लौट आई। बस, अब और एक दिन भी नहीं ! इस बार अपना निर्णय सुनाने के साथ मैंने यह भी जोड़ दिया–"पहले की तरह अब आप इस घर में लौटने की कोशिश भी मत करिएगा। बार-बार का यह तमाशा मेरे लिए असह्य हो गया है। जल्दी से जल्दी घर ढूँढ़िए और हमेशा के लिए शिफ़्ट हो जाइए !"

नहीं जानती यह राजेन्द्र की आदत थी या कोई भीतरी मजबूरी कि अलग होकर भी ये घर नहीं छोड़ना चाहते थे। अलग होते ही इन्होंने फिर वही पुराना सिलसिला शुरू कर दिया। बराबर फ़ोन करना...किसी भी आयोजन में मिलने पर सबके बीच ज़ोर से आवाज़ दे-देकर बुलाना। कभी कोई पत्रिका पकड़ा रहे हैं तो कभी कोई किताब केवल यह दिखाने के लिए कि हम अलग नहीं हुए हैं। एक साक्षात्कार में तो इन्होंने यह छपवा भी दिया कि महज़ काम करने के उद्देश्य से मैं कुछ दिनों के लिए यहाँ आ गया हूँ। मेरे बारे में कुछ ऐसी नकारात्मक टिप्पणियाँ भी थीं जिनकी वजह से काम करने के लिए इन्हें बाहर आना पड़ा। नहीं जानती कि राजेन्द्र क्यों करते थे यह सब ? हो सकता है कि फिर वही उम्मीद...वही अपेक्षा कि कुछ तो भी करके फिर साथ रहनेवाली स्थिति ले आएँगे...हर बार की तरह मन्नू को फिर पटा लेना कोई मुश्किल काम नहीं होगा ! पर इस बार जब मैंने पहले ही दिन से साफ़-साफ़ कहना शुरू कर दिया कि हम अलग हो गए हैं तो अन्ततः इन्हें भी यह अलगाव स्वीकार करना ही पड़ा।

और आज बारह साल हो गए हैं हमें अलग हुए। इन बारह वर्षों में *हंस* के चलते राजेन्द्र कहाँ से कहाँ पहुँच गए हैं। आज इनके चारों ओर मित्रों, परिचितों, पाठकों, इनके चाहनेवालों और छपासुओं की भीड़ जमा रहती है...पैसे का भी कोई अभाव नहीं। किशन इनकी गाड़ी ही नहीं चलाता इनके घर की और इनकी ज़िन्दगी की गाड़ी भी बख़ूबी चला देता है और सच पूछा जाए तो इन्हें पत्नी नहीं, किशन जैसा ही कोई व्यक्ति चाहिए था जो इनकी देखभाल के बदले तनख़्वाह के अतिरिक्त और कोई अपेक्षा न करे। उसके और उसके परिवार के लिए ये ज़रूरत से ज़्यादा करते हैं जिसके लिए वह कृतज्ञ भी होता ही होगा। सामनेवाले की ऐसी अनकही कृतज्ञता ही इन्हें तृप्त करती है...इनके अहं को पोसती है क्योंकि अपेक्षा और अधिकार तो इनके बर्दाश्त की सीमा में आते ही नहीं, या कहूँ कि मेरे सन्दर्भ में तो कम से कम नहीं ही आते थे। रही मैं, सो इसमें कोई सन्देह नहीं कि मैं आज बिलकुल अकेली हो गई हूँ...पर राजेन्द्र के साथ रहते हुए भी तो मैं बिलकुल अकेली ही थी। पर कितना भिन्न था वह अकेलापन जो रात-दिन मुझे त्रस्त रखता था ! साथ रहकर भी अलगाव की, उपेक्षा और संवादहीनता की यातनाओं से इस तरह घिरी रहती थी सारे समय कि कभी अपने साथ रहने का अवसर ही नहीं मिलता था। आज सारे तनावों से मुक्त होने के बाद अकेले रहकर भी अकेलापन महसूस ही नहीं होता ! आज कम से कम अपने साथ तो हूँ। इधर कुछ सालों से ही महसूस किया है मैंने कि कितना-कितना ज़रूरी होता है आदमी के लिए नितान्त अपना साथ...तनावरहित और द्वन्द्व-मुक्त अपना साथ और नितान्त अपना समय ! इसीलिए शायद अकेले रहकर भी समय काटना न मेरे लिए कभी समस्या रहा, न संकट। और इसीलिए शायद दिल्ली की अनेक साहित्यिक गतिविधियों में उपस्थित होना भी धीरे-धीरे मैंने बहुत कम कर दिया है। बस, मन में मनचाहा न जाने कितना कुछ चलता रहता है और जानती हूँ कि मन का यह 'सब कुछ' जिस दिन काग़ज़ पर उतरने लगेगा...मन के बचे-खुचे ख़ाली कोने भी पूरी तरह भर जाएँगे।

इन बारह वर्षों में यदि मैं कुछ नहीं लिख पाई तो उसका सबसे बड़ा कारण है शारीरिक व्याधियाँ, जिनका सिलसिला समाप्त होने को ही नहीं आ रहा था। इधर कुछ से तो मुक्ति मिली और कुछ यह समझ लिया कि उम्र है तो थोड़ा-बहुत तो यह सब चलता ही रहेगा सो इनके साथ चलना सीख लिया है।

इस पर एक नई पुस्तक ज़रूर आई—*कथा-पटकथा।* टी.वी. में सीरियलों की बढ़ती संख्या के कारण इस लाइन में युवाओं के लिए कॅरियर के अनन्त रास्ते खुल गए हैं, इसीलिए पटकथा लेखन अब कोर्स में आ गया है। कोई साल डेढ़-साल से अर्चना बराबर आग्रह कर रही थी कि आप एक ऐसी पुस्तक तैयार कीजिए, जिसमें अपनी लिखी पटकथा के साथ मूल रचना भी हो। साथ ही एक लम्बी भूमिका लिखकर एक कहानी को पटकथा में बदलने की प्रक्रिया भी समझाइए। छात्रों के लिए बहुत उपयोगी होगी यह पुस्तक; कि बिना किसी ठीक-ठाक पुस्तक के इस विषय को पढ़ाना बहुत मुश्किल हो रहा है।

और इस तरह अर्चना के आग्रह पर यह पुस्तक लिखी गई !

बीमारी के दौरान पहले सुशीला थी देखने के लिए...अब ज़रा भी तकलीफ़ बढ़ी कि टिंकू अपने घर खींचकर ले जाती है और बिना शब्दों के भी एक गहरे सरोकार...एक गहरी आत्मीयता का बोध कैसे कराया जाता है, यह मैंने दिनेश से जाना ! एक-दो बार इनकी अनुपस्थिति में आनन्द-नीरा ने यह ज़िम्मेदारी उठाई। ग़नीमत है कि अब बिलकुल ठीक हूँ तो सबसे पहले अपनी इस अधूरी कहानी को पूरा करने बैठी। इसमें कोई सन्देह नहीं कि बारह सालों से घिसटती हुई अपनी ही इस कहानी से मैं बुरी तरह ऊब ही नहीं गई बल्कि त्रस्त भी हो गई हूँ। इसके इतने वर्षों तक घिसटने का एक कारण शायद यह भी हो सकता है कि अतीत की उन बातों में अब न लौटने की इच्छा होती है, न झाँकने का मन। पर वे प्रसंग जो जीवन के अनिवार्य हिस्से थे, उन्हें तो समेटना ही था, सो लिखा। पर आज इससे भी मुक्ति ! बस अब तो बची हुई अधूरी चीज़ों को पूरा करने में जुटना है और आश्वस्त हूँ कि उन्हें भी कर पाऊँगी।

इसमें कोई सन्देह नहीं कि बारह साल पहले मैंने अपने को राजेन्द्र से पूरी तरह अलग कर लिया था, इसके बावजूद हमारा सम्बन्ध पूरी तरह टूटा नहीं। राजेन्द्र के फ़ोन करने...बाहर मिलने पर बातचीत करने ने इस सम्बन्ध के कुछ सूत्रों को बचाए रखा। हाँ, फ़ोन करने, बात करने पर मैं भी जवाब ज़रूर देती थी। हो सकता है, शुरू में इनका वापस लौटने का इरादा भाँपकर कुछ उखड़े-बिखरे ढंग से देती

रही होऊँ, पर बाद में तो बिल्कुल सहज सामान्य ढंग से।

आज राजेन्द्र और मेरे सम्बन्धों का जो रूप है, उससे बेहतर रूप की तो मैं कल्पना ही नहीं कर सकती। नहीं जानती उसे परिभाषित कैसे किया जाए ? फिर भी अगर करना ही हो तो कहूँगी–

शत्रुता–नहीं, बिलकुल नहीं।

कटुता–झूठ बोलूँगी यदि कहूँ कि बिलकुल नहीं, क्योंकि अतीत की कोई घटना अगर कभी मन में उभर आए या वर्तमान में ही राजेन्द्र द्वारा जब-तब कही जानेवाली कुछ बातें या की जानेवाली कुछ हरक़तें आज भी मन में कटुता तो ले आती हैं। पर वह स्थायी भाव बिलकुल नहीं है...बस, उभरी और थोड़े समय बाद ही बिला भी गई !

सहमति–मुश्किल से पाँच-सात प्रतिशत बातों में ही हम सहमत हो पाते हैं। अपने हर काम और बात को तर्क-संगत ठहराने के लिए गढ़ा गया उनका फ़लसफ़ा...या फिर सिर्फ़ चर्चा के केन्द्र में बने रहने के लिए या महज़ चौंकाने के लिए कही या लिखी गई वे बातें जिनसे मुझ जैसी 'परम्परावादी' (एक आधारहीन आरोप जो राजेन्द्र शुरू से ही मुझ पर लगाते आए हैं) के लिए सहमत होना तो सम्भव ही नहीं।

मित्रता–नहीं, मित्रता में जो एक तरह की अन्तरंगता निहित रहती है, वह हमारे बीच नहीं है। वैसे वह तो पहले भी कभी नहीं थी और अब तो हो भी नहीं सकती है। पर हाँ, बिना किसी तरह की अन्तरंगता और आत्मीय संवाद के भी एक नामालूम से सरोकार का अहसास ज़रूर है।

आज हम दोनों के बीच अगर कुछ है तो निरन्तर चलनेवाला एक निहायत औपचारिक संवाद...सूचनाओं और कह-बाँट सकनेवाली निहायत छोटी-छोटी समस्याओं का आदान-प्रदान और समाधान। पर इन सारी औपचारिक स्थितियों के बावजूद हारी-बीमारी के दौरान सहयोग का एक अनकहा-सा आश्वासन !

मैं जानती हूँ कि आज क्रान्ति का परचम लहराती, स्त्री-विमर्श में पगी स्त्रियाँ ज़रूर मुझे धिक्कारेंगी...भर्त्सना करेंगी मेरी कि इतना सब होने के बाद, अलग रहते हुए भी फिर जाकर जुड़ने की ज़रूरत क्या थी ? उस जुड़ाव का रूप चाहे जो हो, जैसा भी हो, है तो जुड़ाव ही।

पुरुष, ख़ासकर लेखक लोग भी धिक्कारेंगे, फटकारेंगे कि इतना दुखी और त्रस्त महसूस करने जैसा आख़िर राजेन्द्र ने किया ही क्या ? अरे, हर लेखक की ज़िन्दगी में भरे पड़े होंगे ऐसे कितने ही प्रसंग, आख़िर उनकी बीवियाँ भी तो रहती हैं (मेरे हिसाब से यहाँ 'सहती' शब्द का प्रयोग करना चाहिए, पर उसे तो वे कभी करेंगे नहीं) अब तुम्हारे हाथ में क़लम क्या आ गई कि इस मामूली-सी बात की ही गाथा रच डाली।

सब लोगों की धिक्कार और फटकार अपनी जगह और मुख्यतः लेखकीय यात्रा पर केन्द्रित मेरी ज़िन्दगी की यह कहानी अपनी जगह। अब क्योंकि यह प्रसंग बल्कि कहूँ कि यह सम्बन्ध मेरे लेखन के सकारात्मक और नकारात्मक दोनों ही पक्षों से घने रूप से जुड़ा हुआ था इसलिए इसे तो आना ही था। पर इस सम्बन्ध के चलते मैंने जो सहा और महसूस किया, उसे अपने हिसाब से तो बेहद तटस्थ, निष्पक्ष और संक्षिप्त रूप में ही लिखा है। फिर भी सबको अपनी-अपनी प्रतिक्रिया रखने का अधिकार तो है ही !

—मन्नू भंडारी

103, हौज़ख़ास अपार्टमेंट्स
हौज़ख़ास
नई दिल्ली 110016

पूरक प्रसंग

देखा तो इसे भी देखते...

[बहुत दिनों तक तो मैं इसी दुविधा में रही कि तद्भव में प्रकाशित राजेन्द्र के आत्मकथ्य के प्रत्युत्तर में छपे अपने इस लेख को एक कहानी यह भी में सम्मिलित करना क्या उचित होगा ? पर अन्ततः इसी नतीजे पर पहुँची कि उचित ही नहीं, अनिवार्य भी है यह। फिर एक बार जब छप ही गया तो संकोच भी कैसा ? अनिवार्यता थी तो केवल इस बात को लेकर कि तद्भव की प्रसार संख्या तो सीमित है और राजेन्द्र का आत्मकथ्य पुस्तक-रूप में (मुड़-मुड़के देखता हूँ) *छपकर अनेक पाठकों तक पहुँच चुका है। इस स्थिति में मुझे भी ज़रूरी लगा कि चाहे पूरक प्रसंग की तरह ही सही, पुस्तक-रूप में छपकर यह भी अनेक पाठकों तक पहुँचे और वे सब भी राजेन्द्र और मीता के सम्बन्धों के बीच मेरी सही स्थिति को जान-समझ सकें। सच पूछा जाए तो अपनी ज़िन्दगी के इन महत्त्वपूर्ण और अभिन्न प्रसंगों को समेटना तो मुझे अपनी कहानी में ही चाहिए था पर क्यों नहीं कर पाई, इसका उल्लेख भी मैंने इसी में कर दिया है !]*

प्रत्येक व्यक्ति की ज़िन्दगी में अपने अन्तरंग सम्बन्धों के कुछ निजी पन्ने होते हैं—इतने निजी कि उनकी यह निजता ही उन्हें जग-ज़ाहिर करने में बाधक बन जाती है। सम्बन्ध यदि सहज, सरल, इकहरे और आत्मीय हों तो बाधा या तो संकोच की रहती है या सम्बन्धों की गरिमा की...लेकिन सम्बन्ध जब अनेक परतीय ही नहीं, छल और झूठ के गड्ढों से भी भरे हुए हों तो उन्हें उजागर करने में बात औचित्य के सीमा-उल्लंघन की भी जुड़ जाती है। अपनी कहानी लिखते समय

उचित-अनुचित का यही द्वन्द्व मुझे उन प्रसंगों को समेटने से रोकता रहा...हाँ, कहीं-कहीं मैंने उन्हें समेटा ज़रूर है पर बहुत ही सांकेतिक ढंग से; यह तो राजेन्द्र के आत्मकथ्य *मुड़ मुड़के देखता हूँ* के आने पर मैं इस द्वन्द्व से मुक्त हुई। इसमें कोई सन्देह नहीं कि राजेन्द्र ने बड़ी ईमानदारी और साफ़गोई से अपनी ज़िन्दगी के सबसे निजी और सबसे महत्त्वपूर्ण उस प्रसंग को भी उकेरा है, जिसका सीधा सम्बन्ध मुझसे भी रहा है। ज़िन्दगी शुरू करने के साथ ही समानान्तर ज़िन्दगी की जो अवधारणा इन्होंने मुझ पर थोपी थी, और मुझे लग तो तभी गया था कि इसके मूल-स्रोत तो कहीं और ही हैं (जिसका उल्लेख मैंने अपनी कहानी में किया भी है), इस प्रसंग के द्वारा उन्होंने इसे केवल स्वीकार ही नहीं किया बल्कि अपने उस अन्तर्द्वन्द्व और परेशानी को भी रेखांकित किया है, जिसके चलते ये कभी इकहरी ज़िन्दगी जी ही नहीं सके।

आश्चर्य तो मुझे इस बात पर है कि आत्मविश्लेषण करते समय राजेन्द्र ने बड़ी ईमानदारी और निर्ममता से अपनी कमज़ोरियों, ख़ूबियों-ख़ामियों और अपने आग्रह-दुराग्रहों का ब्योरा तो प्रस्तुत किया पर बड़ी होशियारी से उन प्रसंगों को अनदेखा ही छोड़ दिया, जिन्होंने राजेन्द्र को दोहरी ज़िन्दगी जीने को मजबूर किया। शुरू से इनका प्रेम मीता से रहा तो फिर मैं बीच में कहाँ से आ गई और क्यों आ गई ? और तब मुझे लगा कि अपनी स्थिति स्पष्ट करने के लिए मुझे उन सारे प्रसंगों को उजागर करना ही चाहिए। हालाँकि उन बेहद अपमानजनक स्थितियों का ब्योरा प्रस्तुत करना, सबके बीच अपने को नंगा करके खड़ा करने जैसा ही था और कम कठिन काम भी नहीं था यह मेरे लिए, लेकिन जब राजेन्द्र ने बिना यह सोचे कि मुझ पर क्या गुज़रेगी, इसे कर ही दिया तो फिर मैं भी किस दुविधा से ग्रस्त रहती...किस संकोच में बँधी रहती ? अब कम से कम ज़बरदस्ती दो के बीच में दरार डालकर इन दोनों को अलग करने के अपयश से तो अपने को बचाऊँ ! इन दो प्रेमियों के अलगाव के मूल में मेरी किसी तरह की कोई भूमिका नहीं है...न ही किसी तरह की मेरी कोई ज़िम्मेदारी है...ज़िम्मेदार अगर कुछ है तो राजेन्द्र का झूठ में लिपटा, निहायत अनैतिक (कम से कम मेरी दृष्टि में) व्यवहार ! साथ ही कहीं-कहीं राजेन्द्र के अन्तर्द्वन्द्व को सुलझाने और इनकी कुछ स्थापनाओं, मान्यताओं के असली रूप को उजागर करने की कोशिश भी करूँगी !

उचित-अनुचित के द्वन्द्व से मुक्त होकर यह सब लिखने के लिए मैंने अपने को तैयार तो कर लिया पर कुछ प्रसंगों के विस्तृत ब्यौरे तो अभी भी नहीं लिख पाऊँगी। कारण—पता नहीं, साहस की कमी या शालीनता का प्रतिबन्ध (यह सब लिखने के बाद वह अभी भी बच रह जाएगी क्या ?)।

ख़ैर, राजेन्द्र के छोड़े हुए अन्तरालों को भरने के लिए मुझे घटनाओं और ब्योरों की सपाट-बयानी का ही सहारा लेना पड़ा है इसलिए इसमें आपको वह गहराई तो कहीं नहीं मिलेगी, जिसने राजेन्द्र के इस आत्मकथ्य को मात्र एक आत्म-स्वीकृति ही नहीं बल्कि एक साहित्यिक कृति भी बना दिया है। मुझे तो इस सन्दर्भ में केवल अपना पक्ष रखना है। अब क्योंकि मैं उन सारी स्थितियों से पूरी तरह उबर गई हूँ इसलिए कभी जिन प्रसंगों की चर्चा मात्र मुझे गहरे अवसाद से भर देती थी...उन पर लिखते हुए आज तो कहीं-कहीं मसख़री का पुट भी आ गया है। हो सकता है कि किसी को इसमें प्रतिशोध की गन्ध आए तो किसी को Self-justification की। यह अधिकार तो पाठकों का है ही...मुझे अगर कुछ कहना है तो केवल इतना कि मैंने जो कुछ भी लिखा उसकी एक-एक बात, एक-एक ब्योरा, यहाँ तक कि एक-एक पंक्ति तक बिलकुल सही है।

सबसे पहले तो वह प्रसंग जिसने समानान्तर ज़िन्दगी का यह सिलसिला शुरू किया। इसमें कोई सन्देह नहीं कि राजेन्द्र और मैंने अपनी मित्रता के निकटता में बदलते ही अपने-अपने प्रेम-प्रसंग का ज़िक्र किया था, इस आश्वासन के साथ कि वह पूरी तरह समाप्त हो चुका है और हम ख़ाली स्लेट लेकर ही एक दूसरे के निकट आए हैं। परिवार में, मित्रों में अनुमान तो सबको था ही फिर भी प्रतीक्षा थी उस बिन्दु की, उस निर्णय की जहाँ पहुँचकर वे भी आश्वस्त हो लें और वह बिन्दु आया उस दिन, जब राजेन्द्र ने सुशीला के सामने मेरा हाथ पकड़कर कहा—"सुशीलाजी, रस्म-रिवाज़ में तो मेरा बहुत ज़्यादा विश्वास नहीं पर वी आर मैरिड ! लेकिन साथ रहना शुरू करने से पहले मुझे अपना आर्थिक आधार तैयार करने को अब दिल्ली तो जाना होगा !" दिल्ली जाने की बात उन्होंने मुझे पहले भी बता रखी थी और वे दिल्ली चले गए। (इसका हवाला तो मैंने अपनी कहानी में दे रखा है।) कोई तीन-चार महीने बाद ठाकौर साहब ने आगरा जाकर यह सूचना केवल राजेन्द्र के परिवारवालों को ही नहीं बल्कि सारे आगरावालों को सुना दी। जो मीता कलकत्ता

में राजेन्द्र के विवाह के प्रस्ताव को केवल ठुकरा ही नहीं चुकी थी बल्कि आगरा लौटकर पत्र में भी साफ़ लिख दिया था कि तुम्हारी परिणीता बनकर रहना मेरा स्वप्न नहीं है और इससे आहत होकर माँगने पर राजेन्द्र के सारे पत्र लौटाकर अपनी अस्वीकृति पर मोहर भी लगा चुकी थी (यह प्रसंग राजेन्द्र के आत्मकथ्य में वर्णित है), यह खबर सुनकर अपने निर्णय से केवल डगमगायी ही नहीं बल्कि दिल्ली जाकर राजेन्द्र से मिलने का सिलसिला शुरू कर दिया। परिणाम यह हुआ कि पुराना अध्याय फिर से खुला (जिसके लिए राजेन्द्र भी उतने ही ज़िम्मेदार हैं...हो सकता है कि कुछ ज़्यादा ही हों !) और इतनी शिद्दत के साथ खुला कि सितम्बर के महीने में राजेन्द्र ने उसका हाथ पकड़कर भी कह दिया–''वी आर मैरिड !'' (इस सारे प्रसंग पर अपने को मीता की जगह रखकर मैंने 'एक बार और' और 'स्त्री सुबोधिनी' नाम से दो कहानियाँ भी लिखी थीं।)

इस सारी स्थिति से बिलकुल अनजान अक्टूबर के महीने में मैं और सुशीला दिल्ली आए ! सुशीला पिताजी से मेरे और राजेन्द्र के बारे में बात करने के लिए अजमेर जानेवाली थी और मैं बड़ी बहिन के पास इन्दौर। सारी बात को अन्तिम रूप देने के लिए सुशीला ने राजेन्द्र से कहा–''राजेन्द्रजी, अब शादी की तारीख़ ही तय कर डालते हैं, जिससे मैं पिताजी से बात करने की बजाय उन्हें सीधे शादी की सूचना ही दे दूँगी। तारीख़ की बात राजेन्द्र ने टालटूल दी और सुशीला उसी रात अजमेर के लिए रवाना हो गई। दूसरे दिन मैं राजेन्द्र से मिलने गई तो वे मुझे बहुत उखड़े-बिखरे और परेशान-से लगे। मूर्खता मेरी कि मैं उनकी इस मानसिक स्थिति को उनके काम न मिलने के साथ जोड़ती रही और उन्हें बराबर समझाती रही कि आर्थिक स्थिति को लेकर वे क्यों परेशान होते हैं ? कलकत्ता में आख़िर वे रह ही रहे थे...मेरे पास भी एक नौकरी है ही, हमारी गृहस्थी तो इसी से चल जाएगी। मैं और भी जाने क्या-क्या बोलती-बतियाती रही...अपने लिखे उपन्यास के बारे में चर्चा करती रही और राजेन्द्र सब सुनते रहे, पर उनकी अपनी ज़िन्दगी में क्या कुछ घट गया है इसके बारे में वे कुछ नहीं बता पाए और तब यह ज़िम्मेदारी उन्होंने राकेशजी को सौंपी। रात को मुझे फ़ोन पर बताया कि कल सवेरे का नाश्ता राकेश के यहाँ करना है सो तैयार रहना, मैं लेने आऊँगा।

दूसरे दिन मुझे राकेशजी के यहाँ छोड़कर चिट्ठी डालने के बहाने राजेन्द्र बाहर

चले गए। घंटे-डेढ़ घंटे तक राकेशजी जाने क्या-क्या कहते समझाते रहे पर उनकी हर बात का तोड़ एक ही जगह पर होता–"मन्नू, तुमको लेखक से शादी करने की बात ही दिमाग़ से निकाल देनी चाहिए। हम लोगों का क्या है, आज घर हैं तो कल फ़ुटपाथ पर बैठकर रुमाल भी बेचने पड़ सकते हैं (सारी बातचीत में से मुझे केवल यह वाक्य जस का तस याद है) आज खाना है तो कल लंघन भी करना पड़ सकता है। निहायत अनिश्चित, अस्थिर ज़िन्दगी के साथ बँधकर तुम कभी सुखी नहीं रह सकोगी।" पर मुझे तो इस तरह की सारी बातें अपने लिए चुनौती लगतीं जो मेरे संकल्प पर एक परत और चढ़ा देतीं। राकेशजी से भी मैंने यही कहा था कि रोमेंटिक दुनिया में रहनेवाली सोलह साल की उम्र मैं बहुत पीछे छोड़ चुकी हूँ। ठेठ यथार्थ की भूमि पर खड़े होकर ही मैंने यह निर्णय लिया है क्योंकि अब मुझे ज़िन्दगी से जो चाहिए, वह एक लेखक के साथ ही मिल सकता है। और भी जाने क्या कुछ तो कहा था, वो सब तो अब याद भी नहीं लेकिन इस प्रायोजित मुलाक़ात का असली मकसद साफ़-साफ़ शब्दों में न राकेशजी बता पाए, न ही मैं अन्दाज़ लगा पाई !

रात को स्टेशन पर गाड़ी चलने से पहले राजेन्द्र ने झिझकते हुए इतना ज़रूर कहा था–"मैं सोच रहा हूँ कि पहले मीता सेटिल हो जाती तब मैं..." और बिना वाक्य पूरा किए ही वे चुप हो गए।

राजेन्द्र का चेहरा टटोलते हुए अपार आश्चर्य से मैंने पूछा–"अरे, अब यह प्रसंग कहाँ से उठ आया ?" तो उन्होंने इतना ही कहा–"नहीं, पर आख़िर इतने वर्षों की मित्रता थी हमारी सो लगता तो है ही कि..." और बात फिर वहीं छोड़ दी ! पर इस 'लगता तो है ही' की डोर पकड़कर राजेन्द्र मीता के साथ सम्बन्धों के किस छोर तक जा पहुँचे हैं, यह तो वे बता ही नहीं पाए। क्यों ? हिम्मत की कमी...अपने ही दिए वचन को तोड़कर मुझसे आँख मिलाने की शर्म...मुझ पर होनेवाली त्रासद प्रतिक्रिया को झेल पाने की असमर्थता या कि जैसा अर्चना ने लिखा, 'कटु बात न कर पाने की करुणामय दुर्बलता'–नहीं जानती। पर कैसी थी यह करुणा जो सारी ज़िन्दगी एक ख़ास तरह की क्रूरता में प्रतिफलित होने के लिए अभिशप्त थी !

अजीब थी वह यात्रा भी। गाड़ी आगे को दौड़ रही थी और मन पीछे दौड़कर

ढाई वर्ष की उस मित्रता के पन्नों को पलट रहा था, जिसने 'वी आर मैरिड' की परिणति तक पहुँचाया था। मेरा विश्वासी मन मानने को तैयार ही नहीं था कि दिए हुए इस वचन के इधर-उधर अब कुछ और भी हो सकता है। ऐसी बातों पर तो कई बार चर्चा होती थी और राजेन्द्र भी अच्छी तरह जानते थे कि मैंने उनके लेखकीय व्यक्तित्व से घर-परिवार की ज़िम्मेदारी उठाने की अपेक्षा कभी नहीं की...ऐश-आराम, धन-दौलत की भी नहीं की थी...चाहा था तो एक अटूट विश्वास, एक निर्द्वन्द्व आत्मीयता और गहरी संवेदनशीलता जिसके चलते हम ख़ूब लिख सकें...एक से एक अच्छी रचना का सृजन कर सकें। पर चलते समय के राजेन्द्र के अन्तिम वाक्य ने...दो दिन की उनकी उखड़ी-बिखरी मानसिकता ने—जो अब कुछ नए अर्थ ध्वनित करने लगी थी—मेरे मन में शंकाओं का अम्बार-सा लगा दिया।

इन्दौर पहुँचते ही मैंने राजेन्द्र और राकेशजी दोनों को पत्र लिखे—अपना संशय और अपनी मानसिक स्थिति को उजागर करते हुए। राकेशजी का उत्तर तो तुरन्त मिला। उन्होंने क्या लिखा था सो तो बिलकुल याद नहीं पर उसका अहसास अभी भी कहीं मन में बाक़ी है—स्नेहिल, सहलाता हुआ। पर मैं ऐसे पत्र की उम्मीद तो राजेन्द्र से कर रही थी...कुछ तो ऐसा लिख दें, जिससे मेरे मन के सारे सन्देह संशय एक झटके से दूर हो जाएँ...वरना इन्दौर में दिन गुज़ारना तो क्या, साँस लेना तक जैसे मुझे भारी पड़ रहा था। तीन-चार दिन बाद राजेन्द्र का पत्र मिला, पर उसमें ऐसा कुछ भी नहीं था...क्या था सो भी याद नहीं सिवाय इस सूचना के कि वे इलाहाबाद होते हुए कलकत्ता जा रहे हैं। कोई बारह-पन्द्रह दिनों बाद सुशीला का पत्र मिला कि मैं तुरन्त कलकत्ता पहुँचूँ...शादी की तारीख़ तय करनी है। इसी आशय का एक पत्र ठाकौर साहब का भी मिला तो मन के सारे संशय झर गए...अपने ऊपर ग्लानि भी हुई...क्यों बेकार की बातें सोचकर परेशान होती रही...अविश्वास के घेरे में लेकर किसी के बारे में भला-बुरा सोचती रही !

मैं कलकत्ता लौटी तब भी मुझे इस सच्चाई से अवगत नहीं कराया गया कि शादी का यह निर्णय अन्ततः ठाकौर साहब ने लिया है। बेहद-बेहद द्वन्द्वग्रस्त स्थिति में राजेन्द्र कलकत्ता आए और यह ज़िम्मा ठाकौर साहब को सौंपा गया...इस बार मन्नू को बुलाकर बदली हुई स्थिति की जानकारी देकर उसे समझाने-सँभालने का

नहीं बल्कि शादी किससे की जाए इस बात का निर्णय लेने का। वैसे तो ठाकौर साहब ने अपनी ओर से बहुत-बहुत तटस्थ होकर...सारा आगा-पीछा सोचकर ही निर्णय लिया था, फिर भी उसके मूल में राजेन्द्र के भविष्य की चिन्ता के साथ-साथ मेरे प्रति उनका अगाध स्नेह भी रहा ही होगा। बहरहाल 22 नवम्बर को शादी हो गई (जिसका पूरा ब्योरा मैंने अपनी कहानी में दे रखा है)। पर मैंने देखा कि राजेन्द्र की मानसिक स्थिति अभी भी सामान्य नहीं है और मैं सोच ही नहीं रही थी बल्कि पूरी तरह आश्वस्त थी कि एक बार गृहस्थी की गाड़ी चल पड़ेगी और निश्चिन्तता के साथ लिखना-पढ़ना शुरू हो जाएगा तभी इनके सिर से आर्थिक आधार का यह भूत भागेगा और ये सामान्य होंगे...पहले की तरह उत्साह से भरपूर ! मुझे क्या पता था कि इस मानसिक स्थिति के मूल में...

हम लोग आगरा पहुँचे तो दरवाज़े पर आरती उतारकर बहनों ने द्वार-रुकाई की रस्म करके अच्छी तरह बता दिया कि यहाँ इस शादी को लेकर पूरा उत्साह है। शाम को बीच आँगन में बाई (सास), बहनों और कुछ औरतों के बीच, पटरे पर बैठी, कुछ रस्में करवाती हुई मैं और जिस स्थिति की मैं दूर-दूर तक कभी स्वप्न में भी कल्पना नहीं कर सकती थी, उस स्थिति से गुज़रते हुए राजेन्द्र ! मीता की मित्र का कमरा...लगातार रोती हुई मीता...झूठ, छल, प्रपंच के आरोपों की बौछार करती, धिक्कार-भरी शब्दावली में फटकारती मीता की मित्र...मन में न जाने कितने तूफ़ानों की हलचल झेलते हुए भी निश्चल, निस्पन्द बैठे राजेन्द्र ! आख़िर कुछ देर बाद राजेन्द्र ने ही हिम्मत करके मीता के आँसू पोंछे और उसके हाथ में उम्मीद और आश्वासन का एक और पुर्जा थमाया...''शादी मैंने ज़रूर मन्नू से कर ली है, पर हमारा-तुम्हारा सम्बन्ध तो जैसा है, वैसा ही रहेगा। शादी में वैसे भी मेरा कोई विश्वास नहीं...सो यह बन्धन मेरे-तुम्हारे बीच कभी बाधा नहीं बन सकेगा।'' नहीं जानती दोनों सम्बन्धों को साथ चलाने की कौन-सी अवधारणा इनके मन में थी या कि एक सम्बन्ध को जोड़ते ही तोड़ने की कोई योजना थी या कि उसके आहत मन को सहलाने के लिए ऐसी ही कोई आश्वस्तिदायक बात कहना उस समय इन्हें बहुत ज़रूरी लगा हो।

रात को राजेन्द्र जब मेरे पास आए तो उनकी रगों में लहू नहीं, अपने किए का अपराध-बोध, मीता के आँसू और उसकी मित्र की धिक्कार-भरी फटकारें बह

रही थीं...बिलकुल ठंडे और निरुत्साहित। और फिर यह ठंडापन हमारे सम्बन्धों के बीच जैसे स्थायी भाव बनकर जम गया !

आज सारी बातों से उबरने के बाद, इस दृश्य की कल्पना करके मुझे कभी-कभी हँसी भी आ जाती है। आँगन में पटरे पर बैठी शादी की रस्में करवाती मैं और मीता के आँसू और उसकी मित्र की फटकारें झेलते सिर झुकाए बैठे राजेन्द्र। पर यह सब जब पहली बार जाना था...ओफ़, वह रात ! कलकत्ता में साथ ज़िन्दगी शुरू करते ही लेखन की अनिवार्यता और आधुनिकता के नाम पर समानान्तर ज़िन्दगी का नुस्ख़ा ही नहीं पकड़ाया था राजेन्द्र ने बल्कि अपनी अल्मारी, बक्सों और दराज़ों के तालों की ऐसी चौकसी आरम्भ कर दी थी कि मेरा तो दम ही घुटने लगा था। नहीं, यह तो शादी के पहले वाले राजेन्द्र हैं ही नहीं। पहले कमरे पर जाने पर ऊष्मा में भरकर जो कभी-कभी बाँहों तक में समेट लेते थे...कमरे में जिनकी अल्मारी और दराज़ें ही खुली नहीं रहती थीं बल्कि बातों में जो अपना मन भी खोलते रहते थे (अपने स्वभाव के खुलेपन के कारण तब मैं ऐसा ही समझती थी, वरना राजेन्द्र तो मन की गुत्थियों पर भी सत्तर ताले डालकर ही बैठते हैं)। नहीं, ये केवल लेखन का मामला नहीं है, कोई रहस्य है जो मुझसे छिपाया जा रहा है और औरत के मन में एक बार यदि सन्देह के अंकुर उग आएँ तो फिर कोई भी रहस्य बहुत दिनों तक रहस्य नहीं बना रह सकता।

राजेन्द्र तीन-चार दिनों के लिए बाहर जा रहे थे और जाने से कोई घंटा-भर पहले कैसे तो इनके एक 'ख़ास' बक्से की चाबी मेरे हाथ लग गई। मैंने चुपचाप पलंग के नीचे रखे बक्से का ताला खोला...चाबी को उसी जगह सरकाकर इन्हें विदा किया। पत्रों और डायरियों से भरा वह बक्सा मेरे सामने खुला पड़ा था...सारी घटनाओं, स्थितियों, संवादों और मानसिक दशाओं के विस्तृत ब्योरों से भरी वह डायरी मेरे हाथ में थी। बहते आँसुओं के बीच मैं उसे पढ़ती जा रही थी और लग रहा था जैसे मेरे पाँव के नीचे की ज़मीन ही सरकती जा रही है। समानान्तर ज़िन्दगी के नुस्ख़े ने छत तो पहले ही अलग कर दी थी, अब ज़मीन भी खींच ली। इतना बड़ा धोखा...ऐसा छल...अब इस सम्बन्धहीन सम्बन्ध को लेकर कहाँ खड़ी रहूँगी...कैसे खड़ी रहूँगी...और खड़ी भी क्यों रहूँ ? नहीं, जो काम राकेशजी नहीं कर पाए...ठाकौर साहब नहीं कर पाए, उसे अब मुझे ही करना है।

राजेन्द्र को अपने से मुक्त कर देना है या फिर अपने को राजेन्द्र से मुक्त कर लेना है। कैसे बीते थे वो तीन-चार दिन ? आज मैं उन सारी स्थितियों से इस हद तक उबर चुकी हूँ कि अपनी उस मानसिकता का ब्योरा भी प्रस्तुत कर सकूँ, यह मेरे लिए सम्भव नहीं। यह भी याद नहीं कि राजेन्द्र के लौटने पर मैंने दुख और भर्त्सना की प्रतिमूर्ति बनकर किन और कैसे शब्दों में अपने आवेग की बौछार की थी। क्या कहकर मैंने वापस सुशीला के यहाँ लौट जाने का अपना निर्णय सुनाया था... याद है तो केवल इतना कि मेरी सारी बातें सुनकर राजेन्द्र औंधे लेटकर फूट पड़े थे...''मन्नू, यह मेरे जीवन का सबसे बड़ा ब्लैक स्पॉट है...तुम्हीं मुझे इससे उबार सकती हो...देखो, तुम मुझे छोड़कर मत जाना...तुम मुझे छोड़कर नहीं जाओगी।...'' कातरता में लिपटे, अन्तरात्मा से निकले इस आग्रह ने—जिसमें न झूठ की गन्ध थी, न छल का आभास...कैसे मेरे सारे संकल्प को बहा दिया।

सोचने पर आज तो यह भी लगता है कि कौन जाने तीन दिन तक ऊपर से भले ही मैं अपने संकल्प पर दृढ़ता की परतें चढ़ाती रही पर भीतर ही भीतर मैं भी तो ऐसे ही किसी बिन्दु की, छोर की, संकेत की प्रतीक्षा में ही थी—जिसे थामकर अपने संकल्प से डिग सकूँ। लेकिन बहुत बाद में मैंने मीता के एक पत्र में भी पढ़ा था—''जब-जब मैंने इस सम्बन्ध से मुक्त होने की कोशिश की तब-तब तुम इतने कातर, दयनीय और असहाय हो गए कि...(शब्द जस के तस याद नहीं पर भाव बिलकुल यही था) और अर्चना ने तो *तद्भव* में प्रकाशित राजेन्द्र पर केन्द्रित अपने लेख में इस बात की पुष्टि भी की है। मैंने अपने अलग होने का निर्णय सुनाकर राजेन्द्र से दो महीने के भीतर-भीतर फ़्लैट ढूँढ़कर शिफ़्ट होने के लिए कह दिया था। इस निर्णय के कोई तीन-चार दिन बाद ही एक प्रकाशक मित्र ने राजेन्द्र के जन्मदिन का जो उत्सव आयोजित किया था, उसी प्रसंग में अर्चना ने लिखा—मेहमान जा चुके थे। लम्बी चुप्पी के बाद *हंस* के परिवारियों, साथियों से राजेन्द्र ने कहा—'बिलकुल अकेला हो गया हूँ...कम से कम तुम लोग मुझे मत छोड़ना।' पहली और अकेली बार इनकी इतनी करुणामयी, कातर आवाज़ मैंने सुनी...और राजेन्द्रजी की करतूत से असहमत होने के बावजूद उनकी असहायता के क्षण में सबके सब कुछ अधिक ही उदार और संरक्षणशील हो उठे थे और मैं ख़ुद भी उनमें शामिल थी।''

क्या है राजेन्द्र के व्यक्तित्व का यह रहस्य, जिससे लोग उनकी ख़ुराफ़ातों से असहमत होते हैं....थोड़ा क्षुब्ध भी। पर सारी असहमति और विरोध के बावजूद न तो उनके प्रति कठोर हो पाते हैं, न कटु...उन्हें अपने से काटने का तो प्रश्न ही नहीं उठता। दूसरों की क्या कहूँ, पूरे पैंतीस साल तक मैं ख़ुद उन्हें कहाँ काट पाई ? रहस्य की इस पड़ताल ने ही मुझे राजेन्द्र के व्यक्तित्व के एक बिलकुल दूसरे पक्ष और दूसरे छोर पर ला खड़ा किया। *मुड़-मुड़के देखता हूँ* के आत्मकेन्द्रित आलेखों की जिस बात ने सबसे अधिक मेरा ध्यान खींचा, वह है—घुमा-फिराकर तरह-तरह से अपने बहुरूपिये होने की आत्म-स्वीकृति। यों तो हर व्यक्ति के भीतरी और बाहरी दो रूप होते हैं, फिर वह चाहे लेखक हो या सामान्य व्यक्ति। हाँ, यह ज़रूर होता है कि किसी के व्यक्तित्व के इन दो रूपों में बहुत-बहुत फ़ासला होता है, इतना कि यदि दोनों को सामने रख दिया जाए तो आप पहचान भी न सकें कि ये एक ही व्यक्ति के दो रूप हैं और किसी के यहाँ बिलकुल नामालूम-सा फ़र्क़ होता है। मैं नहीं जानती कि कितने लोग अपने इन दो रूपों के प्रति सचेत भी होते हैं और होते भी हैं तो किस सीमा तक होते हैं लेकिन राजेन्द्र को तो जैसे इसका ऑब्सेशन जैसा है। कारण भी साफ़ है क्योंकि इनके दोनों रूपों में इतना अन्तर है (और जिसके प्रति राजेन्द्र पूरी तरह सचेत भी हैं) कि इनके बाहरी रूप को जाननेवाले (*हंस* के बाद जिनकी संख्या बढ़ती ही गई है) कभी विश्वास ही नहीं करेंगे कि इनके बहुत-बहुत भीतरी व्यक्तित्व का एक ऐसा भी हिस्सा है जो बहुत निर्मम, कठोर और अमानवीयता की सीमाओं को छूने की हद तक क्रूर भी रहा है और इसकी मार झेली है उन गिने-चुने लोगों ने जो बहुत अन्तरंग होकर उनके प्यार की सीमा में होने का भ्रम पालते रहे। वास्तव में राजेन्द्र के प्यार और अन्तरंगता की सीमा में कोई हो भी नहीं सकता, सिवाय ख़ुद राजेन्द्र के, क्योंकि किसी को भी प्यार की सीमा में लेते ही अधिकार की बात आ जाती है, जो राजेन्द्र किसी को दे नहीं सकते...समर्पण की बात आ जाती है, जो राजेन्द्र कर नहीं सकते। हकीक़त तो यह है कि आत्म-केन्द्रित और आत्म-तोष के खोजी राजेन्द्र ने ज़िन्दगी में न अपने सिवाय किसी को प्यार किया, न कर सकते हैं वरना राजेन्द्र जैसा विवेकवान और संवेदनशील(?) व्यक्ति क्या इस बात को भी नहीं जानेगा कि प्यार का विस्तार ही तो अधिकार है...प्यार की परिपूर्णता ही तो है समर्पण ! इनसे परहेज़

करके क्या प्यार किया जा सकता है ?

राजेन्द्र की इस वृत्ति का मूल ढूँढ़ा जा सकता है इनकी अपंगता के आरम्भिक दिनों में। अपनी नाज़ुक किशोरावस्था में स्वस्थ और सुन्दर होने के बावजूद बैसाखियाँ सँभालते ही कैसे इनके मन में यह विश्वास खंडित हो गया होगा कि लड़कियाँ कभी इनकी ओर आकृष्ट भी होंगी...लड़कियों की ज़िन्दगी में इनके लिए कहीं कोई जगह भी होगी...कि कभी ये लड़कियों के प्रेम-पात्र भी बनेंगे। और तब कैसे इन्होंने संकल्प किया होगा कि (संकल्प और दृढ़ इच्छा-शक्ति की तो राजेन्द्र प्रतिमूर्ति हैं) अपनी इस कमी की पूर्ति वे दूसरी दिशा से करेंगे। आत्म-विश्वास तो टूटा पर अपनी अपंगता के इस बोझ से अपनी प्रतिभा को टूटने-बिखरने नहीं देंगे...उसका भरपूर विकास करके अपना एक विशिष्ट स्थान बनाएँगे...सबको बता देंगे कि वे क्या हैं ? उनके इस 'क्या' (लेखक) के प्रभामंडल से आकृष्ट होकर जैसे-जैसे लड़कियों का उनके निकट आने का...आगे-पीछे घूमने का सिलसिला शुरू हुआ, उनका टूटा आत्मविश्वास बढ़ने लगा...उनका यह 'क्या' और निखरने लगा (इसीलिए लड़कियों से सम्बन्ध इनके लेखन की अनिवार्यता हैं), लेकिन लड़कियों के निश्छल, निःस्वार्थ समर्पण ने इनके भीतर प्यार की ऊष्मा नहीं जगाई...जगाया तो विजय का दर्प ! राजेन्द्र ने ख़ुद सुन्दर, सटीक और बेबाक ढंग से अपनी इस वृत्ति का विश्लेषण किया है कि उसे उद्धृत करने से मैं अपने को रोक नहीं पा रही...''कि यह अधूरे होने की हीनता-ग्रन्थि से उत्पन्न दमित सैक्स की विकृत अभिव्यक्ति है जो बार-बार दूसरे से अपनी पूर्णता का आश्वासन चाहती है ? या यह मेरी निजी कुंठा है या प्राक्ऐतिहासिक आदिम पुरुष वृत्ति, जहाँ वह अपने कक्षों में, शत्रुओं और शिकारों के सिर सजाकर विजय के गर्व को बार-बार जीवित रखता है या वह सामन्त जिसे अपने हरम में अनगिनत भोग सामग्री चाहिए या...'' राजेन्द्र ने ज़रूर अपने इस विश्लेषण के पीछे या...या...या के कुछ विकल्प लगाकर इसकी निश्चिन्तता को अनुमान के भरोसे छोड़ दिया है, पर मैं निश्चित रूप से कह सकती हूँ कि इस गर्व ने ही समय-समय पर उपजी अनेक कुंठाओं से उबारकर इनके व्यक्तित्व को यह चमक और निखार दिया है (*हंस* की सफलता ने जिस पर कई परतें और जमा दीं)। फिर महिला-विजय की यह वृत्ति इनके व्यक्तित्व की अनिवार्यता बन गई।

विवाह के बाद कलकत्ता में बिताए चार साल ! राजेन्द्र को आर्थिक ज़िम्मेदारी से मुक्त रखने की बात तो एक चुनौती की तरह मैंने पहले ही स्वीकार कर रखी थी, अब उस 'ब्लैक स्पॉट' से उबारने के कातर आग्रह ने दूसरी ज़िम्मेदारियों को ढोने के लिए भी मजबूर कर दिया। मुझे लगा कि इन्हें सारी ज़िम्मेदारियों से मुक्त करके, इनकी ज़िन्दगी की छोटी-मोटी ज़रूरतों की पूर्ति के साधन जुटाकर मैं इनके लिए एक ऐसा अनुकूल और निश्चिन्तता भरा वातावरण बना दूँगी, जिसमें बैठकर ये निर्विघ्न भाव से लिख सकेंगे, क्योंकि इतना तो मैं अच्छी तरह जानती थी कि ऐसे भावनात्मक उद्वेलन से अगर कोई उबार सकता है तो केवल लेखन...लिखने से मिलनेवाला सन्तोष ! और इसीलिए जब *एक इंच मुस्कान* लिखने का प्रस्ताव आया तो मैंने अपने पूरे लिखे हुए उपन्यास की थीम तक दे दी। लेकिन इसे अपना भाग्य (अब तो मैं पूरी तरह भाग्यवादी बन गई हूँ) कहूँ या स्थितियों की विडम्बना कि मेरे इस प्रयास ने राजेन्द्र के व्यक्तित्व में न जाने कितनी कुंठाएँ...हीनता-बोध की कैसी-कैसी ग्रन्थियाँ पैदा कर दीं। मैं नहीं जानती थी कि हमेशा लीक छोड़कर चलने की गुहार लगानेवाले, सामन्ती संस्कारों की धज्जियाँ बिखेरनेवाले राजेन्द्र का पूरा व्यक्तित्व इन्हीं संस्कारों में इस क़दर लिपटा पड़ा है, जिसने इन्हें इस परम्परागत धारणा से कभी मुक्त ही नहीं होने दिया कि परिवार में वर्चस्व और प्रभुत्व केवल उसी का हो सकता है जो परिवार का भरण-पोषण करे...उसकी ज़िम्मेदारियाँ निभाए (आज भी शायद ही कोई पुरुष इस धारणा से मुक्त होगा)। अहंकार की परतों में लिपटे राजेन्द्र के अहं को यह प्रभुत्वहीन और वर्चस्वहीन (केवल अपनी नज़रों में) जीवन स्वीकार्य ही नहीं था। हालाँकि मेरे परिवारवालों ने स्नेहभरा सम्मान देकर कभी भी, कहीं भी इनके वर्चस्व और प्रभुत्व के आगे प्रश्नचिह्न नहीं लगाया। हमारी आर्थिक व्यवस्था क्या है, कैसे हमारा घर चलता है, इसे कोई नहीं जानता था, पर मन में निरन्तर पनपनेवाली उस हीनता-ग्रन्थि का कोई क्या करता जिसके चलते छोटी-से-छोटी बात भी इन्हें अपने वर्चस्व पर प्रहार ही लगती। परिणाम यह हुआ कि ये मीता के और क़रीब होते चले गए...इनका मन हमेशा मीता के साथ के लिए ललकता रहता। ब्लैक स्पॉट से उबारने का कातर आग्रह तो वह झुनझुना था जिसे उस समय शान्त करने के लिए इन्होंने मेरे हाथ में थमा दिया था और मैं उसे सच समझकर उसी दिशा में प्रयत्नशील थी।

इधर राजेन्द्र का ये हाल था कि कभी घर-खर्च के लिए दिए जानेवाले रुपयों में से कुछ काटकर, कभी लेखन और रॉयल्टी से मिली अपनी जमा-पूँजी इकट्ठा करके या कभी-कभी प्रकाशकों से अग्रिम लेकर जब ये मीता को पहाड़ पर ले जाते तो ठहरने की व्यवस्था ये ख़ुद करते...सारा ख़र्च ये ख़ुद उठाते और तब सारी हीनता-ग्रन्थियों से मुक्त होकर अपने को आत्म-विश्वास और अधिकार से भरा एक पूर्ण पुरुष महसूस करते। एक ओर इनका तृप्त अहं...कुंठाओं से मुक्त व्यक्तित्व और दूसरी ओर मीता के प्रति अगाध प्रेम (?) और इन्हें लगता कि बस, जीवन का यही रूप इनका काम्य था...काम्य है जिसे अब और अधिक स्थगित नहीं किया जा सकता और तब आह्लाद में भरकर, उमंग के अतिरेक में ये उससे विवाह की तारीख़ तय कर लेते ! नए जीवन के सपनों से भरी दुनिया लेकर विजयी मुद्रा में वह लौटती कि आख़िर उसने राजेन्द्र को हथिया ही लिया ! लेकिन फिर उसी विश्वासघात की पुनरावृत्ति। लेकिन क्यों...क्यों नहीं ये अपने दिए हुए वचन का निर्वाह कर पाते ?

आज राजेन्द्र खुद इस द्वन्द्व से परेशान हैं कि 'पचास सालों की अन्तरंगता और इतने गहरे लगाव के बावजूद वह क्या है, जिसकी वजह से वे दोनों कभी एक छत के नीचे नहीं आ सके और आज भी दो एकान्त भोग रहे हैं।' सोचती हूँ राजेन्द्र को इस द्वन्द्व से मुक्त करने में मैं उनकी थोड़ी मदद कर दूँ। क्योंकि मामला बहुत ही नाज़ुक है और मेरे कुछ भी कहने-लिखने से अलग ही अर्थ निकाले जा सकते हैं, इसलिए मैं अपनी ओर से कुछ नहीं कहूँगी, जो कुछ भी कहूँगी राजेन्द्र की लिखी बातों का सूत्र पकड़कर ही कहूँगी। अपने इस आत्मकथ्य में ही राजेन्द्र ने अपने या औरों के हवाले से मीता को जिन विशेषणों से नवाज़ा है, वे हैं—'दृढ़ और आत्म-विश्वासी, दबंग और दुस्साहसी...फर्राट लड़की...ख़ूँख़ार शेरनी' और अन्त में निचोड़ निकाला है कि, ''मीता का यह आत्मविश्वास शुरू से ही मेरे मन में उसके लिए श्रद्धा और भय दोनों पैदा करता रहा है।'' यह बात लिखते समय भी बलाघात निश्चय ही श्रद्धा पर ही है क्योंकि ऋण-शोध की प्रक्रिया में भय जैसी किसी भी नकारात्मक बात को स्वीकार करना न उचित था, न ही राजेन्द्र के लिए सम्भव।

आश्चर्य तो मुझे इस बात का है कि जिस मीता की डायरी का एक-एक पृष्ठ और ज़िन्दगी का एक-एक दिन राजेन्द्र को ही निवेदित हो, उसका कितना ऋण

होगा राजेन्द्र पर। उससे उऋण होने के लिए अपने अगाध-प्रेम की–अपराध-बोध की स्वीकृति में ये बराबर कुछ लिखते भी रहे, पर ज़िन्दगी में ऐसा अवसर आने पर इन्होंने पैर क्यों पीछे खींच लिया ?

मेरे अलग हो जाने के बाद मीता के भाई ने जब आग्रह किया कि अब तो आपको मीता के साथ रहना चाहिए तो क्यों नहीं ले आए उसे ? और भाइयों के कहने की भी क्या ज़रूरत थी, इन दोनों के साथ रहने के बीच में मैं ही तो बाधा थी सो मैं तो स्वेच्छा से हट गई थी...अब रहते साथ। लेकिन उसे लाने की बजाय राजेन्द्र ने भाइयों की बात निर्मलाजी से की। निर्मलाजी क्या कहतीं, उन्होंने यही कहा कि ''सोच लीजिए आप...इस उम्र में अकेले रहना आपके लिए मुश्किल हो तो...।'' राजेन्द्र का उत्तर था–''ऐसा नहीं कि इस बात पर मैंने सोचा नहीं...बहुत गम्भीरता से सोचा है और बहुत दिनों तक सोचा है लेकिन हमेशा इसी नतीजे पर पहुँचा हूँ कि साथ रहना निभेगा नहीं। मन्नू की बात तो छोड़िए, मीता को तो मेरा टिंकू तक से बात करना भी बर्दाश्त नहीं होगा।'' पता नहीं, राजेन्द्र की यह बात सच है या कि आत्मकथ्य में लिखी बात कि उसमें पज़ेशन की भावना कभी रही ही नहीं। (निहितार्थ था–जैसी मन्नू में है और जो मुझे हमेशा अपनी स्वतन्त्रता पर आघात लगती थी।) यह सारी बात मुझे निर्मलाजी ने ही बताई थी। सचमुच संकट भारी होगा राजेन्द्र के सामने...टिंकू तो ख़ैर बेटी है, पर फिर राजेन्द्र की उस (बक़ौल ममता कालिया) घाघरा पलटन का क्या होता ?

राजेन्द्र के छलात्कार का नया शिकार बनी (बलात्कार जैसा जघन्य काम तो राजेन्द्र कभी कर ही नहीं सकते) मित्र के मन में अपने भावनात्मक लगाव का (जो कभी था ही नहीं) विश्वास जमाने के लिए जब राजेन्द्र ने उसके सामने अपने मन को उँडेलना शुरू किया तो यह प्रसंग तो आना ही था–पहला प्रेम और सबसे गहरा प्रेम तो मीता से–तो उसने छूटते ही पूछा, ''फिर आपने मन्नूजी से शादी क्यों की ?'' फिर वही ईमानदार स्वीकारोक्ति, ''यह सही है कि प्रेम मेरा उसी से रहा पर घर बसाने के लिए वह ठीक नहीं थी क्योंकि वह बहुत ही दबंग, अक्खड़ और डॉमिनेटिंग है।'' (इन तीनों विशेषणों पर तो पुरुषों का एकाधिकार है...ये ही तो उसके व्यक्तित्व में निखार लाते हैं पर इन्हीं विशेषताओं के चलते स्त्री तो साथ रहने लायक़ ही नहीं रहती। वाह रे स्त्री-विमर्श के पुरोधा !) लगाए गए इन तीनों

विशेषणों में से एक भी मेरा नहीं है क्योंकि आश्चर्यजनक चाहे जितना लगे पर है तो यह सच्चाई ही कि मोहभंग होने के बाद राजेन्द्र की उस मित्र को अपना दुखड़ा रोने के लिए मेरी ही गोद मिली थी। रो-रोकर उसने जहाँ बहुत कुछ बताया था...यह बात भी बताई थी।

मैं तो एक बिलकुल दूसरे सन्दर्भ में लिखी राजेन्द्र की इस बात को भी इसी के साथ जोड़कर देखती हूँ। अपने आदिमानव पुरखे लंगूर की सुरक्षा भावना के प्रति उसकी सतर्कता का हवाला देकर राजेन्द्र कहते हैं–"हर क़दम उठाते हुए मेरे मन में यह भाव बना रहता है कि लौटने का रास्ता कौन-सा है ? यह दूसरे पर अविश्वास नहीं, सुरक्षा की भावना से पैदा हुआ अवचेतन चौकन्नापन है–अपने ठिए पर लौट आने की सुरक्षा कामना।" राजेन्द्र चाहे इसे स्वीकार करें या न करें पर इस सच्चाई को वे भी जानते थे कि सुरक्षित ठिया उन्हें यह घर ही लगता था। और शायद इसीलिए मेरे बार-बार निर्णय लेने के बावजूद वे किसी न किसी बहाने से वापस लौट आते थे।

दूसरी बात–पहाड़ पर राजेन्द्र जब मीता के साथ शादी की तारीख़ तय करते थे तो जहाँ तक मेरा ख़याल है उस समय उसमें छल-कपट की भावना बिलकुल नहीं रहती होगी। पूरी ईमानदारी और दृढ़संकल्प के साथ ही वे यह निर्णय लेते होंगे। तब उनका तन-मन, दिल-दिमाग़ सब कुछ आसमान पर रहता था...हवा में उड़ता हुआ। उनके चारों ओर रहती होगी यथार्थ से कटी हुई एक निहायत रोमैंटिक दुनिया, प्रकृति का सौन्दर्य जिसे और भी रोमानी बना देता होगा। लेकिन लौटकर जैसे ही ये यथार्थ की कठोर भूमि पर पैर रखते इनका व्यावहारिक मन हिसाब-किताब की दुनिया में लौट आता। बात पैसे की नहीं पर हिसाब दूसरी तरह के भी तो हो सकते हैं, जैसे यही कि मन्नू जो भी है, जैसी भी है पर साहित्य की दुनिया में (जो इनकी अपनी दुनिया है) तो उसका नाम है, प्रतिष्ठा है। सबके मन में उसके लिए स्नेह भी है, सम्मान भी है। यह वह समय था जब मेरी क़लम और दिमाग़ में, हाल के इन पिछले कुछ वर्षों की तरह जंग नहीं लगा हुआ था बल्कि संयोग से मेरी रचनाएँ, फ़िल्में, नाटक सभी कुछ क्लिक भी कर रहे थे, और यह भी सही है कि इस सफलता और उससे मिलनेवाले यश से मुझसे ज़्यादा प्रसन्न राजेन्द्र होते थे–'मेरी बीवी मन्नू भंडारी !' अहंतुष्टि के पिपासु राजेन्द्र...फिर तो

वह चाहे कहीं से मिले...किसी से मिले, इन्हें तृप्त तो करता ही था। अब ऐसी स्थिति में तुलना बहुत स्वाभाविक है। दो में चुनाव करना हो तो (विशेषकर लेखक के लिए) यह तुलना किसी को भी संकल्प से डिगा सकती है, फिर वह चाहे राजेन्द्र हों या कोई और। दाद तो आप राजेन्द्र के उस कौशल की दीजिए (मैं तो देती हूँ) जिसके सहारे इतने वर्षों तक समानान्तर ज़िन्दगी ही नहीं चलाते रहे बल्कि हम दोनों की इच्छा-आकांक्षाओं को ठेंगा दिखाकर अपने लिए हम दोनों से जो चाहा, पाते भी रहे।

यहाँ एक बात का और उल्लेख करना चाहूँगी। ये जब मीता के साथ पहाड़ पर रहते थे...अपने वर्चस्व के बोध से पूरी तरह छके हुए...एक कुंठाहीन पूर्ण-पुरुष की पताका फहराते हुए तो इन्हें वह समय अपने जीवन का 'वीरगाथा काल' प्रतीत होता था। यह विशेषण भी मेरा दिया हुआ नहीं है...इन्होंने ख़ुद अपने जीवन के उस समय को व्याख्यायित करते हुए यह लिखा था। ऐसी बातें मेरे भेजे में तो आती ही नहीं। हाँ, इनकी लिखी बातों को जैसे-तैसे ढूँढ़-ढाँढ़कर पढ़ लेने का गुर (आप चाहें तो गुनाह कह सकते हैं) ज़रूर हासिल कर लिया था। अब अपने जीवन के वीरगाथा काल में रहना-जीना किसे अच्छा नहीं लगेगा ? पर दुर्भाग्य राजेन्द्र का...उनका यह वीरगाथा काल अचानक पराजय-काल में बदल गया। राजेन्द्र परेशान, दुखी। फिर कुंठाएँ लिपटने लगीं इनके व्यक्तित्व में। स्वाभाविक भी था...पर अब करें भी तो क्या करें ? हाँ, कोई साधारण सामान्य आदमी होता तो थोड़े दिन दुखी रहकर चुपचाप भक्तिकाल में प्रवेश कर जाता पर राजेन्द्र एक तो सामान्य साधारण व्यक्ति ही नहीं, दूसरे इन्हें तो भक्ति और भगवान के नाम से ही चिढ़, सो इन्होंने तो सीधे छलाँग लगाई रीतिकाल में। अब वहाँ जाने का हश्र क्या हुआ, इसके विस्तार में मैं बिलकुल नहीं जाऊँगी...जाने का कोई तुक ही नहीं। अब हिम्मत करके ये ही कुछ बताएँ तो बात दूसरी, पर ये तो करने का साहस ही रखते हैं, कहने का साहस तो इनमें बिलकुल नहीं, वरना अपने आत्मकथ्य में ही इस प्रसंग का थोड़ा-सा संकेत तो देते।

आत्मकथ्य की इसी क़िस्त में राजेन्द्र ने मुझमें भी न जाने कितनी विशेषताएँ गिना दीं जैसे सहज, सरल, विश्वासी, उदार, मानवीय और फिर वही अपराधबोध से त्रस्त होने की बात। यानी कि मेरे प्रति भी थोड़ा-सा ऋणशोध (मेरा ऋण भी

तो बहुत थोड़ा-सा ही था।) यह क्या हो गया है राजेन्द्र को ? उम्र के तक़ाज़े ने क्या सबके क़र्ज़े उतारकर ऋण-मुक्त होने की ओर धकेल दिया है ? क्या राजेन्द्र सचमुच यह समझते हैं कि आठ-दस पन्नों में लिखी अपराध-बोध की यह आत्म-स्वीकृति (चाहे कितनी ही ईमानदार क्यों न हो) किसी की पूरी ज़िन्दगी की क़ीमत चुका सकती है ? ख़ैर, यहाँ तो मैं यह स्पष्ट कर देना चाहती हूँ कि राजेन्द्र के ऊपर कम से कम मेरा कोई ऋण नहीं है। जब साथ रहते थे तो मेरे पास भी उनके ख़िलाफ़ शिकायतों की लम्बी फ़ेहरिस्त रहती थी...अलग होने के बाद भी कई दिनों तक मैं उन्हीं का ढोल पीटती रही, पर इधर कुछ समय से उनसे पूरी तरह उबरने के बाद मुझे लगने लगा है कि कैसा ऋण और कैसा अपराध-बोध ? राजेन्द्र ने जो भी किया...जैसा भी किया पर मुझे बाँधकर क़ैद तो नहीं कर रखा था। चलिए एक-दो बार उनके करुण-कातर आग्रह ने रोक भी लिया, पर फिर ? क्यों मैं सबके सामने एक सुखी-सन्तुष्ट गृहिणी का मुखौटा ओढ़कर यह सब झेलती रही, जिसे किसी भी स्त्री के लिए झेल पाना बहुत दुष्कर है ? न मैंने राजेन्द्र का दिया कभी खाया...न पहना बल्कि घर और बच्ची की सारी ज़िम्मेदारियाँ भी मैं खुद ही ढोती रही।

उन दिनों अक्सर मैं अपने आपसे पूछा करती थी कि किशोरावस्था में मेरी जिन रगों में लावा बहता था, उनमें क्या अब निरा पानी बहने लगा है, जो मैं एक संवेदनशून्य ही नहीं बल्कि निर्मम और कठोर व्यक्ति के साथ रह रही हूँ। वैसे यह राजेन्द्र का स्वभाव बिलकुल नहीं है, न ही इनके व्यक्तित्व की विशेषता, बस साथ रहने के दौरान मेरे सन्दर्भ में यह इनकी मजबूरी थी। जब से अलग हुई हूँ, इनका सारा व्यवहार ही नहीं बदल गया बल्कि उसमें आत्मीयता का एक पुट भी आ मिला है। पर टूटी डोर के जुड़ने पर गाँठ तो पड़ती ही है, उसका तो अब ये भी क्या करें ? कई बार अलग-अलग लोगों ने भी अलग-अलग ढंग से यह बात मुझसे पूछी और अभी निर्मलाजी ने तो दो टूक शब्दों में ही पूछा था, "राजेन्द्र ने तो जो किया सो किया पर आप क्यों नहीं अलग हो गईं ?" हो सकता है कि आप भी एक यशस्वी, प्रतिभाशाली लेखक के मोह से मुक्त न हो पाई हों ? सुनकर क़तई धक्का न लगा क्योंकि इस सन्दर्भ में भी मैं भीतर तक अपना मन खँगाल चुकी हूँ और इसे स्वीकार करने में मुझे कोई संकोच नहीं कि यह मेरा मोह ही था...एक गहरा

लगाव, पर व्यक्ति राजेन्द्र के प्रति, जिसमें उनका लेखक होना शुमार था पर यशस्वी होना क़तई नहीं। उनका यश चाहे जितना फैला हो, और जहाँ-जहाँ तक फैला हो, मैंने उस यश की सीढ़ी चढ़कर न तो अब तक अपने लिए कुछ पाया है, न चाहा है। इनके किसी भी सम्पर्क-सम्बन्ध को अपने किसी लाभ या महत्वाकांक्षा के लिए आज तक जो कभी भुनाया हो ! बल्कि मेरे ही एक-दो सम्बन्धों ने *हंस* के लिए राजेन्द्र की मदद ज़रूर की। अपनी रचनाओं की समीक्षा के लिए...पुरस्कारों के लिए या अन्य किसी उपलब्धि के लिए कभी इनके नाम की बैसाखी मैंने नहीं लगाई...और बैसाखी तो तब लगाती जब मैं इन बातों के लिए प्रयत्न करती... समीक्षा छप गई, छप गई...नहीं छपी, नहीं छपी। इसे मेरा बड़बोलापन न समझा जाए तो कहूँगी कि सन् 70 से (*आपका बंटी* का धारावाहिक रूप से छपना) सन् 82 (*महाभोज* का मंचन) तक मेरे अपने नाम की काफ़ी धूम थी (और बिलकुल अपने बलबूते पर)। नाटक, फ़िल्म जिस दिशा में भी क़दम बढ़ाया सफलता ही मिली...यश ही फैला ! दो बार जर्मनी से निमन्त्रण मिला लेकिन वह भी बिलकुल-बिलकुल अपने बलबूते पर।

राजेन्द्र के यश को बुलन्दियों पर पहुँचाया है तो *हंस* ने ! *हंस* सन् 86 में शुरू हुआ था और शुरू के चार साल यानी 90 तक तो तरह-तरह के संकटों के चलते इसका टीदिंग-पीरियड ही रहा। इसके बाद *हंस* ने पैर जमाना शुरू किया और राजेन्द्र ने यश की सीढ़ियाँ चढ़ना। लेकिन मैं 92 में उज्जैन चली गई (बिलकुल अपने बलबूते पर) और दो साल बाद लौटकर इनसे अलग हो गई सो मैंने न तो इनके यश का कोई लाभ उठाया और न ही इनकी सम्पन्नता से अपने लिए कभी कुछ चाहा या लिया।

रही प्रतिभा की बात सो कई मुद्दों पर घोर असहमति के बावजूद उसकी तो मैं क़ायल रही हूँ। राजेन्द्र की अनोखे ढंग की अपनी मौलिकता (जो इन्हें हमेशा चर्चा के केन्द्र में रखने में पूरी तरह कारगर रहती है) और प्रतिभा और उस पर मुलम्मा चढ़ा देशी-विदेशी रचनाओं के विस्तृत अध्ययन का। विदेशी लेखक तो राजेन्द्र की ज़िन्दगी का मॉडल बने हुए हैं—ख़ासकर उनकी ज़िन्दगी का एक पक्ष। यह तो सभी मानेंगे कि अपने चिन्तन, मौलिक नज़रिए और बेहद प्रभावपूर्ण, पारदर्शी भाषा-शैली के कारण ही राजेन्द्र ने अपना एक विशिष्ट स्थान बनाया है।

यह मैं आप लोगों पर ही छोड़ती हूँ।

ात्मकथ्य में अपने सिद्धान्तों का जो ब्योरा प्रस्तुत करते रहे हैं राजेन्द्र, उनके ार से उनका खोल उतारने का सिलसिला मैं इन्हीं दो प्रसंगों से शुरू कर लिए इन्हें ज़रा अनावश्यक विस्तार दे दिया है। जिसने दूसरों को तो ी सीमा में आनेवाले वाजिब अधिकारों तक को देने के लिए भी अपने 'निषेध' की तख़्तियाँ लगा रखी हों...कुछ भी देना जिसे अपनी स्वतन्त्रता गता हो, वह कैसे बड़े सहजभाव से ऐसी ग़ैर-वाजिब हरक़तों को भी ार समझ लेता है ?

सम्बन्ध की गरिमा का निर्वाह न कर पानेवाले व्यक्ति के लिए े विरुद्ध झंडा उठाए फिरना वाजिब ही नहीं, अनिवार्य भी है। लेकिन ा ही क्यों ? यदि मीता ने विवाह से इंकार करके परिणीता बनकर हीं किया तो इतना आहत होने की ज़रूरत ? बार-बार विवाह का डिच करने पर अपराध-बोध से त्रस्त होने का औचित्य ? सम्बन्ध —बस, जिस विवाह में विश्वास नहीं, केवल वही तो नहीं किया ा बंधन लगता रहा हो, उसे घर से मिलनेवाली सारी सुविधाओं ही बल्कि उनका वह उपभोग भी करता रहा। लेखन के नाम स्वतन्त्रता की एक लम्बी फ़ेहरिस्त रही हो...अपनी ज़रूरत, से जिसने उसका खुलकर उपयोग भी किया, वह कितनी है कि उसकी पत्नी भी लेखिका है। नौकरी करना जिसे हनन लगता रहा हो, पर अपनी लेखिका पत्नी के लिए थतियों में भी नौकरी करना उसकी मजबूरी बना दिया। से सलाह लिए अक्षर प्रकाशन की चुनौती इन्होंने स्वीकार मुझे ढोना पड़ा और मैंने ढोया। पर मैंने अपने अधिकार चाहा तो यह इन्हें अपनी स्वतन्त्रता का हनन लगने न्त्रता, इनका लेखन और इनकी इनसानियत ! ख़ैर, क्या गिनाऊँ और कहाँ तक गिनाऊँ ? मैं जानती हूँ ी को ढँकने के लिए शाब्दिक चमत्कारों में लिपटे जिनका जादू सब पर चलेगा और ऐसा चलेगा कि

जब मैं लिखा करती थी तो जैसे ही कोई आइडिया मेरे दिमाग़ में आता, मैं सविस्तार उसे राजेन्द्र को सुनाती...हर एंगिल से सुनाती—राजेन्द्र धैर्यपूर्वक सुन तो लेते पर हमेशा यही कहते कि तुम पहले पूरा लिख लो, तब सुनाना। इस तरह सुना-सुनाकर तुम लिख कैसे लेती हो ? नहीं जानती कि राजेन्द्र कभी समझ पाए या नहीं कि इस तरह सुनाना मेरी लेखकीय अनिवार्यता थी—राजेन्द्र की अनिवार्यताओं से कितनी भिन्न, कितनी निरामिष। इसके मूल में मुझे सुझाव सहयोग से कहीं अधिक अपेक्षा रहती थी आत्मविश्वास अर्जित करने की। मैं जानती हूँ कि शायद ही इस पर कोई विश्वास कर सकेगा कि मात्र सुना-सुनाकर कोई कैसे आत्म-विश्वास अर्जित कर सकता है...पर मेरी ज़िन्दगी की यह हक़ीक़त रही है। कैसी विडम्बनापूर्ण सच्चाई है कि राजेन्द्र के व्यक्तित्व का एक पक्ष जहाँ मेरी हीनता-ग्रन्थि पर परत-दर-परत चढ़ाकर मेरे आत्मविश्वास को खंडित करता रहा है, वहीं दूसरा पक्ष आत्मविश्वास अर्जित करने में सहायक ही नहीं रहा बल्कि लिखने के लिए मुझे बराबर प्रेरित-प्रोत्साहित भी करता रहा है। ये जब-तब मुझे हाँकते रहते थे कि मैं लिखने के प्रति गम्भीर क्यों नहीं हूँ। मेरी रचनाओं की पांडुलिपियाँ तो इन्हें कभी रिवाइज़ नहीं करनी पड़ीं (लिखने से पहले मैं चाहे उसके बारे में कुछ भी बोलती-बतियाती रहती थी, पर पढ़ने के लिए तो अपना फाइनल ड्राफ़्ट ही देती थी) पर मेरी कई कहानियों और दोनों उपन्यासों के शीर्षक राजेन्द्र ने ही रखे हैं। इस कला में माहिर हैं राजेन्द्र और इसका उल्लेख मैं कई जगह कर भी चुकी हूँ। नई से नई पुस्तकों और पत्रिकाओं का आना, सभी तरह के साहित्यकारों के जमावड़े...उत्तेजक बहसें...गप्प-गोष्ठियाँ, मेरे जैसे लेखक के लिए बड़ा प्रेरक था यह वातावरण...मेरा मूल प्रेरणा-स्रोत। इसीलिए जब तक मेरे व्यक्तित्व का लेखक-पक्ष सजीव-सक्रिय रहा...चाहकर भी मैं राजेन्द्र से अलग नहीं हो पाई (पर मेरे सन्दर्भ में ये सारी स्थितियाँ उनके यश की बुलन्दी पर पहुँचने के पहले की हैं...बाद में तो सब कुछ *हंस* के ऑफ़िस में होने लगा था)। राजेन्द्र की हरक़तें मुझे तोड़ती थीं तो मेरा लेखन, उससे मिलनेवाला यश मुझे जोड़ देता था। लेकिन जैसे-जैसे मेरा लेखक निर्जीव और निष्क्रिय होता गया, मेरे भीतर की स्त्री सजीव होती चली गई; अपना पूरा वजूद पाते ही उस स्त्री के लिए न साथ रहना सम्भव रह गया था, न उस सम्बन्ध को निभा पाना—सो वह साथ

छूटा—सम्बन्ध टूटा। पर इसमें कोई सन्देह कि अगर मैं राजेन्द्र के साथ रही तो उनके प्रति अपने गहरे लगाव के कारण रही और यदि अलग हुई तो अपनी मुक्ति के लिए। इसलिए राजेन्द्र के ऊपर मेरा न कोई ऋण है और न ही मैं किसी प्रकार के ऋण-शोध की अपेक्षा करती हूँ।

हाँ, अब जब ऋण की बात चल ही पड़ी है तो एक-दो बातों का उल्लेख ज़रूर करना चाहूँगी, पर नहीं जानती कि ये ऋण के खाते में आएँगी या अधिकार के ? 1960 में *एक इंच मुस्कान* के लिए अपने पूरे लिखे उपन्यास की थीम देने में मेरा मन तो बहुत कसमसाया था पर उस समय क्योंकि मेरे ऊपर राजेन्द्र को उस 'ब्लैक स्पॉट' से (जो ब्लैक तो कहीं से था ही नहीं बल्कि इनकी ज़िन्दगी का सबसे 'पिंक स्पॉट' था) उबारने का मूर्खतापूर्ण भूत सवार था, सो राजी हो गई। अब चाहे मेरी सहमति से ही लिया गया था पर उपयोग तो मेरी थीम का ही हुआ था न। लेकिन खैर, यह ग़लती तो मेरी अपनी ही थी सो इसके लिए किसी और को दोष क्यों दूँ ? हाँ, सन् 62 में आगरा में राजेन्द्र की छोटी बहिन की शादी निपटाकर मैं तो अपने कैंसर-ग्रस्त पिता को देखने इन्दौर गई और राजेन्द्र ने पहाड़ पर जाने का कार्यक्रम बना लिया (इस प्रसंग का असली और पूरा ब्योरा तो मैं कभी नहीं लिख पाऊँगी, सिवाय इस कसक के कि राजेन्द्र की मानसिकता के कारण यदि मैं अपनी इकलौती बिटिया के जन्म की कोई ख़ुशी नहीं मना पाई थी तो इनकी इस करतूत के कारण उसे अपने पास रखकर उसका पहला जन्मदिन भी नहीं मना पाई)। अब बहिन की शादी पर ख़र्च करने का सारा ज़िम्मा तो राजेन्द्र ने मुझ पर डाल दिया पर पहाड़ पर जाने के लिए तो उन्हें अपने बूते पर ही पैसा जमा करना था सो उसके लिए उन्होंने क्या किया कि 'अकेली' और 'एक पुरुष, एक नारी' नाम से छह-छह कहानियों की दो पॉकेट-बुक्स तैयार कीं, जिसमें तीन-तीन कहानियाँ मेरी और तीन-तीन कहानियाँ अपनी डालीं—दिल्ली जाकर प्रकाशक से अग्रिम लिया और वहीं से पहाड़ के लिए प्रस्थान। मेरी कहानियाँ लेने के लिए मुझसे पूछना तो दूर मुझे बताया तक नहीं...यह तो मुझे बहुत बाद में मालूम पड़ा ! इसी तरह 'गर्दिश के दिन' स्तम्भ के लिए लिखी अपनी कहानी 'यहाँ तक पहुँचने की दौड़' (जिसकी बहुत प्रशंसा भी हुई थी) का केन्द्रीय भाव, कसौली जाकर लिखे गए मेरे अधूरे उपन्यास से ज्यों का त्यों ले लिया। कसौली से आते ही अपनी आदत के अनुसार

सब वाह-वाह कर उठेंगे। आहत तो केवल वे ही हैं, जिन्होंने भोगा है। मैं यह भी जानती हूँ कि राजेन्द्र के पाठक-प्रशंसक, मित्र-परिचित शायद ही कोई मेरे इस लिखे को गले उतार पाए—जिसमें न शाब्दिक चमत्कार है न साहित्यिक-सौष्ठव बल्कि जो राजेन्द्र के व्यक्तित्व के उस पक्ष को उजागर करता है जिससे वे बिलकुल अपरिचित हैं। कौन जाने उन्हें विश्वास भी न हो। हो सकता है कि राजेन्द्र भी इससे काफ़ी आहत हों, लेकिन समय और स्थितियों ने जिन घावों पर पपड़ियाँ जमा दी थीं, उन्हें खुरचने की पहल तो राजेन्द्र ने ही की—अपने आत्मकथ्य में इस प्रसंग को उजागर करके, सो भी अपने नज़रिए से। ये शायद भूल ही गए कि खुरचे हुए घावों से तो केवल मवाद ही बहेगा !

●●●